MAIS
VEJA COMO SE FAZ

MAIS VEJA

DEREK FAGERSTROM, LAUREN SMITH E A EQUIPE DO VEJA COMO SE FAZ

COMO SE FAZ

TUDO O QUE NÃO COUBE NO PRIMEIRO LIVRO

INSTRUÇÕES PARA A VIDA, DO COTIDIANO AO EXÓTICO

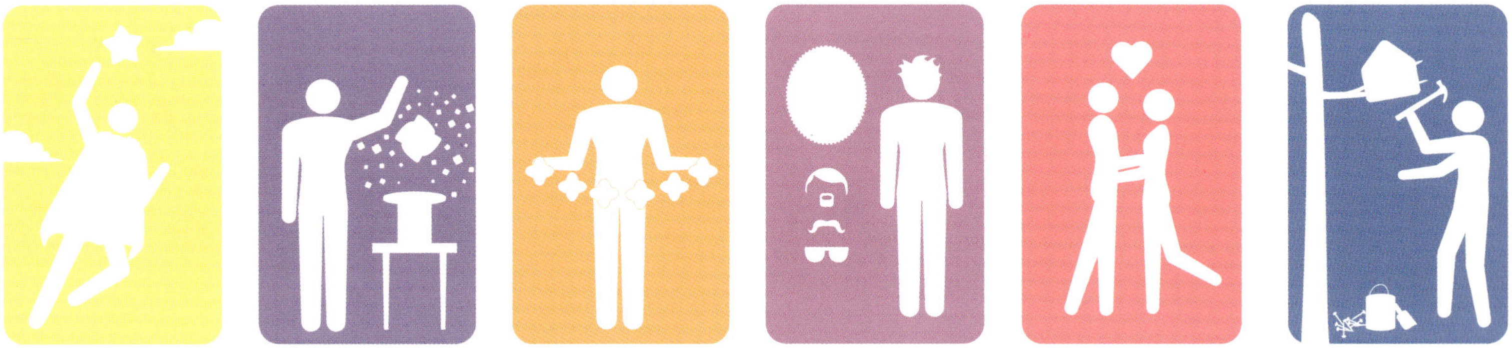

veja como...

tiradas de onda

atos de bravura

habilidades legais

truques de mágica

trapaças sutis

pegadinhas

impressionar

confundir

criar

estilo

projetos de arte

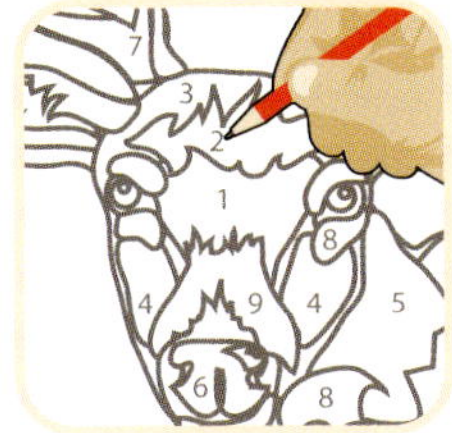

grandes feitos

música de rua

cabelos

moda

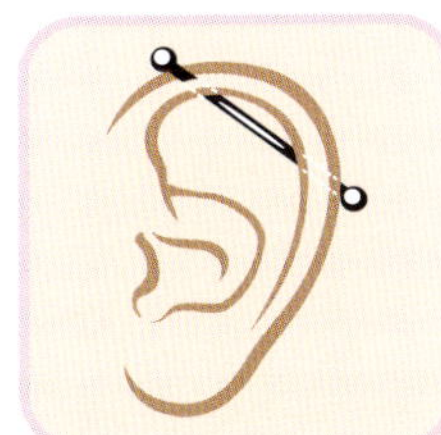

tendências radicais

maquiagem

ideias criativas

romance

como dar escapulidas

o grande dia

mobília

amar

lar

cuidar

reparos caseiros

decoração

limpeza

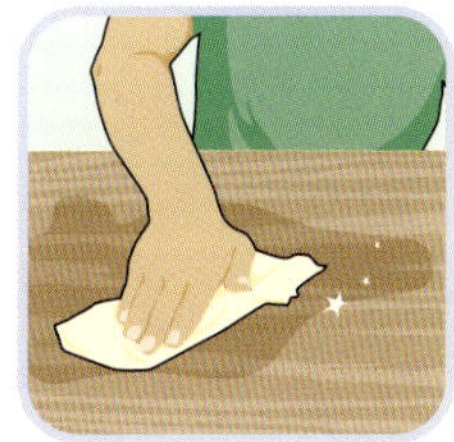

jogos

conselhos para pais

bichos

vida selvagem

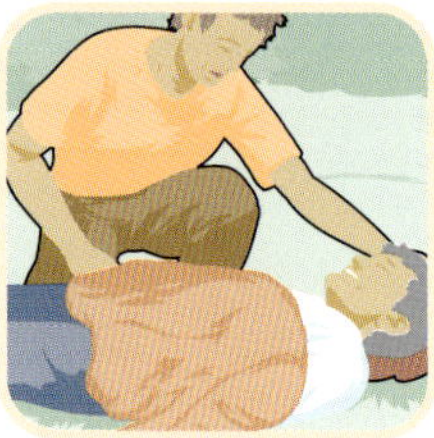

primeiros socorros

estar prevenido

cultura

viagem

transporte

ajudar

partir

celebrar

saborear

banquetes

enfeites

danças

comidas

doces esculturais

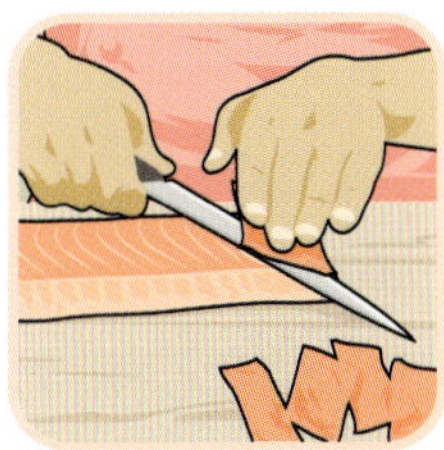

cozinha

receitas

drinques

exercícios fáceis

esportes radicais

jogadas de impacto

golpes clássicos

agitar

um aviso do derek e da lauren

189 recortar formas em papel de parede

89 tocar harpa de taças

Bem-vindos ao **Mais veja como se faz** – segundo volume da série Veja como se faz! Estamos animados por você ter se juntado a nós na continuação desta aventura. Você é uma de centenas de milhares de pessoas de todo o mundo cuja curiosidade e entusiasmo pelo aprendizado fazem desta série um crescente fenômeno internacional. Nestas páginas você reencontrará o equilíbrio entre o mágico e o prático. De onde vêm nossas ideias malucas? Que bom que você perguntou! Nós encontramos muita inspiração pertinho de casa (189 – recortar formas em papel de parede), mas também rodamos o mundo para lhes trazer habilidades e costumes fascinantes de outras culturas (324 – fazer papel picado festivo e 294 – realizar uma cerimônia *attaya*). Ainda descobrimos pelo caminho mais coisas que todos deveriam saber fazer (205 – melhorar um *home office*) e uma incrível seleção de atividades inéditas (89 – tocar harpa de taças).

Este livro traz ideias para melhorar a sua vida (337 – escolher produtos da estação) e impressionar os outros (6 – servir três drinques de uma vez). Apresentamos atividades emocionantes para crianças, adultos, gourmets, artistas e aventureiros – e, claro, incluímos, por precaução, algumas coisas que esperamos que você nunca precise (270 – se livrar de uma sucuri). Além de conhecimento – sempre útil –, esperamos que você encontre aqui inspiração e diversão. Acima de tudo, desejamos que este livro o encoraje a continuar explorando todas as coisas extravagantes e maravilhosas que a vida tem a nos oferecer.

270 se livrar de uma sucuri

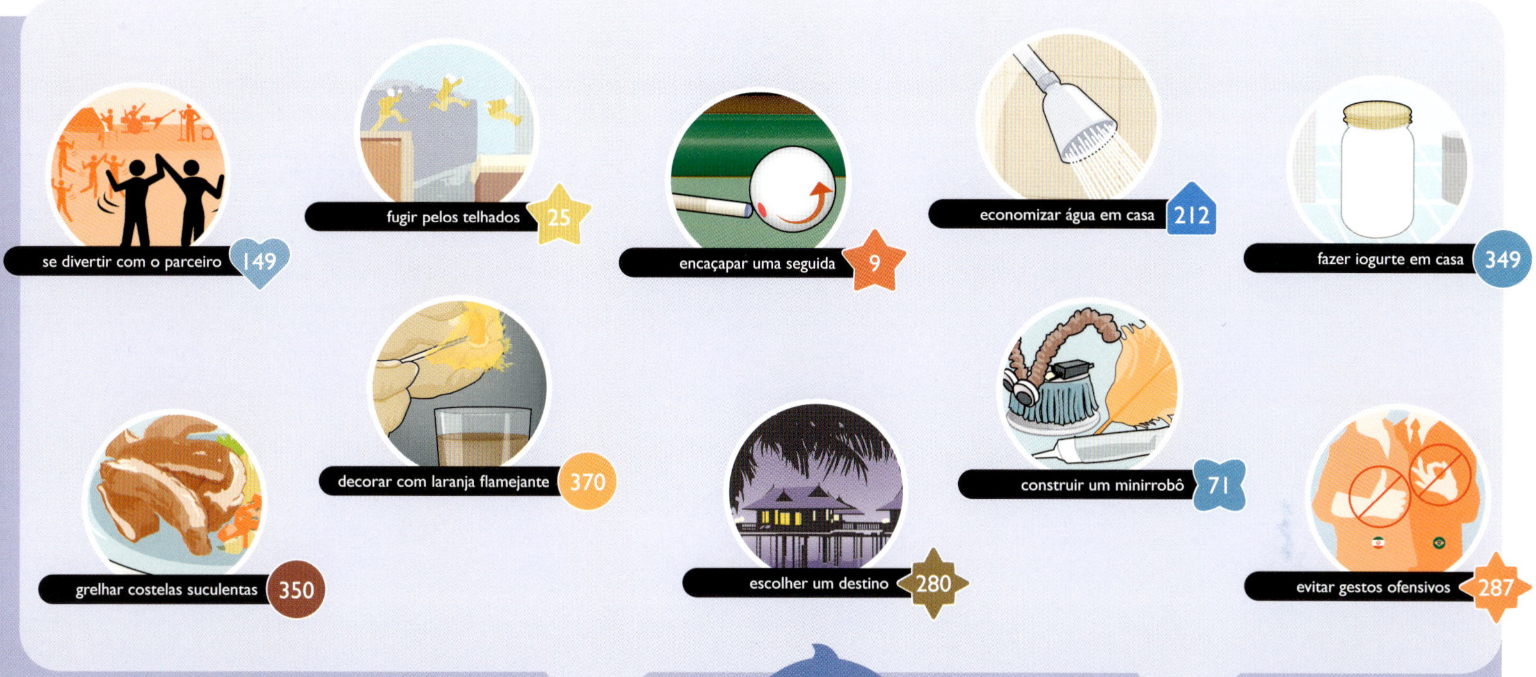

Desde que se conheceram na faculdade, há 15 anos (149), Derek e Lauren compartilham uma curiosidade insaciável acerca de... bem... todas as coisas! Trabalhar nesta série de livros reforçou a ideia deles de que a paixão pelo aprendizado é sempre válida, independentemente de ser sobre algo prático (212) ou ridículo (25).

Neste livro eles compartilham seus interesses – do conhecimento de Lauren sobre iogurtes caseiros (349) às habilidades de Derek como jogador de sinuca (9) –, mas também aproveitam a chance de aprender coisas novas. Suas paixões por fazer churrasco (350) e drinques (370) os tornaram populares em festas, enquanto sua capacidade de construir minirrobôs (71) lhes rendeu o respeito do público mirim. Este ano eles pretendem realizar finalmente o sonho de rodar o mundo (280) – sem se meter em encrencas (287).

1 usar este livro

Mais veja como se faz é um tipo de livro novo e diferente, em que a informação essencial é apresentada graficamente. Na maioria dos casos, as ilustrações realmente já dizem tudo, mas também é importante que você leia as instruções.

MATEMÁTICA Quando medidas exatas forem necessárias, elas estarão nos desenhos. Elas aparecem junto a ingredientes ou instruções. Os ângulos são úteis para ajudá-lo a fazer certo... ou, pelo menos, na direção certa.

1 cabeça de alho

15 cm

135°

FERRAMENTAS A barra de ferramentas mostra tudo o que você vai precisar para realizar a atividade. Está tendo dificuldade para decifrar um desenho? Vá ao glossário no fim do livro.

ZOOM Destacados em um círculo, os zooms assinalam informações importantes, mostram detalhes das ações e alertam para os perigos.

MAIS INFORMAÇÃO Se há algo crucial ou um fato interessante que você precise saber para fazer a atividade, leia o texto assinalado com um *.

REFERÊNCIAS CRUZADAS Às vezes, alguns itens levam a outros. Siga os links para outras informações úteis e interessantes relacionadas ao tema.

acampar na neve 300

GUIA DE ÍCONES Ao longo do livro, você vai encontrar ícones que representam dicas importantes sobre tempo, temperatura, segurança e muito mais. Conheça-os:

- Perigo! Evite se não for experiente (ou se não quiser ter problemas).
- Chame a emergência se estiver nesta situação.
- ×2 Repita a ação da imagem o número de vezes indicado.
- 3:1 Quando estiver combinando ingredientes, este símbolo indicará quantas medidas de cada um você deve acrescentar.
- copie-me Esta página serve de modelo. Tire uma cópia, ampliando-a se necessário, e siga as instruções.
- 2–3 min Consulte o relógio para saber quanto tempo leva uma tarefa relativamente curta.
- O calendário mostra quantos dias, semanas ou meses uma atividade mais longa vai demorar.
- Veja no termômetro qual a temperatura adequada para realizar a tarefa.
- Cozinhe em fogo baixo, médio ou alto, respectivamente.
- Fumaça! Abra a janela antes de começar esta atividade.

NOTA AOS LEITORES As descrições de **Mais veja como se faz** têm o objetivo apenas de entreter. Por favor, tenha isso em mente quando realizar algumas dessas atividades.

- **ATIVIDADES DE RISCO** Algumas atividades deste livro não são apenas arriscadas, mas totalmente malucas. Antes de experimentar qualquer tarefa nova, verifique suas próprias limitações e tenha informações sobre os riscos reais. (E, por favor, não faça o item 21. Sério!)
- **ACONSELHAMENTO PROFISSIONAL** Mesmo que cada item tenha sido cuidadosamente pesquisado, **Mais veja como se faz** não tem a intenção de substituir uma opinião profissional ou um treinamento de natureza médica, culinária, veterinária, atlética, mecânica ou romântica.
- **SAÚDE E ATIVIDADES FÍSICAS** Consulte um médico antes de tentar qualquer atividade relacionada a saúde ou alimentação, ou qualquer atividade que envolva esforço físico, principalmente se você tiver algum problema de saúde que impossibilite a realização da tarefa (veja o item 380).
- **SUPERVISÃO DE UM ADULTO** As atividades deste livro foram criadas apenas para adultos e não devem ser experimentadas por crianças sem a supervisão de um responsável. Algumas delas não deviam ser tentadas nem mesmo por adultos, se eles puderem resistir (veja o item 268).
- **BURLANDO A LEI** As informações fornecidas neste livro não devem ser utilizadas para burlar qualquer lei ou regra. Em outras palavras, não tente o item 393 na cidade de Nova York.

Todas as informações deste livro foram cuidadosamente pesquisadas e checadas. No entanto, a editora não tem garantia de que elas sejam apropriadas para todos os propósitos, leitores e situações e, por isso, não assume a responsabilidade por erros ou omissões. O leitor assume o risco e a inteira responsabilidade por suas ações e os editores não se responsabilizam por qualquer perda ou dano que possa resultar das informações apresentadas. Porém, aqui entre nós, você provavelmente vai estar seguro fazendo a bainha das suas calças (122).

impressionar

2 exibir uma força espantosa

1. Pegue a marreta pela ponta do cabo.
2. Eleve acima da cabeça.
3. Arqueie um pouco as costas.
4. Ensaie o movimento.
5. Acerte o alvo bem no meio.
6. Comemore.

232 ajudar uma cobra a trocar a pele

3 ganhar no arremesso de moeda

1 Dê uma lambida discreta na moeda.

2 Aproxime-se quanto puder.

3 Lance em arco.

* Os barraqueiros deixam os pratos escorregadios. Seja mais esperto e molhe sua moeda para deixá-la grudenta.

4 estourar balões com dardos

1 Mire no balão da ponta.

2 Jogue o dardo em arco.

3 Esses balões são mais grossos; mire sempre no mesmo até furá-lo.

5 domar o touro mecânico

Passe a perna direita por cima.

Comece no modo mais fácil.

Aperte as coxas; relaxe o tronco.

Acene com o braço livre.

Passe a perna por cima; desça.

6 servir três drinques de uma vez

Pegue três copos.

Encha três coqueteleiras com gelo até o meio.

Sirva uma dose em cada uma.

Empilhe as coqueteleiras.

Coloque uma coqueteleira vazia no topo.

Segure nas pontas, formando um arco.

Incline para começar a servir.

Abaixe o arco para servir os três.

7 virar uma cerveja

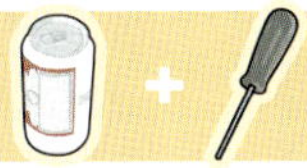

Vire a lata, formando uma bolsa de ar.

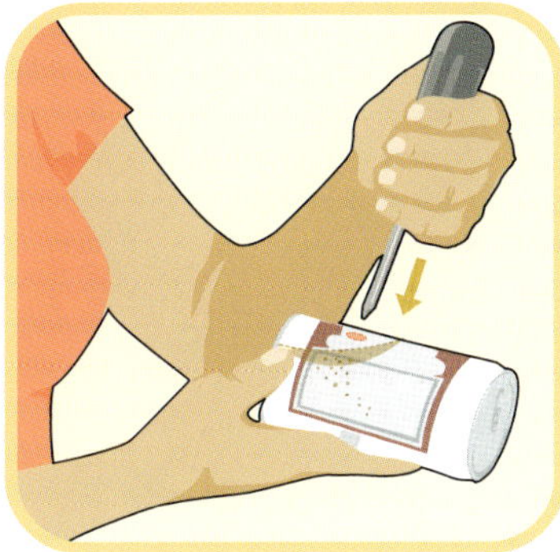

Fure a lata no local da bolsa de ar.

Incline-se; ponha a boca sobre o furo.

Levante-se abrindo a lata. Beba.

8 ganhar nos dardos

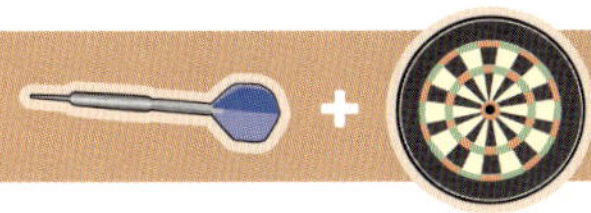

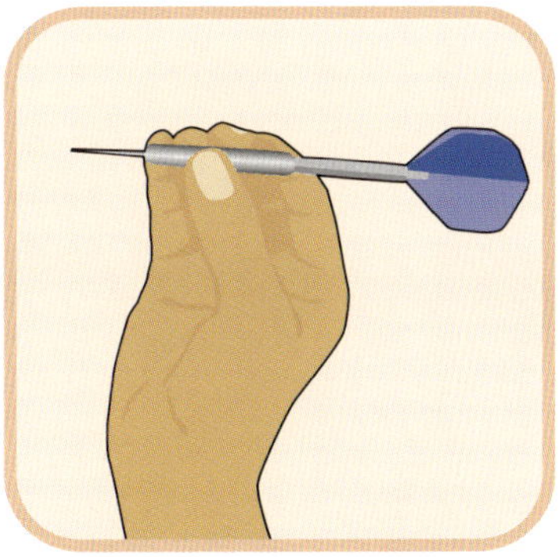

Use pelo menos dois dedos.

Pé junto à linha; corpo ereto.

Alinhe o dardo com o alvo.

Flexione o braço.

Lance sem mexer o ombro.

Solte com a ponta para cima.

Acompanhe com o braço.

Na mosca!

9 encaçapar uma seguida

Bata no alto; a bola branca gira no sentido do movimento.

A bola branca segue a outra bola, depois rola até parar.

10 fazer uma tacada de parada

Bata no meio da bola branca; ela desliza sem girar sobre o feltro.

O choque com a outra faz a bola branca parar.

11 executar uma puxada

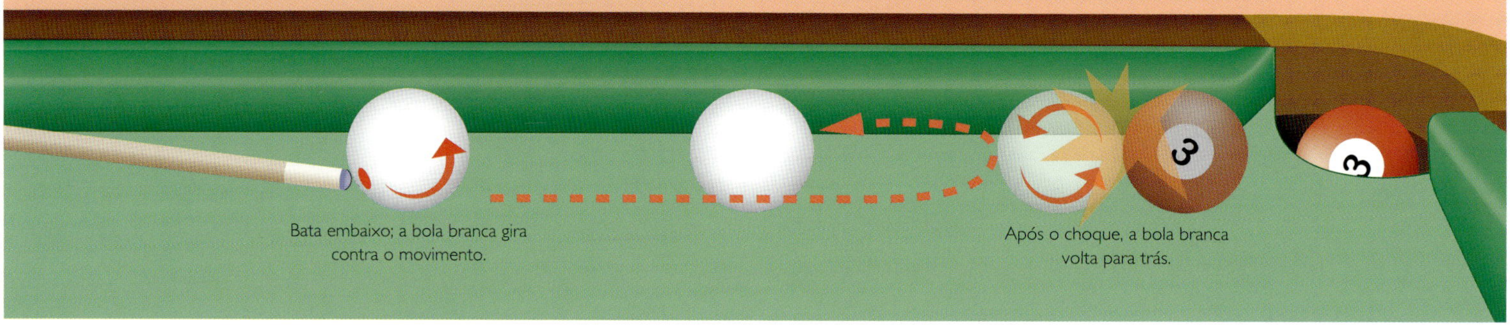

Bata embaixo; a bola branca gira contra o movimento.

Após o choque, a bola branca volta para trás.

Uma *sneaky pete*

Uma *top gun*

Uma *argyle*

Uma *ugly american*

13 girar uma guitarra

Prenda o *strap*; guitarra à frente.

Fique atrás do fio.

Empurre para cima e para trás.

Mexa o quadril para dar impulso.

Segure pelo braço; mande ver.

14 se transformar num metaleiro

Passe base no rosto e no pescoço.

Fixe com pó.

Desenhe formas com o delineador.

97 pintar olhos dramáticos

Contorne as pálpebras.

Preencha com sombra escura.

Contorne a boca de preto.

Preencha com batom preto.

Ficou animal!

bancar o James Brown 15

Salte girando o quadril para o lado.

Abra um espacate.

Até o fim.

Empurre o chão; dobre a perna.

Arraste o pé da frente para se levantar.

dar um giro explosivo no palco 16

Coloque um pé atrás do joelho.

Apoie o pé de trás no chão.

Afaste a coxa de trás; gire.

dar uma pirueta 413

Levante-se enquanto gira.

Pare virado para a frente.

Comemore caindo de joelhos.

17 atirar uma flecha

caçar o jantar com uma águia 18

Coloque o capuz na águia.

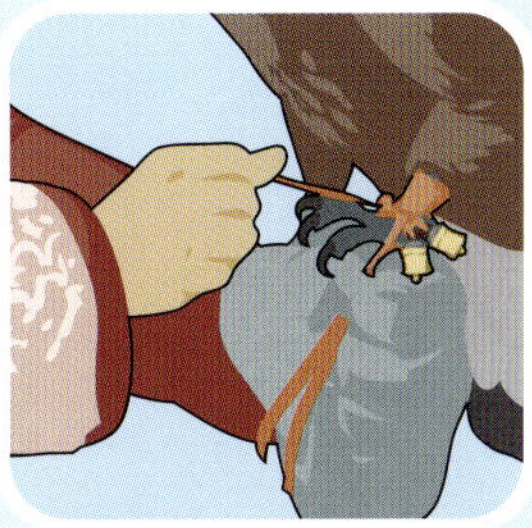

Prenda as faixas aos pés da ave.

Vá até o local de caça.

Descubra os olhos da águia; solte-a.

Cavalgue para assustar a presa.

Crááááá!

Distraia a ave com um petisco.

Pegue as faixas; recoloque o capuz.

19 construir uma *hoverboard*

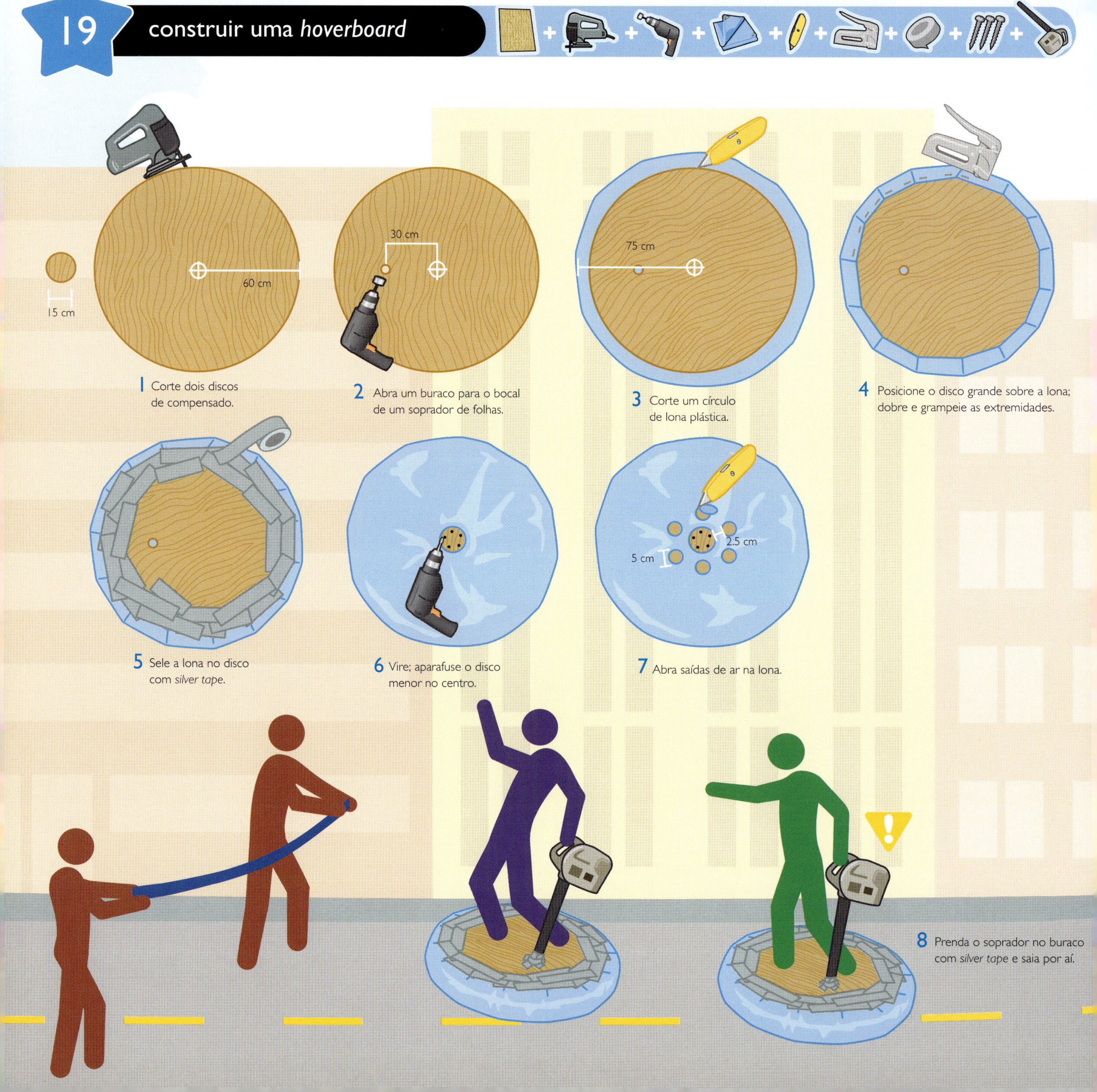

1 Corte dois discos de compensado.

2 Abra um buraco para o bocal de um soprador de folhas.

3 Corte um círculo de lona plástica.

4 Posicione o disco grande sobre a lona; dobre e grampeie as extremidades.

5 Sele a lona no disco com *silver tape*.

6 Vire; aparafuse o disco menor no centro.

7 Abra saídas de ar na lona.

8 Prenda o soprador no buraco com *silver tape* e saia por aí.

20 usar um *jet pack*

Prenda-se bem.

Acelere para decolar.

Empurre as barras para a frente.

Dirija com a mão esquerda.

Desacelere para pousar.

21 voar numa cadeira de praia

Encha os balões com gás hélio.

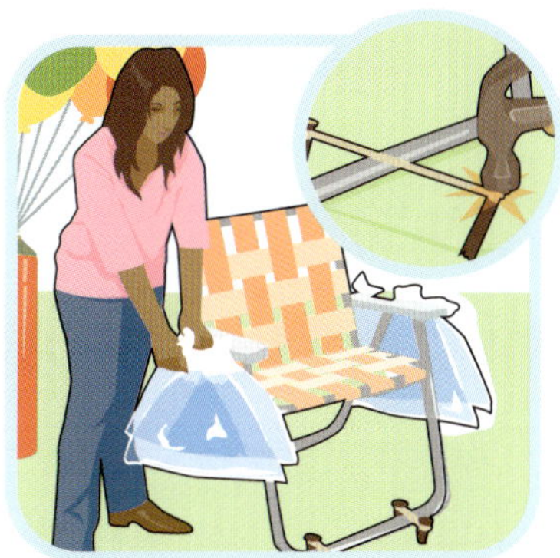

Prenda a cadeira no chão; adicione lastro.

Balões nos braços e costas da cadeira.

Pegue a corda e a arma de chumbinho.

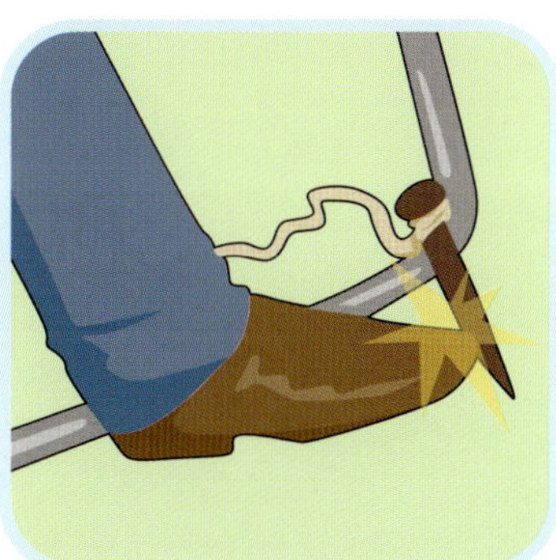

Solte a cadeira.

Fure os lastros para ganhar altitude.

entrar para o clube do avião 156

Atire nos balões para descer.

Jogue a corda para aterrissar com ajuda.

22 criar cortina de fumaça com açúcar

Moa bem.

Misture o pó e o açúcar numa frigideira.

Mexa bem até virar uma pasta marrom.

Ponha em um tubo de papelão.

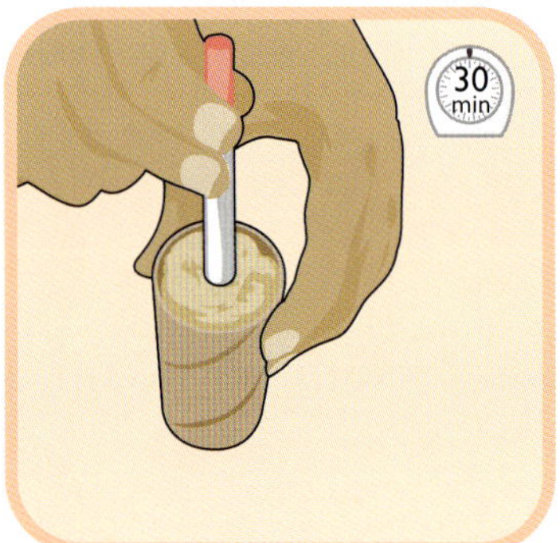

Enfie uma caneta; deixe secar.

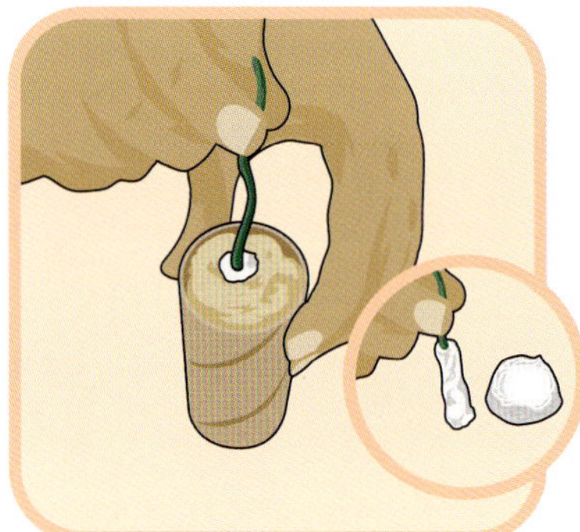

Sai a caneta, entra o pavio envolto em algodão.

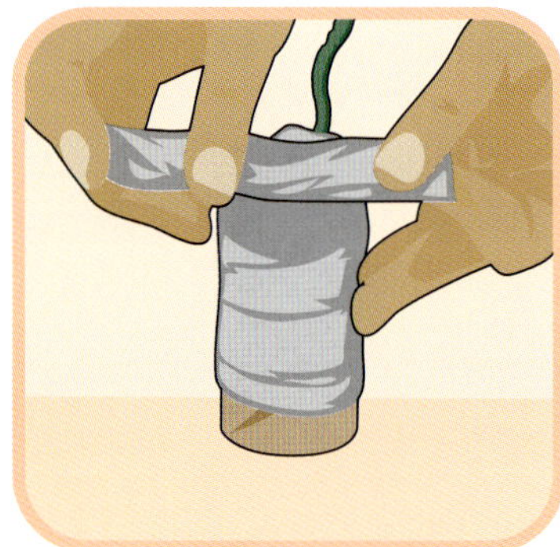

Cubra com *silver tape*.

Acenda longe de animais e pessoas.

* O ingrediente ativo desta bomba de fumaça é nitrato de potássio, contido em removedores de tocos (usados para apodrecer e remover tocos de árvores) e em outros produtos domésticos.

23 criar efeitos especiais de fumaça

Pique quatro bolas de pingue-pongue.

Corte um buraco na quinta bola.

Encha-a com os pedaços das outras.

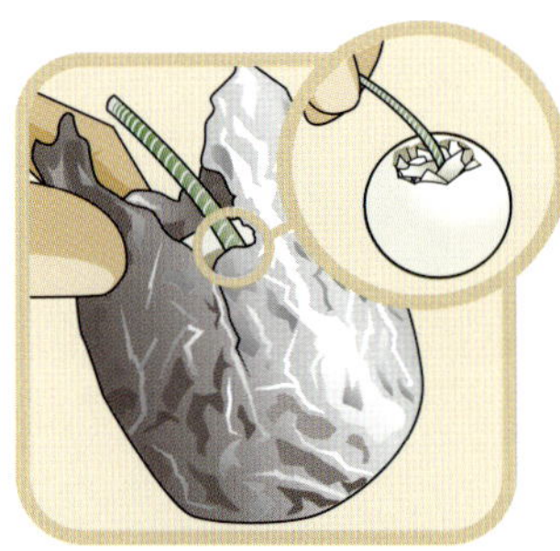

Envolva o pavio em papel-alumínio.

Acenda longe de seres vivos.

gerar uma erupção de refrigerante

1 Aqueça a Coca-Cola Light ao sol. Deixe tampada.

2 Retire a tampa e fure-a.

3 Aumente o furo para que as balas passem.

4 Cole o cano à tampa com fita adesiva.

5 Faça um furo na tampa do cano.

6 Faça um furo através do cano, perto da fita.

7 Dobre o clipe como um gancho. Amarre um fio longo.

8 Atravesse o cano com o clipe.

9 Ponha a tampa na garrafa. Encha com Mentos.

10 Coloque a tampa do cano.

11 Afaste-se e puxe o fio.

preparar uma bebida frutada 368

25 fugir pelos telhados

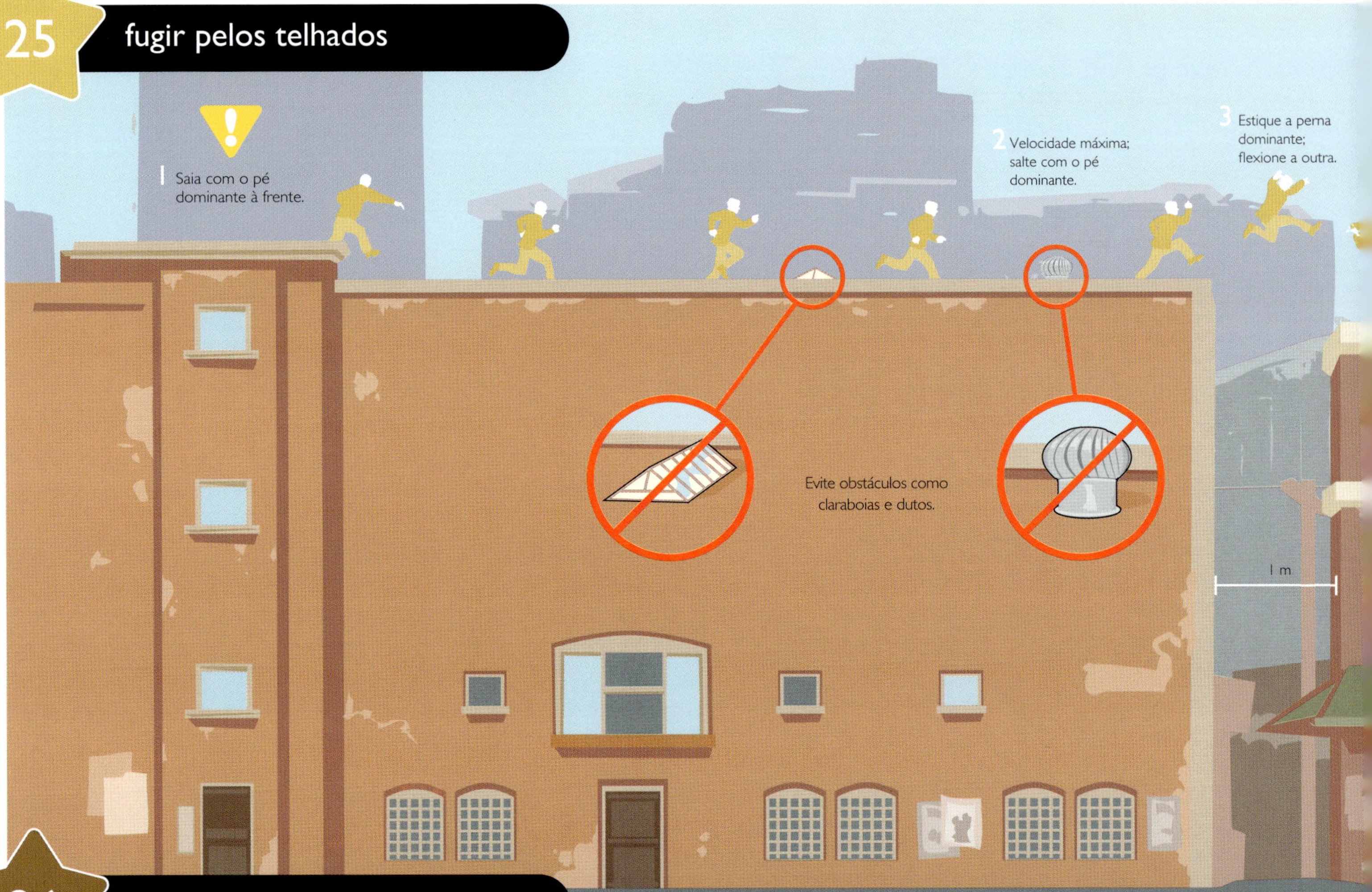

26 navegar nos esgotos

Ande contra a corrente.

Evite respirar os vapores.

Siga os animais…

… até um ponto mais alto.

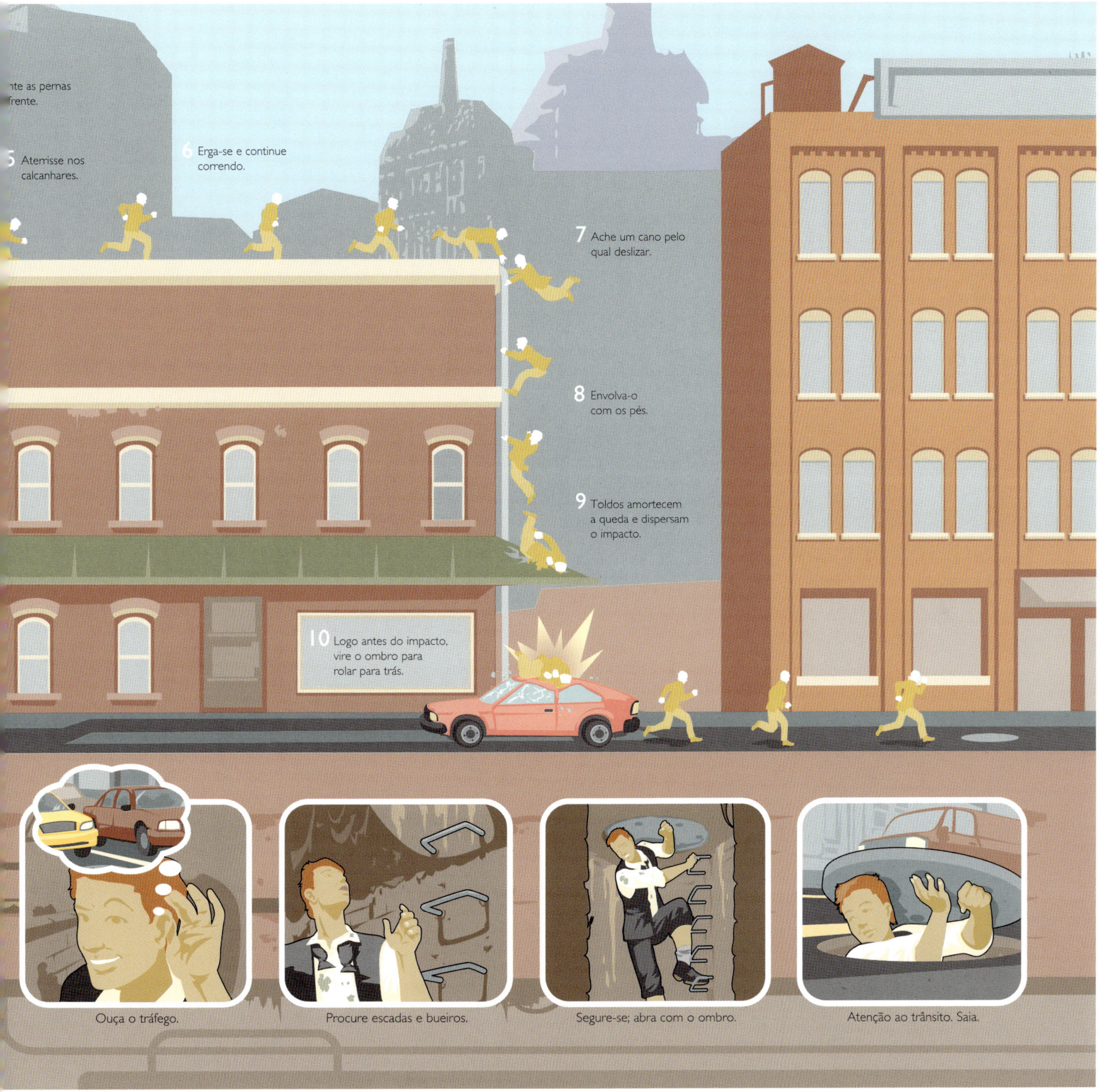
nte as pernas
frente.
5 Aterrisse nos calcanhares.
6 Erga-se e continue correndo.
7 Ache um cano pelo qual deslizar.
8 Envolva-o com os pés.
9 Toldos amortecem a queda e dispersam o impacto.
10 Logo antes do impacto, vire o ombro para rolar para trás.
Ouça o tráfego.
Procure escadas e bueiros.
Segure-se; abra com o ombro.
Atenção ao trânsito. Saia.

confundir

27 fazer a pegadinha dos porcos

Passe óleo em três porcos.

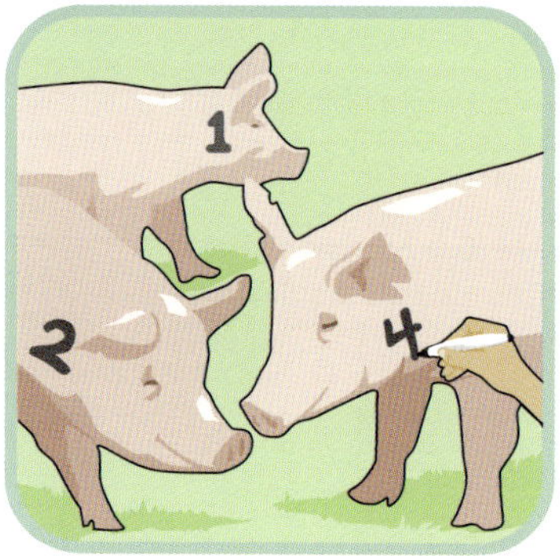

Marque-os com "1", "2" e "4".

Solte-os em uma área pública.

Observe a busca pelo "3".

28 executar a farsa do rinoceronte

Trace a pegada de rinoceronte.

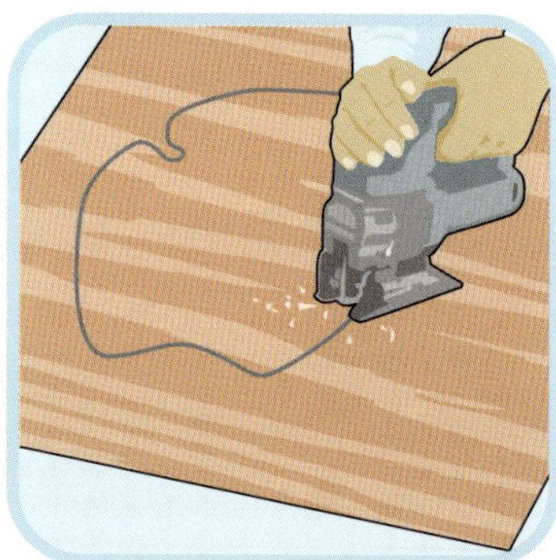

Corte.

Prenda no fundo de uma lata de lixo.

Pendure-a numa vara bem longa.

Use sacos de areia para dar peso.

Faça pegadas na neve...

... até um lago congelado.

Deixe as crianças imaginarem o resto.

29 dar vida a um papel de canudo

se livrar de uma sucuri 270

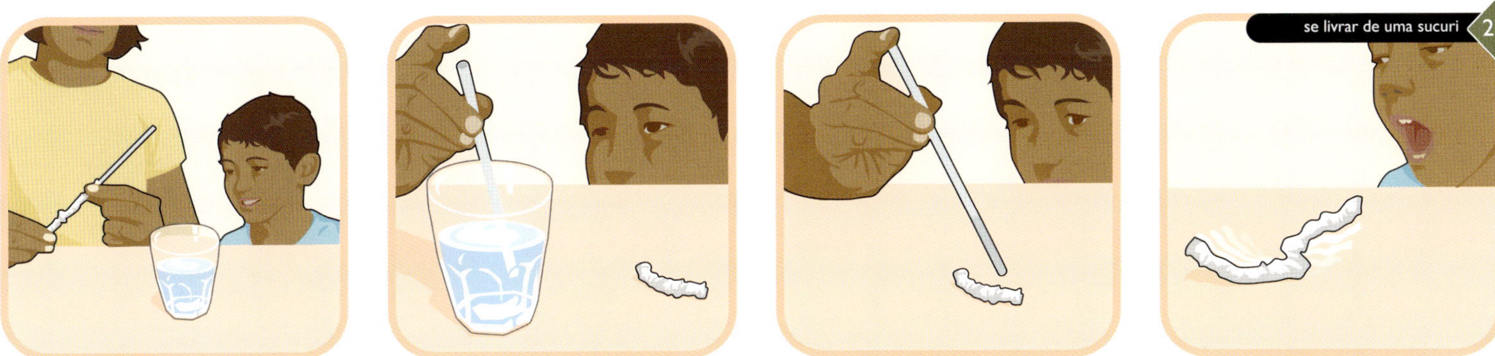

Retire o papel, deixando-o amassado.

Encha o canudo de água.

Pingue algumas gotas sobre a "cobra".

Está vivo!

30 transpor o cérebro com caneta

Segure a caneta; dedos esticados.

Encaixe no ouvido; cubra com a mão.

Traga a caneta escondida para a boca.

Morda a caneta; afaste a mão.

Ofereça a caneta.

31 levantar uma criança pelas orelhas

Dobre os braços; agarre as orelhas.

Levante pelas axilas.

32 pendurar uma colher no nariz

Embace a colher com a boca.

Pendure-a na ponta do nariz.

33 fazer armadilhas no banheiro

Encha o chuveiro de doces coloridos.

Substitua o sabonete líquido por geleia.

Bloqueie parte da saída de água com fita adesiva.

Compre uma aranha de brinquedo.

Esconda-a na saída da torneira.

Prenda uma cobra de plástico sob a tampa da privada.

Coloque plástico-bolha sob o assento da privada.

34 vandalizar um carro

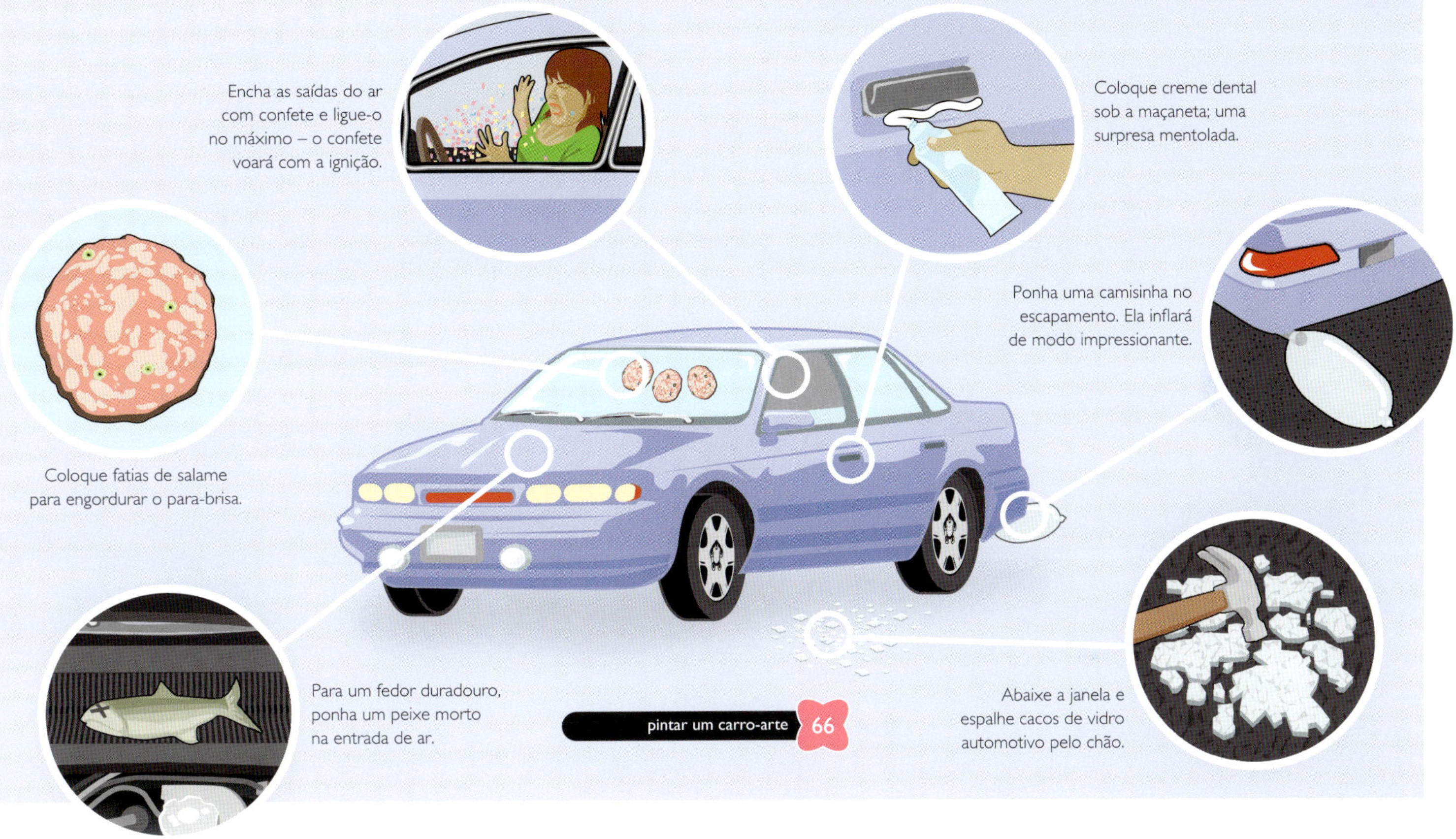

pintar um carro-arte 66

35 reorganizar o tráfego matinal

Reúna cones de trânsito.

À noite, faça desvios.

Direcione o trânsito para um beco sem saída.

fugir pelos telhados 25

Desfrute do caos olhando de cima.

36 fazer um cigarro sumir

Lamba o topo do dedão sem ninguém ver.

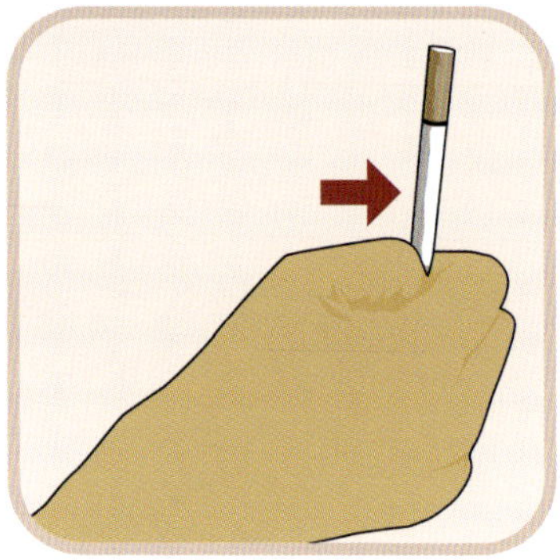

Pressione-o contra o cigarro.

Ofereça o cigarro.

Abra a mão mostrando a palma.

37 desafiar com truque de cartas

* Se a sua carta estiver embaixo, a da vítima estará no topo.

Memorize a carta de baixo.

Peça à vítima que escolha uma. Desvie o olhar.

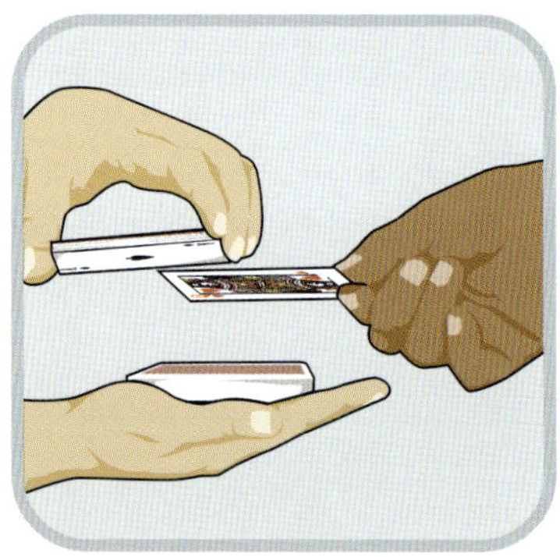

Corte o baralho; peça que ela devolva a carta.

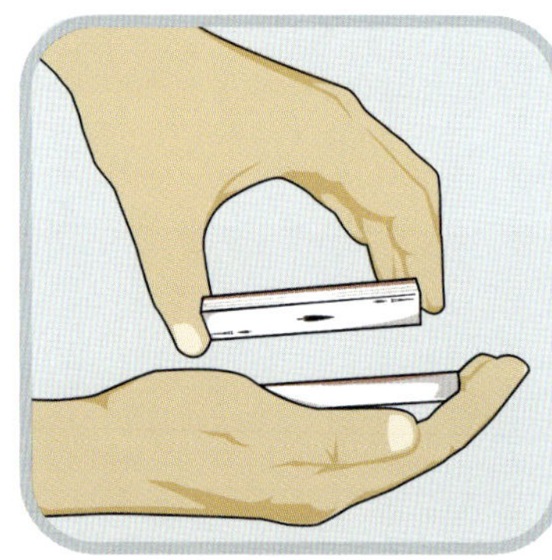

Recoloque a parte de cima do baralho.

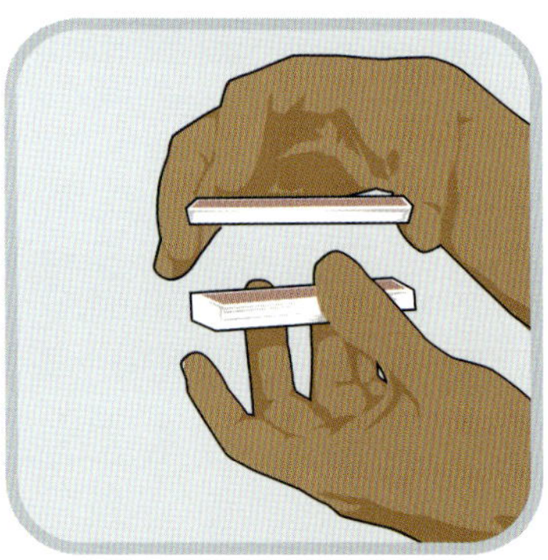

Peça à vítima que corte o baralho.

Encontre a sua carta; a dela é a seguinte.

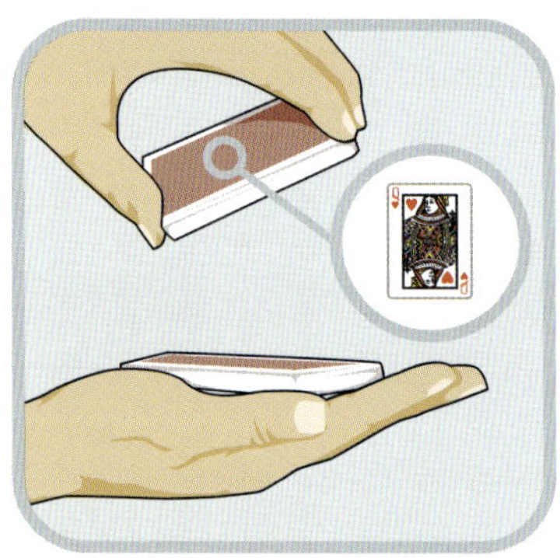

Corte a carta da vítima para o topo.

Peça à vítima que retire a carta do topo.

38 entortar uma colher

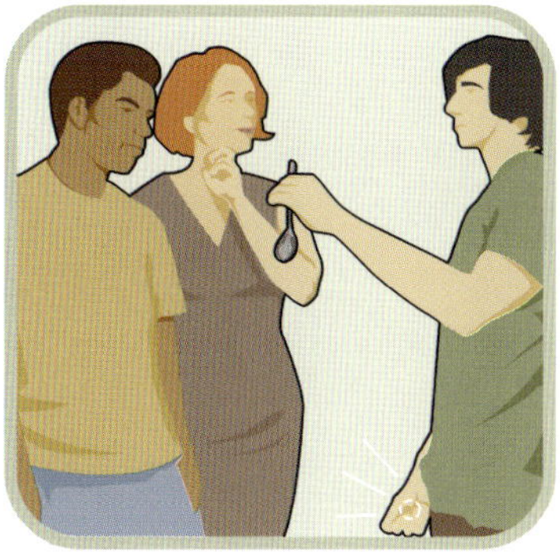

Esconda uma moeda; mostre a colher.

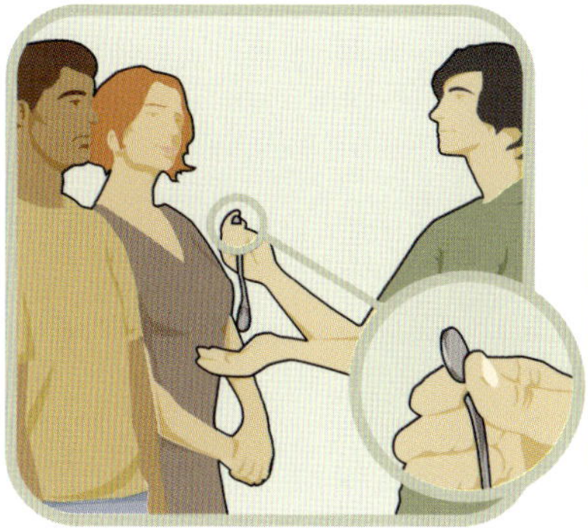

Segure a moeda como se fosse o cabo da colher.

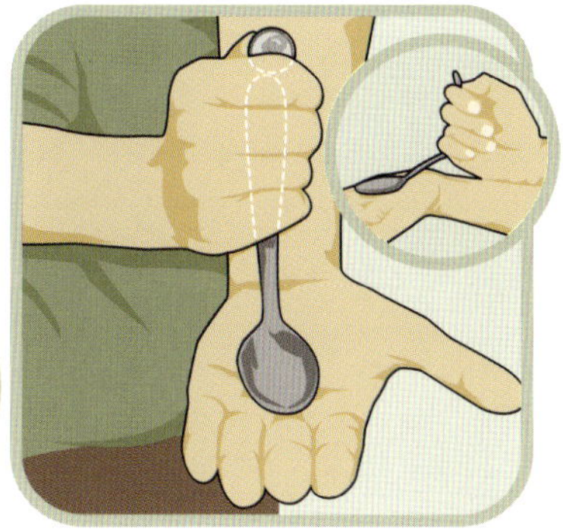

Agarre a colher; "entorte-a" na palma da mão.

Esconda a moeda antes de abrir a mão.

39 dar vida a um fósforo

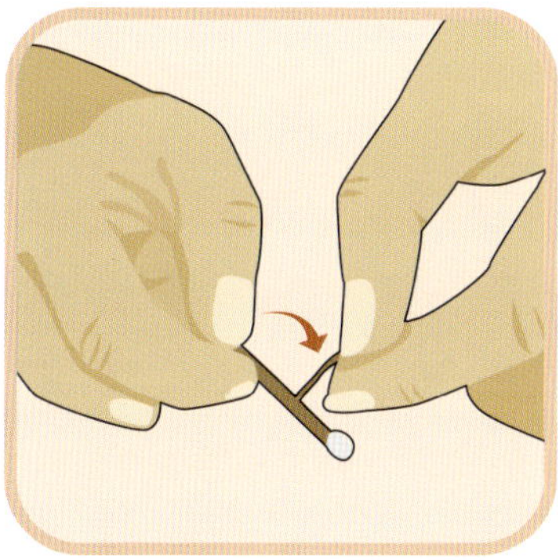

Retire uma camada do palito de fósforos.

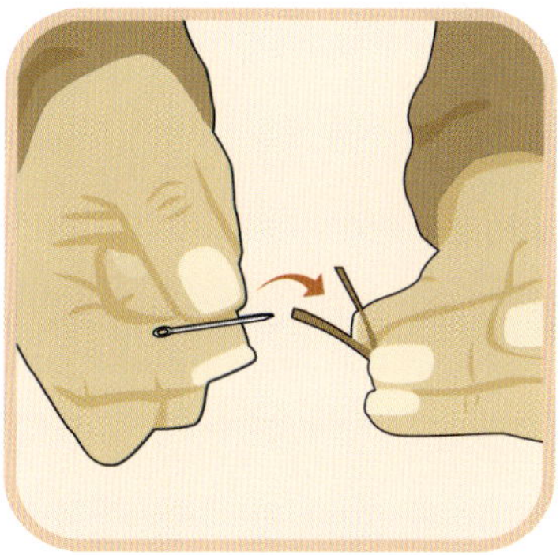

Esconda uma agulha magnetizada.

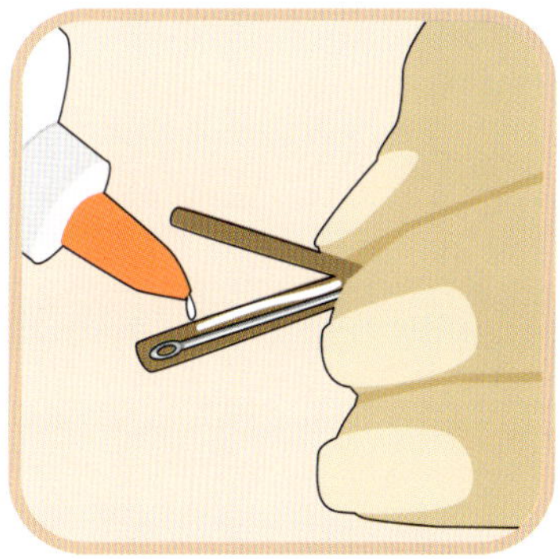

Cole a agulha dentro do palito.

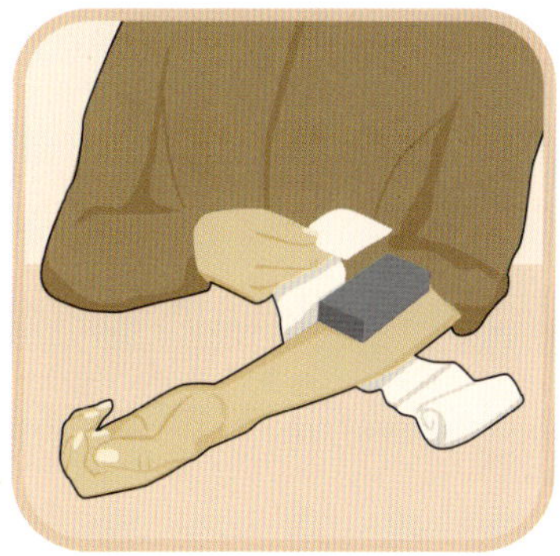

Esconda um ímã sob a manga.

Esconda o palito na mão; aborde a vítima.

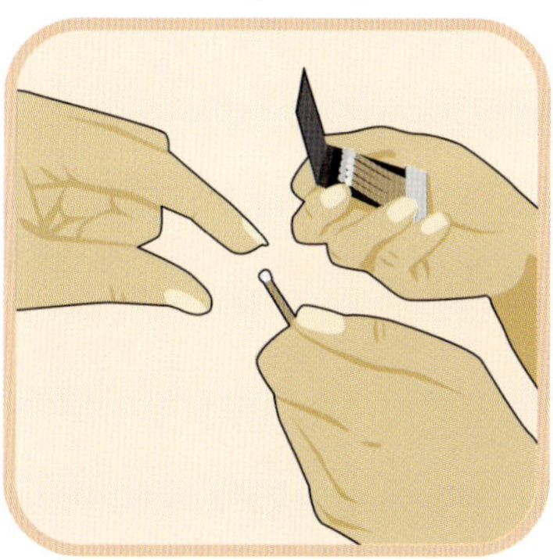

Aceite o fósforo da vítima.

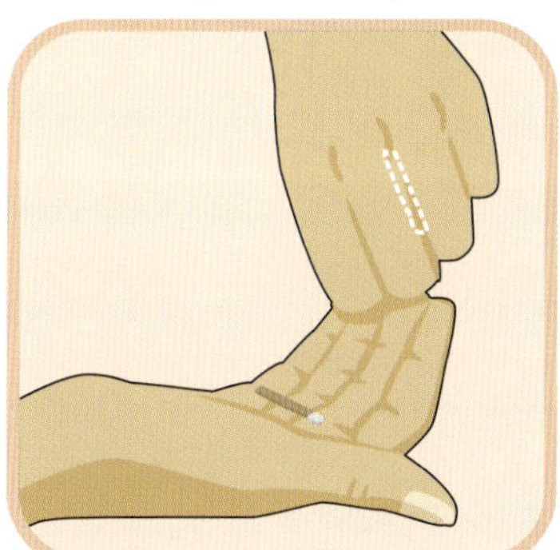

Substitua o palito dela pelo seu.

Passe a mão sobre o ímã oculto.

40 girar um prato

1 Pendure um prato numa vareta pelo aro de baixo.

2 Gire a vareta mantendo sua base parada.

3 Com o prato girando, deixe a vareta parada.

41 serrar uma mulher ao meio

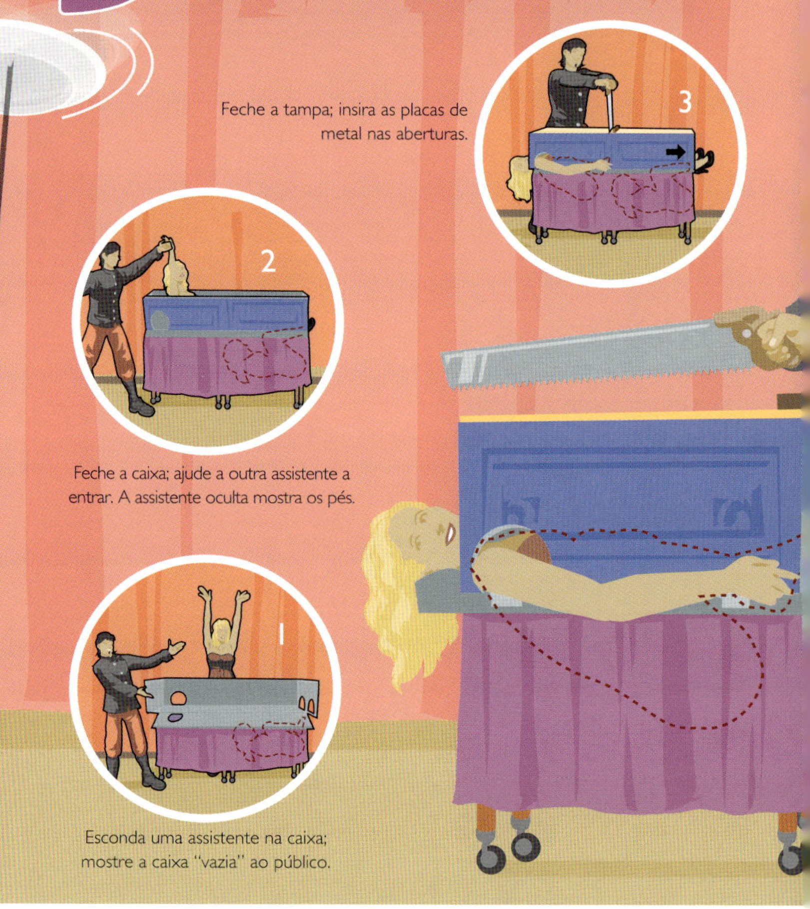

1 Esconda uma assistente na caixa; mostre a caixa "vazia" ao público.

2 Feche a caixa; ajude a outra assistente a entrar. A assistente oculta mostra os pés.

3 Feche a tampa; insira as placas de metal nas aberturas.

42 fingir um lançamento de facas

Lance uma faca para criar o clima.

Escolha um voluntário da plateia.

Mostre-lhe a faca.

Coloque o assistente no alvo.

341 picar como um chef

Entregue a faca ao voluntário.

"Serre" a caixa ao meio.

Separe e exiba as metades da caixa.

Una as metades;
remova as placas.

Abra a tampa; ajude a assistente a sair.

Coloque uma venda em seus olhos.

Troque a faca por uma especial.

Recolha-a após o lançamento.

O assistente põe a faca no alvo.

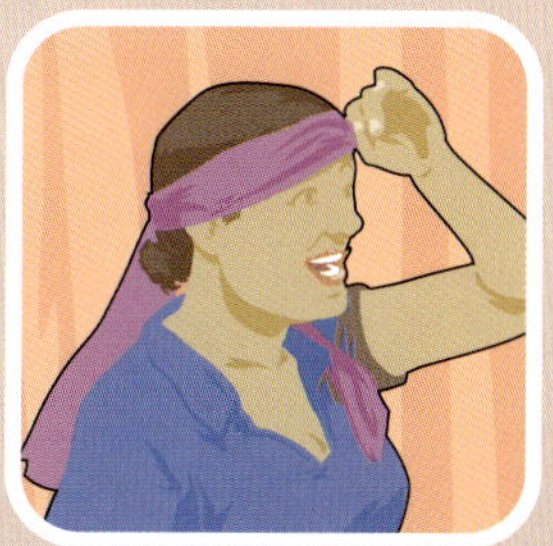

Elogie a pontaria do voluntário!

43 passar batom com o decote

Coloque o batom entre os seios.

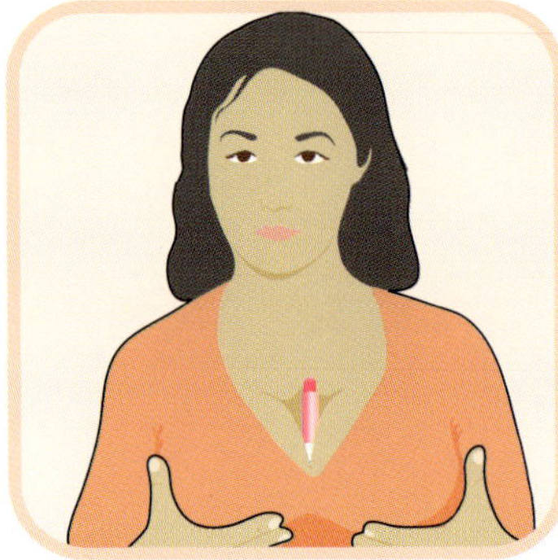

Comprima; levante.

Passe no lábio inferior.

98 personalizar gloss labial

Pressione os lábios um contra o outro.

44 fugir de um encontro chato

Peça licença e saia da mesa.

Acrescente camadas de roupa.

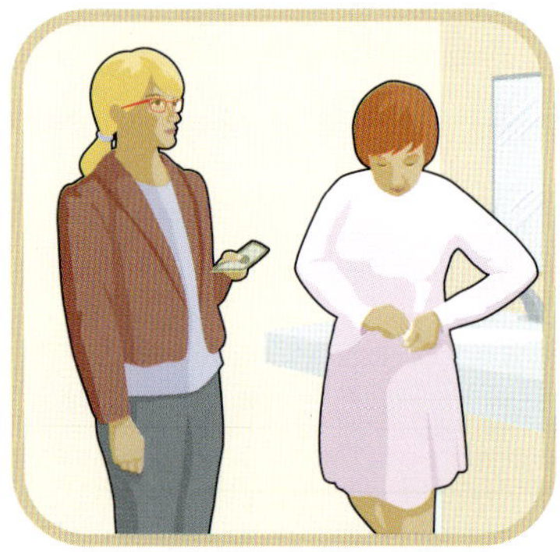

Compre roupas de alguém.

Troque o penteado.

Mude a maquiagem.

Ponha um chapéu; tire os óculos.

Não faça contato visual.

Dê ao garçom a sua parte da conta.

45 pedir em casamento da cadeia

Vá até a cadeia local; ligue e peça ajuda.

Diga que você é um prisioneiro...

… do amor.

Dê a ela o anel.

46 entrar de penetra num casamento

Capriche no visual.

Leve uma caixa de presente vazia.

Vá até um hotel de luxo.

Procure no saguão por avisos de casamento.

Fique no bar; não se misture.

Saia durante a refeição.

Evite os noivos.

Dance com os idosos – é uma boa ação.

47 falsificar uma antiguidade

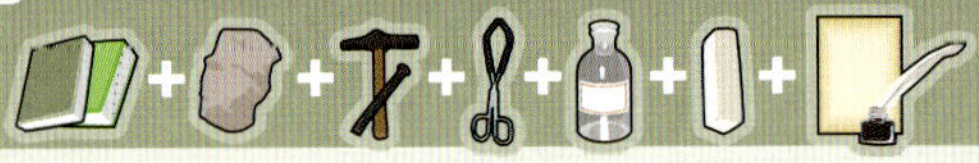

Estude história da arte.

Pegue uma pedra de um local antigo.

Esculpa com utensílios da época.

Mergulhe em ácido clorídrico.

Deixe em um rio para acumular calcário.

Cubra de cera para mascarar o teste UV.

Documente a história do objeto.

Insira nos arquivos do museu.

48 improvisar uma exposição de arte

A arte está em todo lugar... então por que não celebrar a beleza ao seu redor com sua própria e ousada exposição? E sem galeria!

pendurar sua obra num museu

Escolha um lugar para a sua pintura.

Coloque fita dupla face na sua obra.

Esconda a obra; disfarce-se.

Cubra a obra com um mapa.

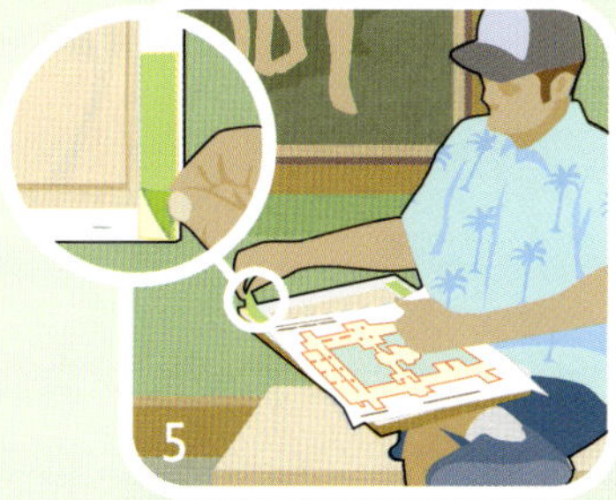

Retire a proteção do adesivo.

Segure o mapa e cole a obra na parede.

Documente o feito.

pintar de acordo com os números 83

Saia casualmente.

50 flagrar trapaceiros

Quando dois jogadores estão mancomunados, eles às vezes trocam gestos sutis. Aprenda a identificá-los e pegue-os no flagra.

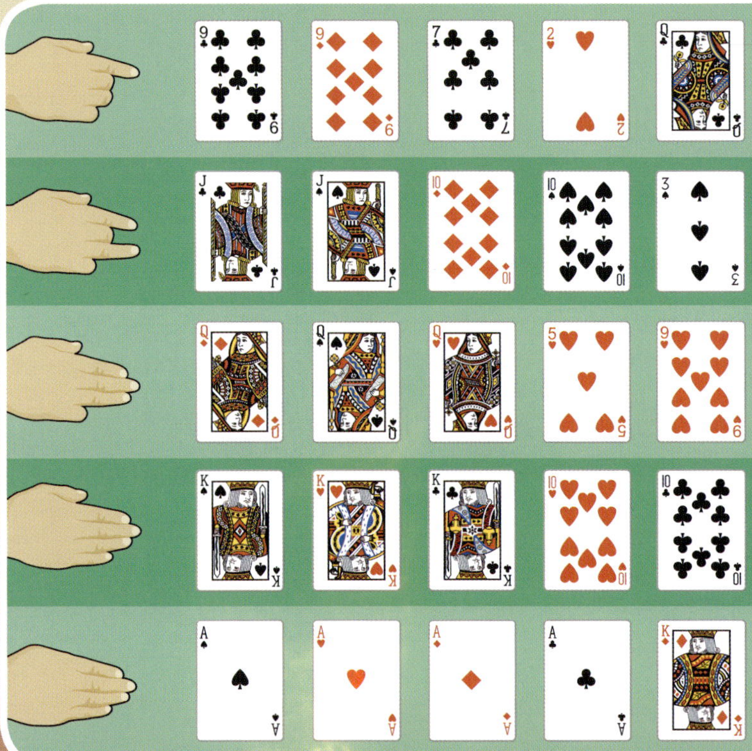

"Eu tenho um par."

"Eu tenho dois pares."

"Tenho uma trinca."

"Eu tenho um *full house*."

"Quatro iguais! Uhu!"

51 criar dados viciados

76 fazer porta-copos de dados

Escolha um número da sorte.

Aqueça com este número para cima.

Os dados derretem levemente.

Aposte no seu número.

Muito blá-blá-blá – mão boa.
Veia saltando na testa – mão boa.
Postura derrubada – mão ruim.
Evitando contato visual – mão ruim.

53 cair de paraquedas numa nova vida

54 sumir de um cruzeiro

se esconder na bagagem 55

pegar carona num trem 303

Corte buracos grandes nas laterais das malas.

Cubra os buracos com adesivos.

Crie uma distração; embarque escondido.

Posicione os buracos um de frente para o outro.

Entre e se feche nas malas.

Fique quieto durante a viagem.

* Nas perguntas de controle, use estas dicas para aumentar seus sinais vitais. Suas mentiras serão menos óbvias.

enganar um polígrafo 56

Faça contas complicadas de cabeça.

Espete o dedo do pé com um prego.

Contraia bem as nádegas.

Dê respostas monossilábicas.

Tenha a seu lado um advogado.

Criar

57 fazer uma flor de papel

1 Corte quatro pedaços de papel de seda de cada tamanho.

2 Dobre cada um ao meio.

3 Arredonde uma ponta de cada pilha.

4 Desdobre um retângulo pequeno; segure e enrole a parte de baixo.

5 Prenda num alfinete de chapéu usando fita de florista.

6 Repita com as demais pétalas pequenas.

7 Enrole e prenda as pétalas grandes.

8 Espete na lapela.

58 dobrar um cravo de papel

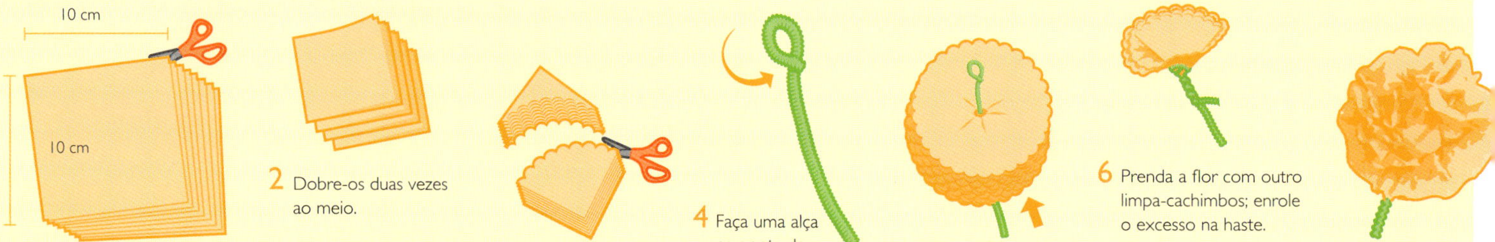

1 Corte oito quadrados.

2 Dobre-os duas vezes ao meio.

3 Corte-os em diagonal curva e irregular.

4 Faça uma alça na ponta de um limpa-cachimbos.

5 Desdobre os quadrados; espete-os na haste.

6 Prenda a flor com outro limpa-cachimbos; enrole o excesso na haste.

7 Arrume e amasse as pétalas.

59 criar uma rosa de fita adesiva

345 criar uma rosa de sashimi

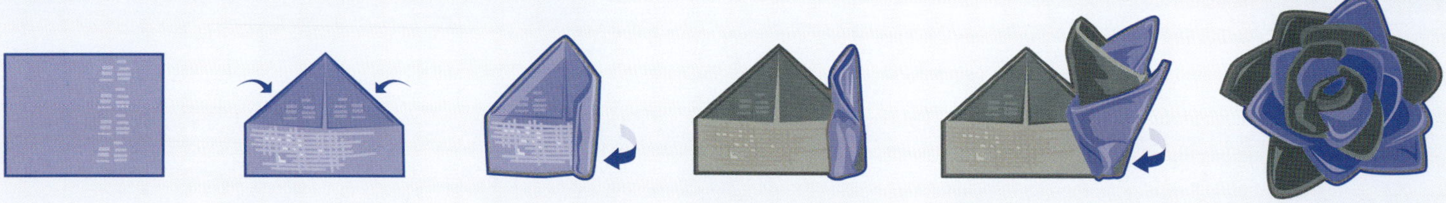

1 Corte um pedaço retangular de fita adesiva.

2 Dobre duas pontas para baixo.

3 Enrole sem apertar.

4 Corte e dobre nova pétala; envolva a primeira, sem apertar.

5 Repita, puxando as pontas para fora no processo.

6 Continue até o tamanho desejado.

1 Insira uma tira de papel numa ferramenta para quilling.

2 Enrole a tira bem apertada.

3 Retire o rolo.

4 Aperte para dar forma.

5 Cole a ponta de fora ao próprio rolo.

6 Pressione os rolos sobre a cola.

61 imprimir com um bloco de linóleo

Desenhe sobre um bloco de linóleo.

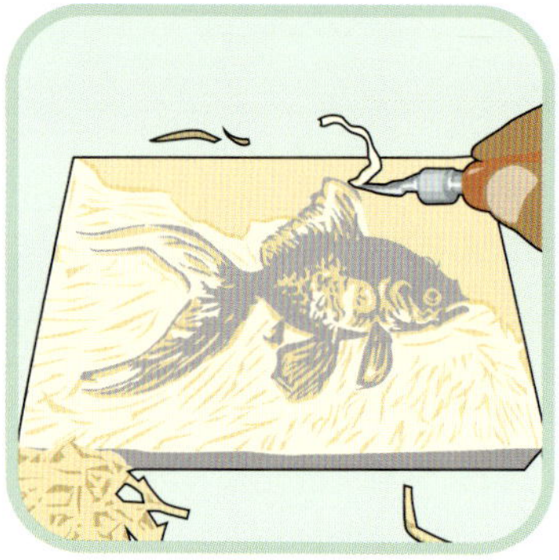

Entalhe os contornos.

Cubra uniformemente com rolo de tinta.

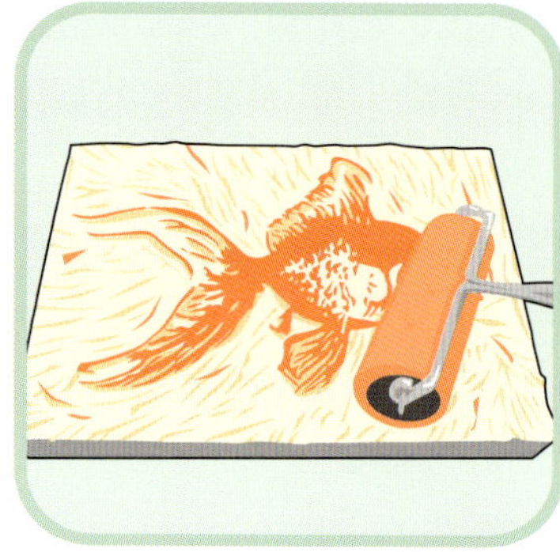

Pinte os relevos.

Ponha o papel sobre o bloco.

Passe uma colher para transferir imagem.

Levante o papel delicadamente.

Deixe secar.

62 soprar imagens de bolhas

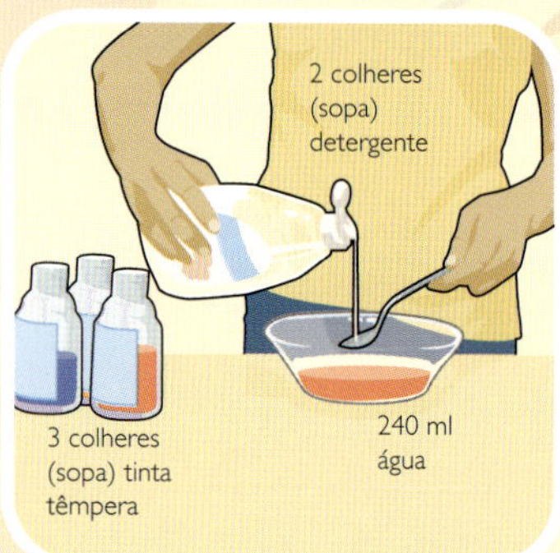

Misture uma cor com água e sabão.

Repita com as demais cores.

Ponha uma cor no tabuleiro.

Sopre uma boa camada de bolhas.

brotar uma imagem de esporos

Corte quadrados de papel branco e preto.

Cole pedaços de cores diferentes.

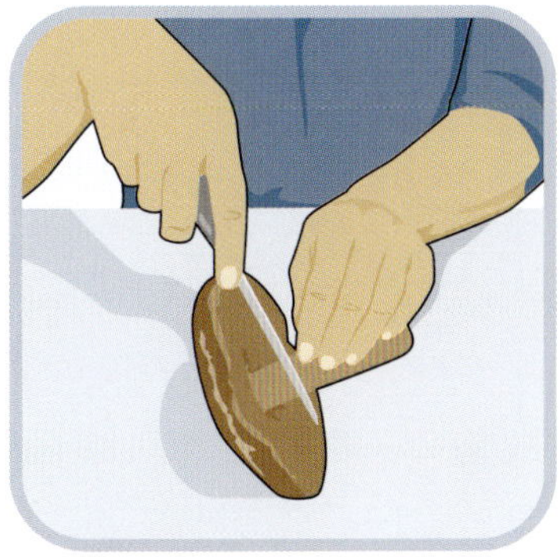

Retire os estipes dos cogumelos.

Centralize os píleos entre os papéis.

dourar uma moldura antiga 193

Cubra com tigelas; espere.

Retire as tigelas e os píleos.

Fixe com spray para cabelo.

Exiba sua obra de esporos.

* Cada espécie de cogumelo deixa uma assinatura de esporos única em sua forma, padrão e cor. Algumas ficam melhores em papel claro, outras, em papel escuro.

Estoure as bolhas no papel.

Agite a próxima cor.

Bolhas sobre o papel dão outro efeito.

Repita com a terceira cor; deixe secar.

64 fazer retalhos das suas camisas

Junte camisas velhas.

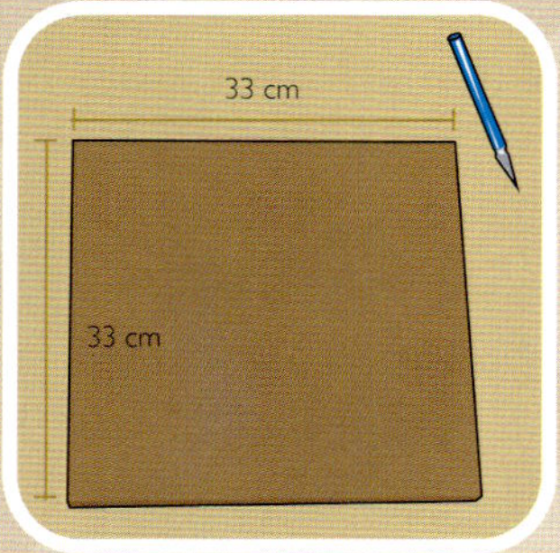

Corte um molde de papelão.

Marque as camisas; corte.

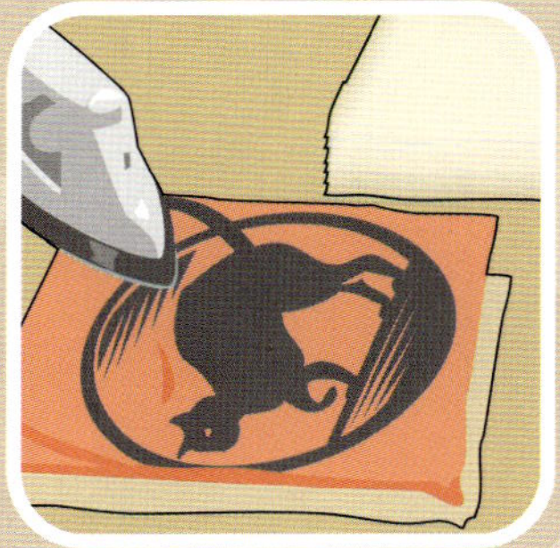

Corte a entretela; passe a ferro.

188 fazer cabeceira de papel de parede

65 costurar uma colcha "rock"

Disponha 49 retalhos.

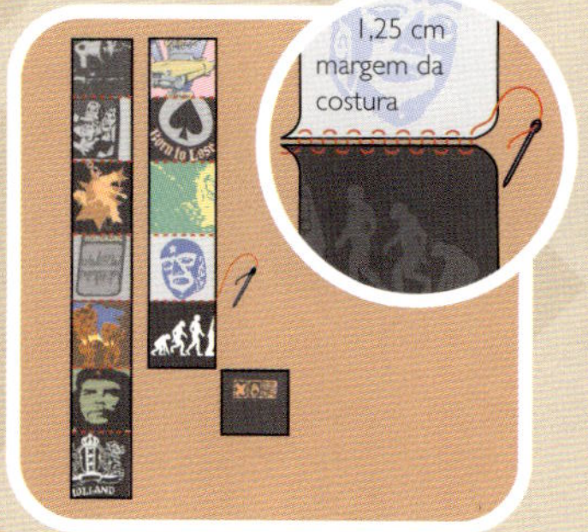

Costure-os em fileiras de sete.

Costure as fileiras juntas.

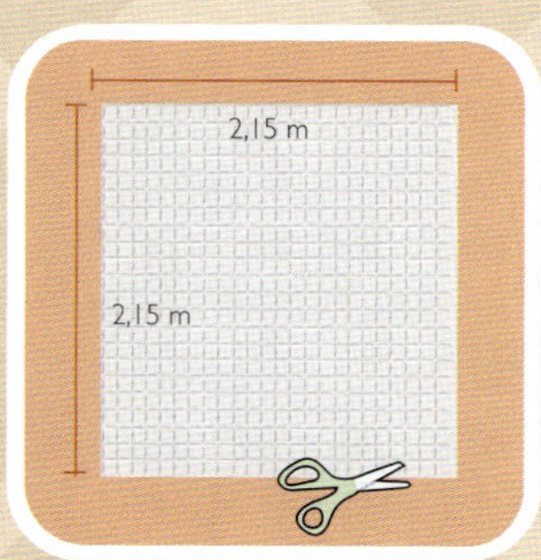

Meça e corte o estofo.

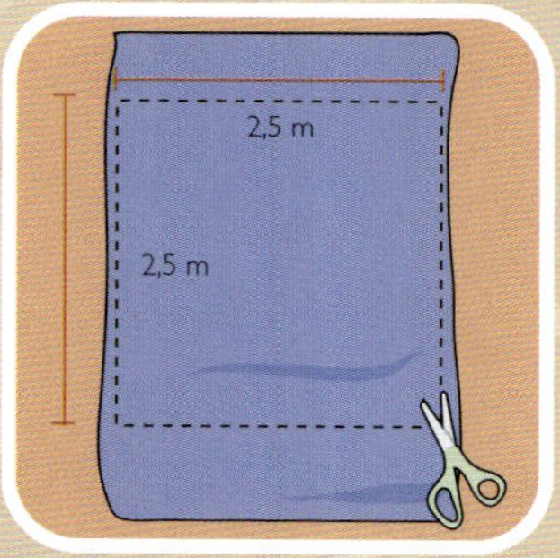

Corte um lençol *king size*.

Arrume e centralize as partes.

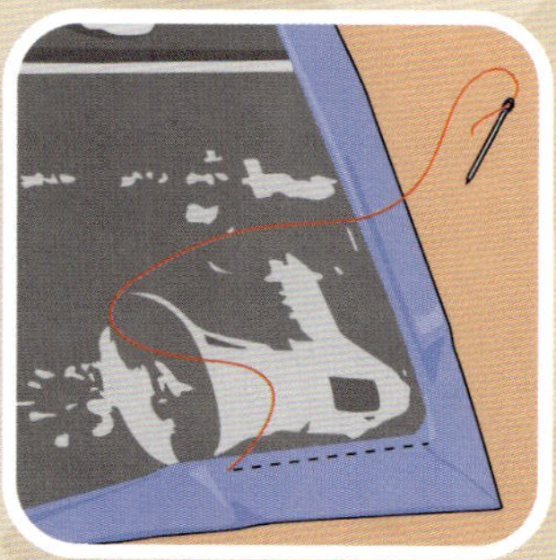

Dobre as bordas do lençol; costure.

Aplique nós de fio de bordar nos cantos.

66 pintar um carro-arte

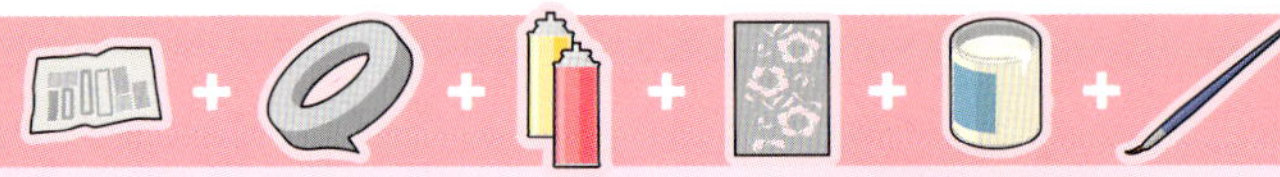

Cole tiras de jornal no carro a intervalos regulares.

Cubra as partes expostas com esmalte de metal.

Deixe secar; pinte os desenhos de estêncil.

Acrescente detalhes à mão.

67 apreciar os ônibus paquistaneses

Ônibus-arte são um grande negócio no Paquistão – os donos pagam milhares de dólares a artesãos para que seus ônibus sejam valorizados com acessórios, luxos interiores e pinturas intricadas.

Os passageiros vão com estilo, num interior magnificamente pintado.

O motorista desfruta de uma cabine ricamente decorada.

144 apaixonar-se em um ônibus

decorar um carro com bugigangas 68

1 Junte quinquilharias de acordo com o tema.

2 Cole-as no carro com silicone líquido.

3 Cole pastilhas de cerâmica com epóxi.

4 Aplique verniz.

conhecer os *dekotora* 69

Subcultura nascida nos caminhões de transporte de pescado do nordeste do Japão, os *dekotora* se popularizaram nos anos 1970 em filmes, animes e videogame.

Um candelabro ilumina a cabine do motorista.

O interior é tão extravagante quanto o exterior.

70 fazer lanterna de caixa de fósforos

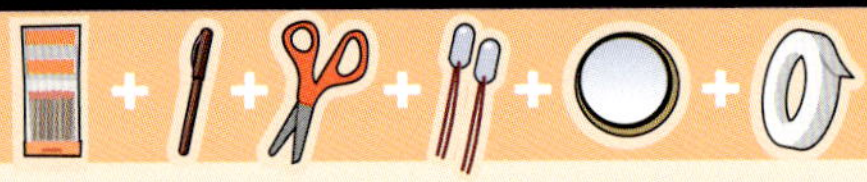

39 dar vida a um fósforo

Remova os fósforos.

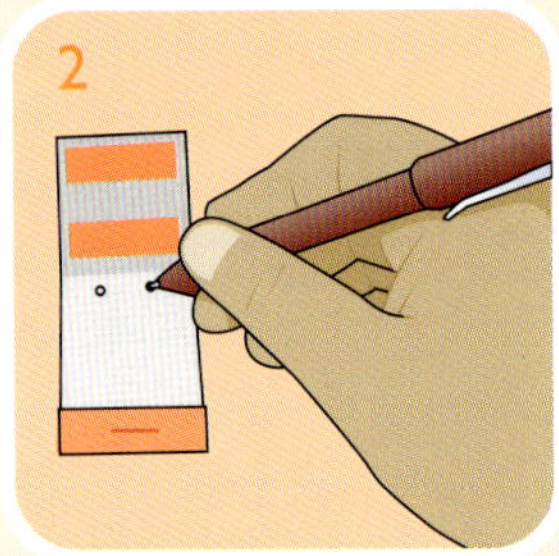

Faça duas marcas na dobra.

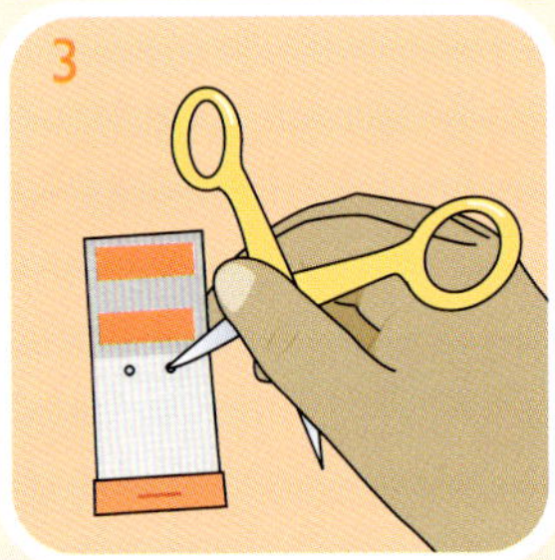

Fure nas marcações.

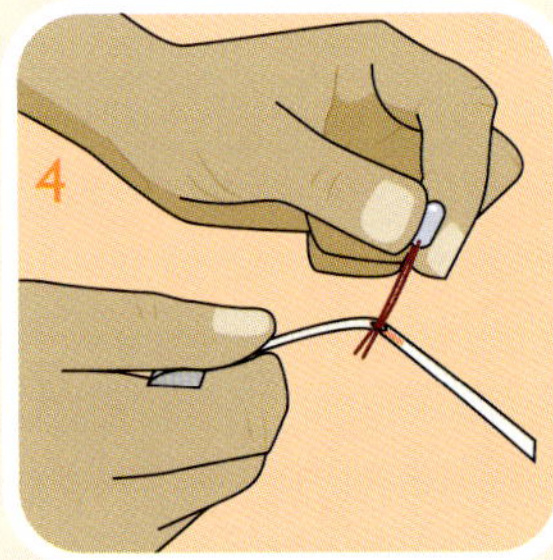

Insira dois fios de LED.

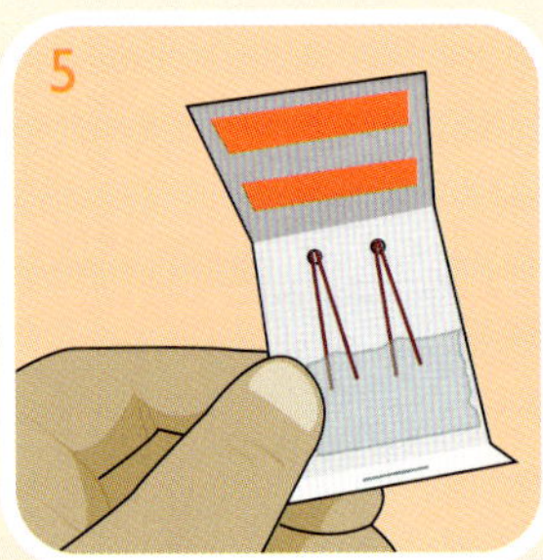

Fixe os fios da esquerda.

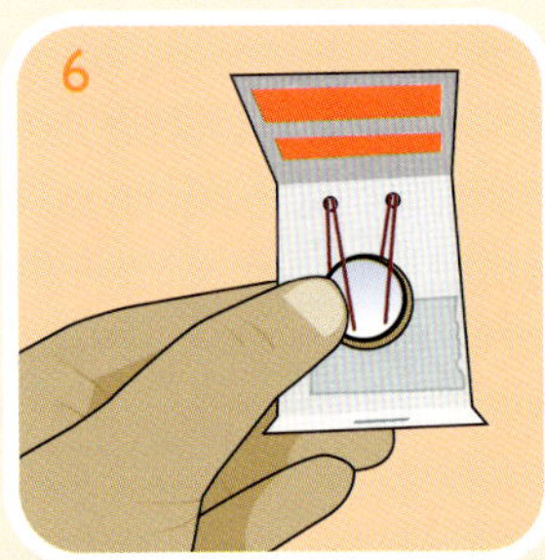

Ponha a bateria sob os fios soltos.

Aperte para testar a luz.

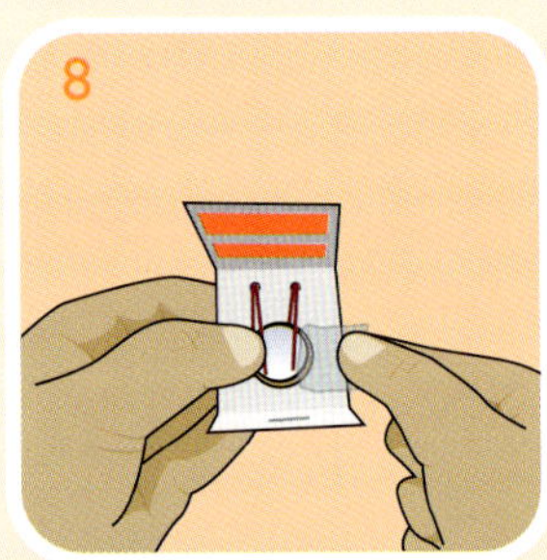

Fixe os cantos da bateria.

71 construir um minirrobô

Cole a franja num pote.

Cole fita dupla face no topo.

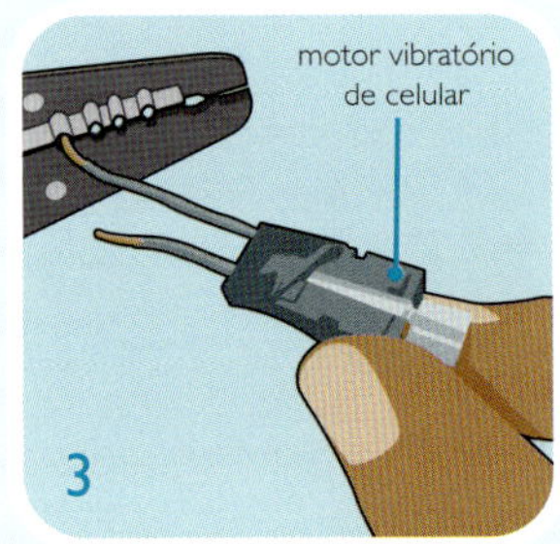

Desencape as pontas dos fios.

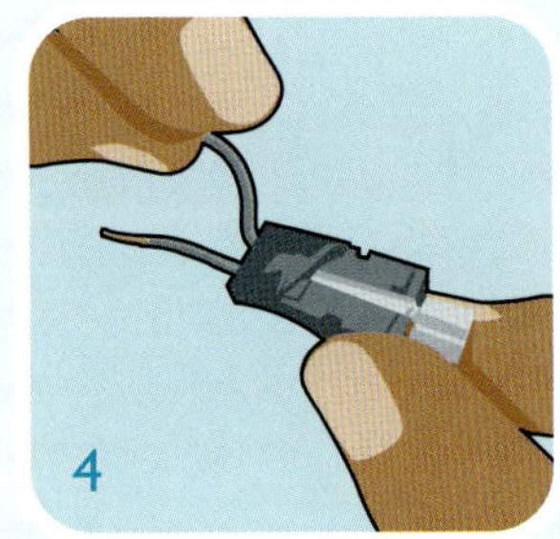

Dobre um fio para cima.

Prenda o motor ao pote.

Decore seu robô.

Enfie a bateria entre os fios.

Veja como ele vai!

esconder um pen drive 72

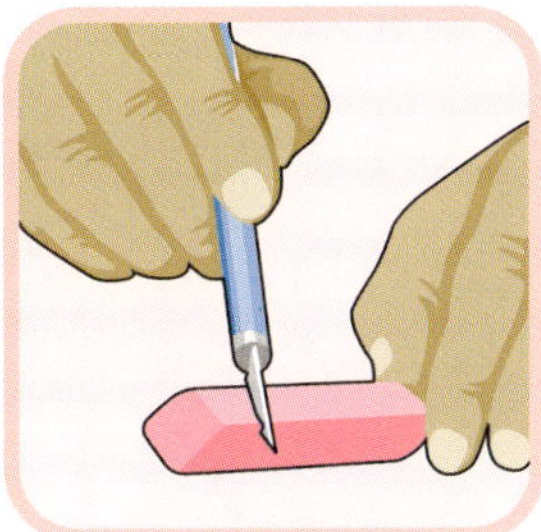
Corte um terço da borracha.

Deixe os dois pedaços ocos.

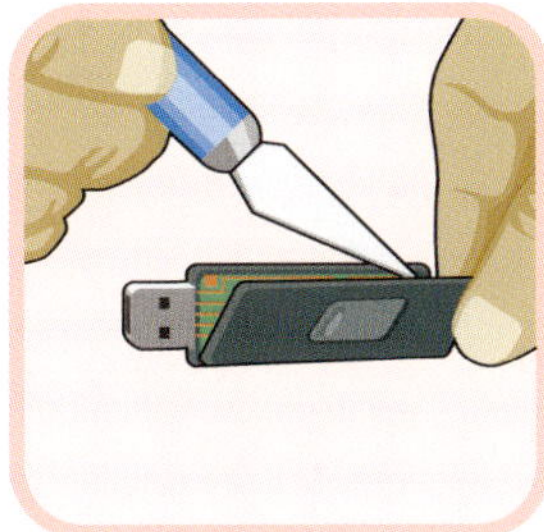
Abra o pen drive.

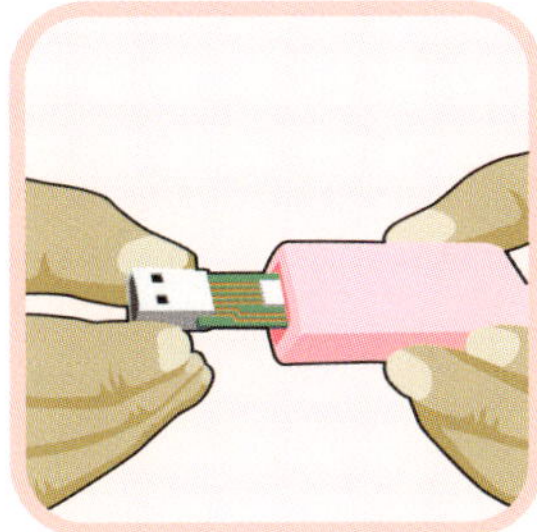
Retire a capa do drive USB.

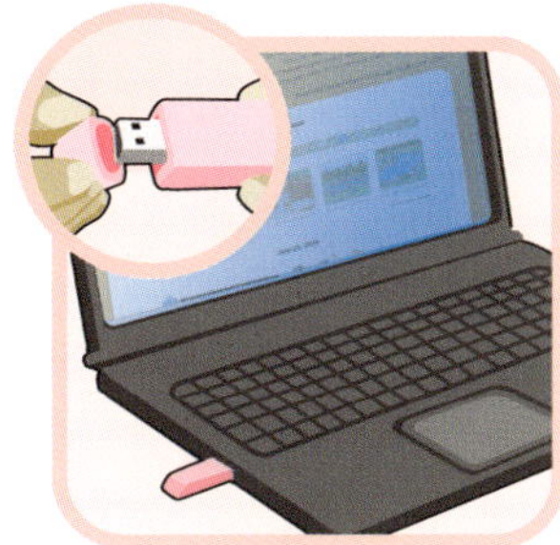
Esconda quando não usar.

montar um detector de metais 73

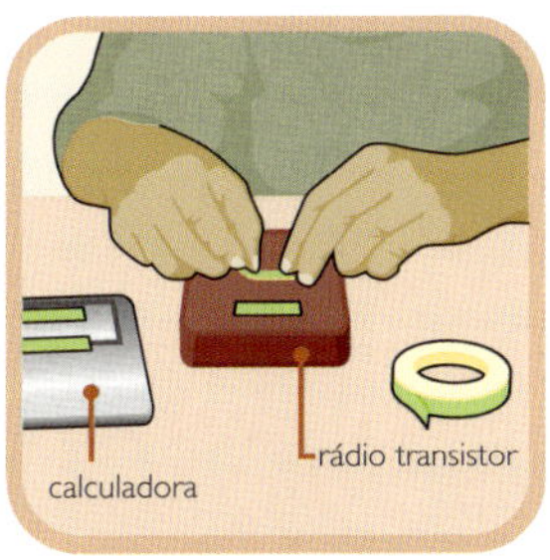

Aplique fita dupla face.

Cole-os numa caixa de CD.

Sintonize o rádio em AM.

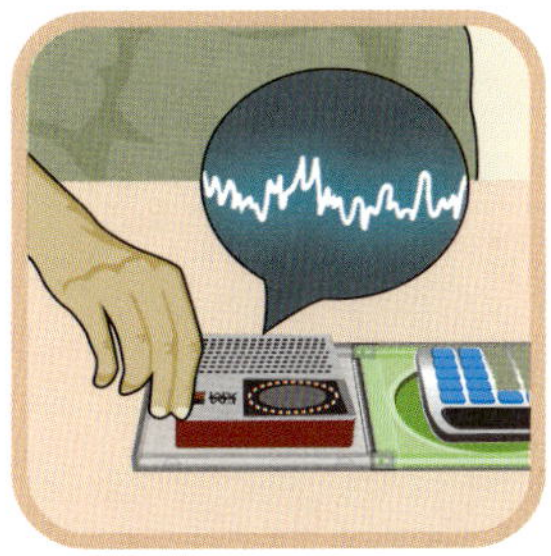
Procure por estática.

Feche a caixa até ouvir um sinal.

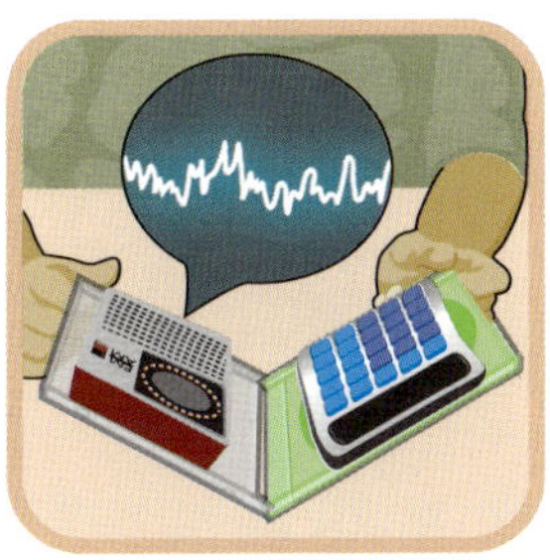
Abra até o sinal parar.

Fixe a caixa neste ângulo.

Procure um item de metal.

Próximo ao metal, o sinal volta.

Procure um tesouro!

74 armar um alimentador de gatos

Por que alimentar seu gato do modo convencional? Umas horas e alguns itens domésticos são tudo de que você precisa para montar um incrível alimentador de gatos!

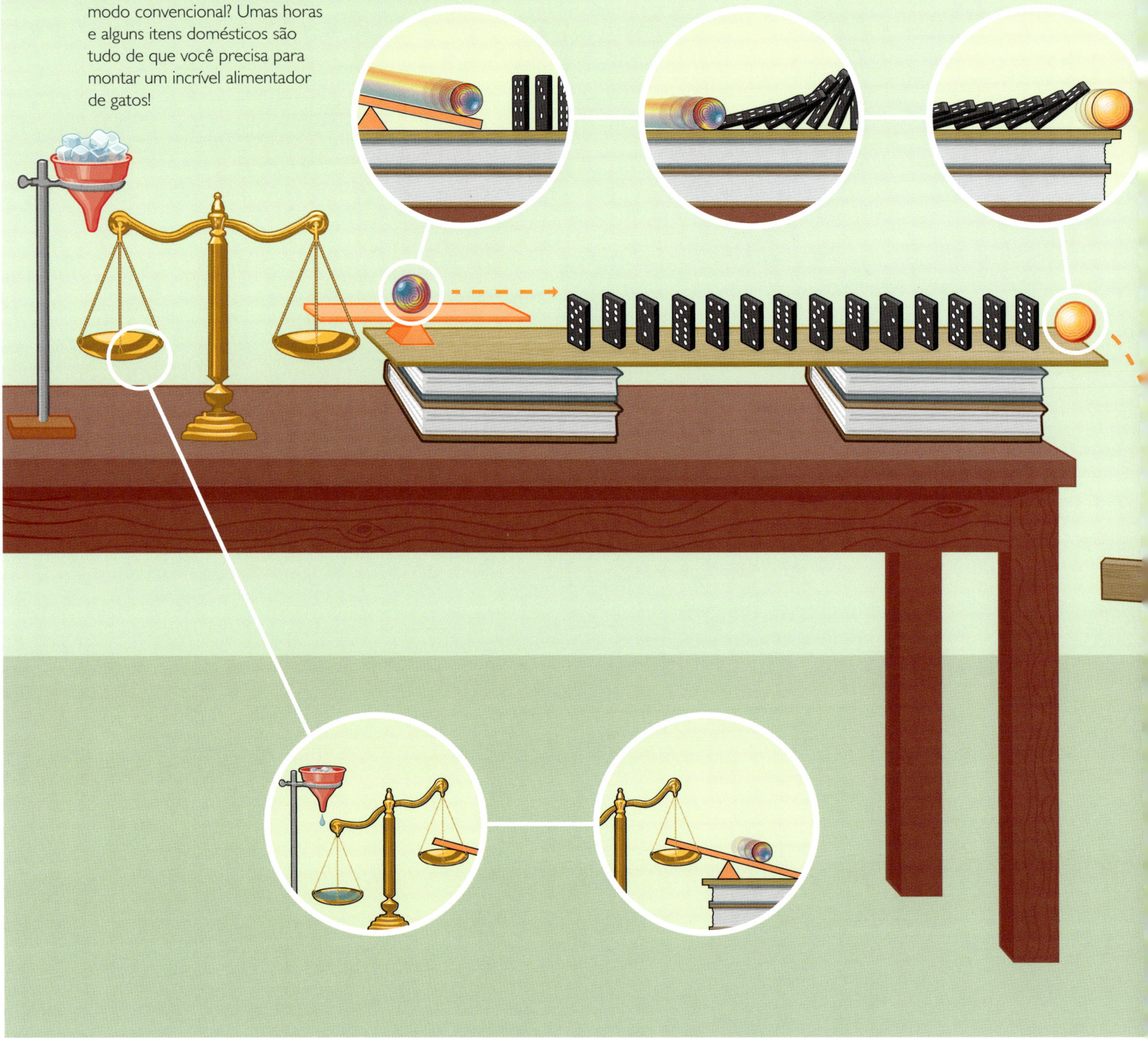

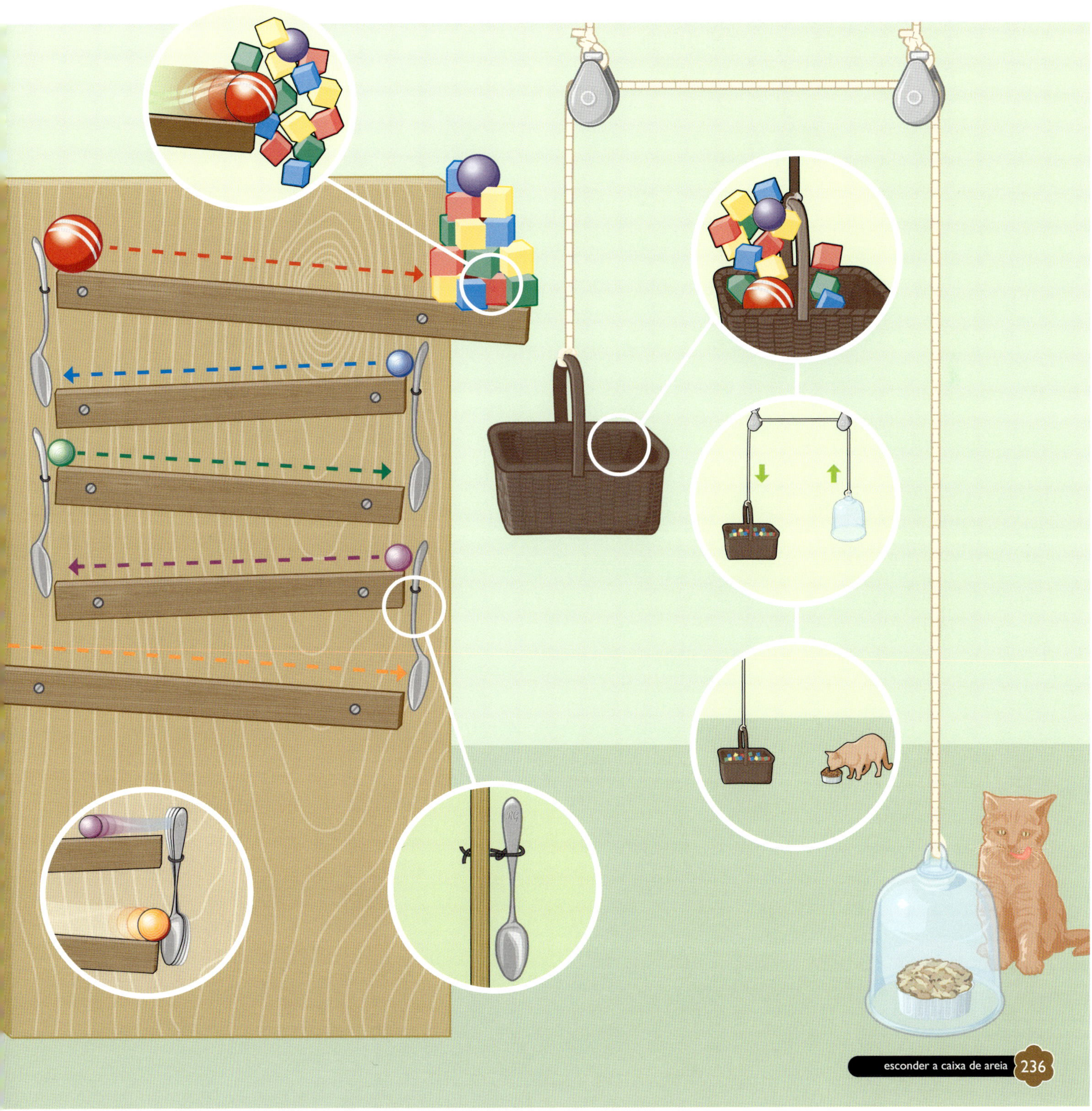

75 esculpir com motosserra

Firme um tronco com sacos de areia.

Faça um esboço com giz.

Vista equipamento de proteção.

Corte a forma básica.

Trabalhe cortando lascas finas.

Queime detalhes com um maçarico.

Retoque com a ponta da serra.

Finalize com óleo de teca.

76 fazer porta-copos de dados

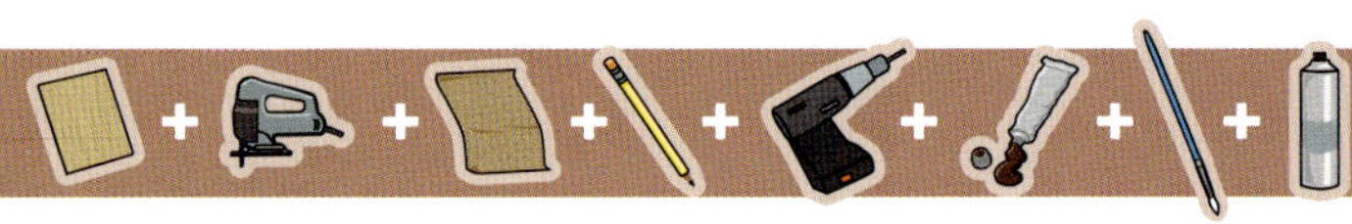

Corte quadrados de compensado.

Lixe para suavizar as bordas.

Marque e fure os números.

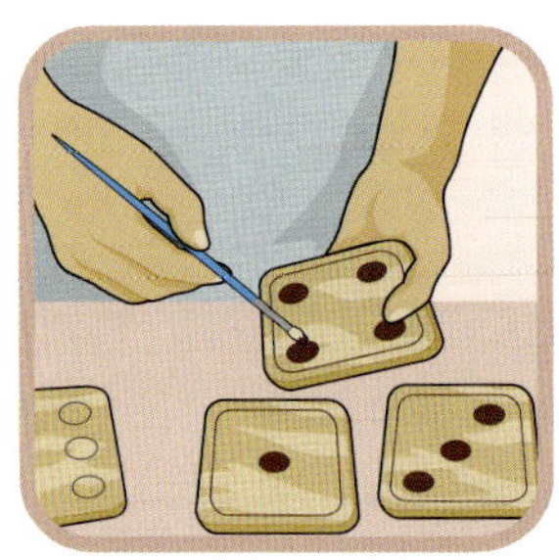

Pinte os números e o acabamento.

Passe spray impermeabilizante.

pôr um navio dentro da garrafa

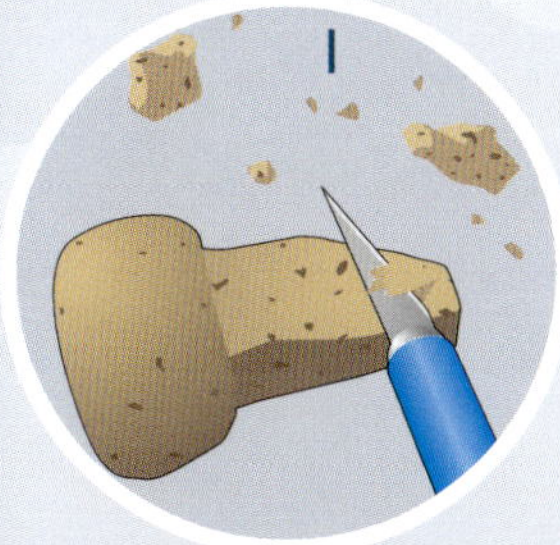

1 Entalhe um barco em uma rolha.

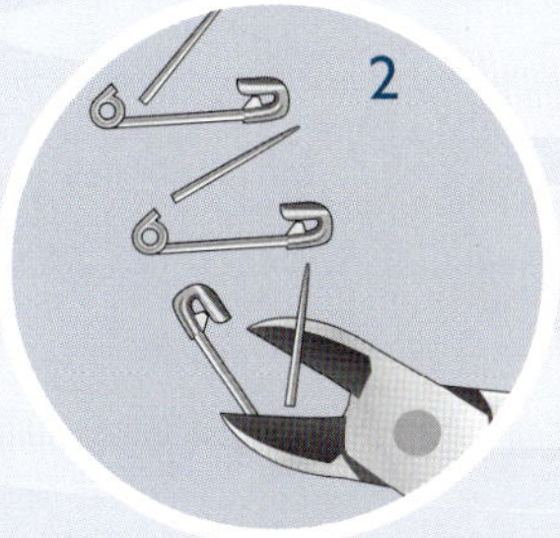

2 Corte as pontas de três alfinetes.

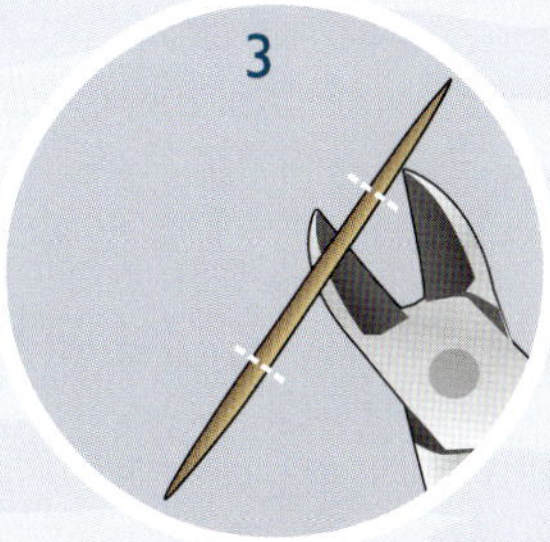

3 Corte um palito de bambu em três.

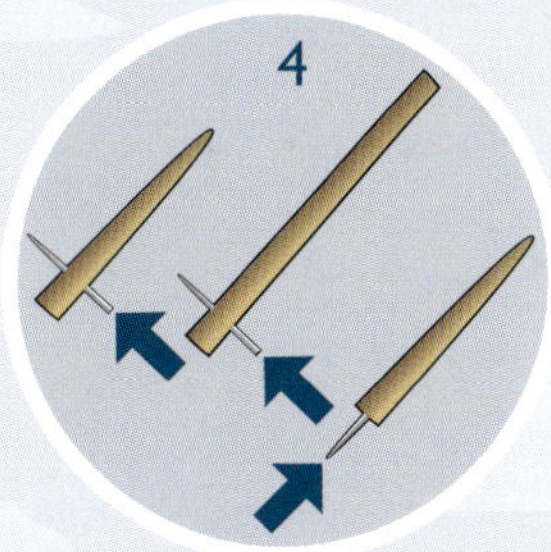

4 Enfie as pontas de alfinete nos pedaços.

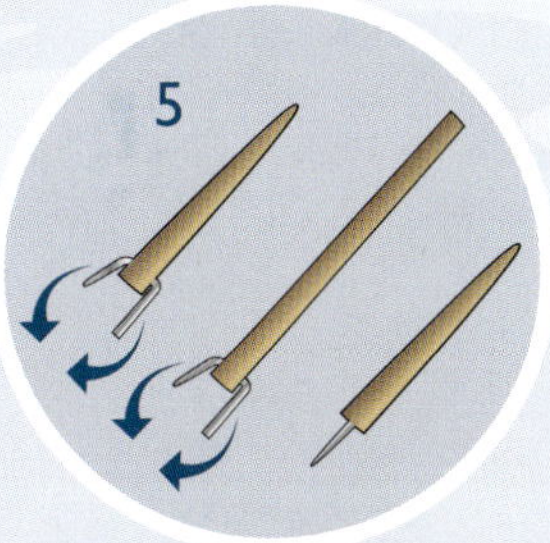

5 Dobre duas como ganchos.

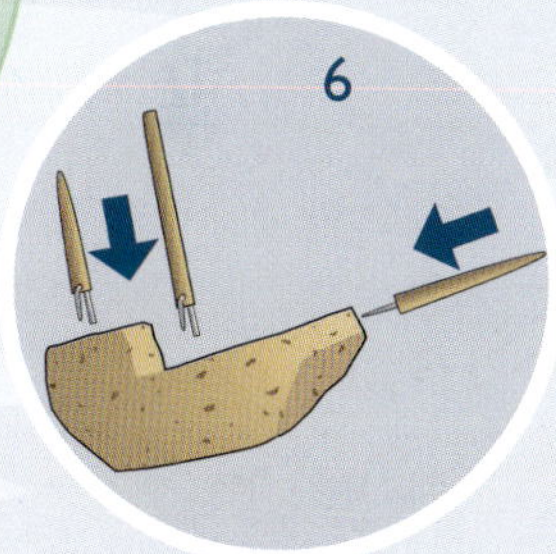

6 Fixe no barco.

7 Desenhe velas; corte-as em papel.

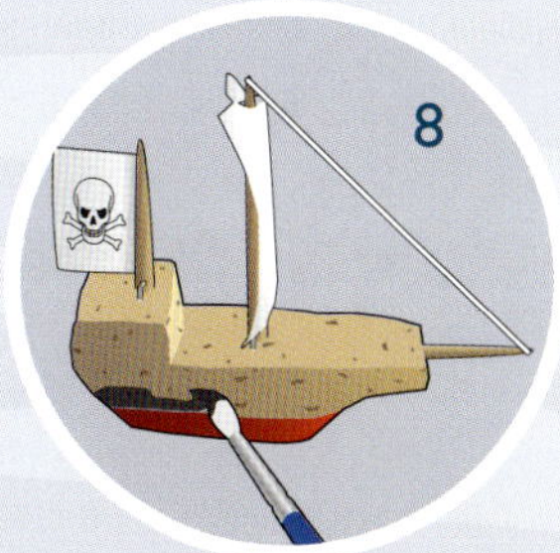

8 Prenda as velas e decore o navio.

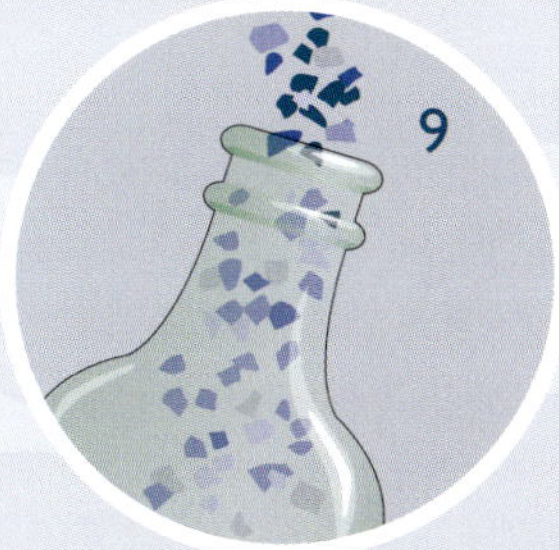

9 Encha a garrafa de pedrinhas coloridas.

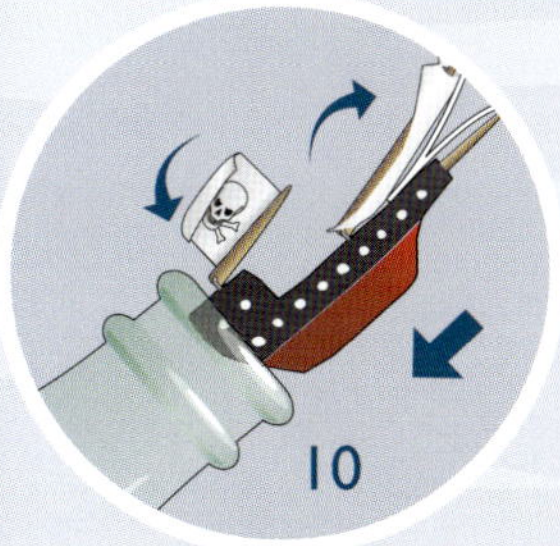

10 Abaixe os mastros; insira o navio na garrafa.

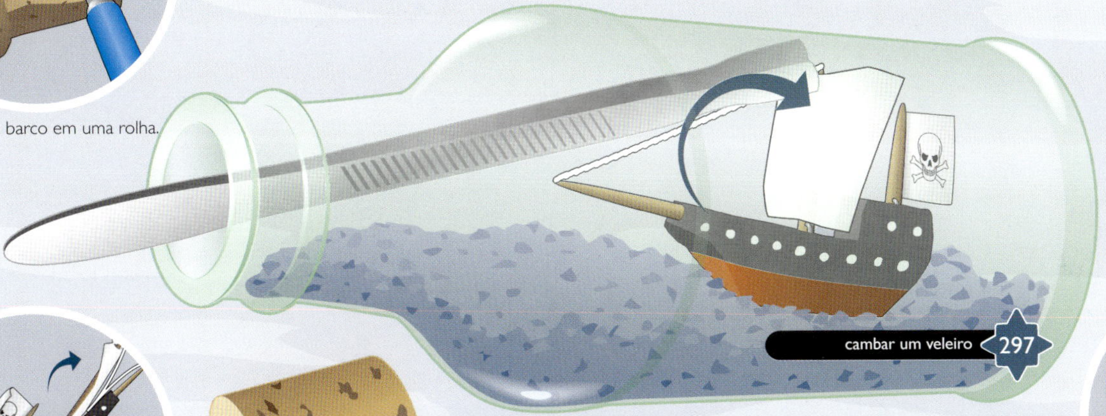

11 Levante os mastros com uma pinça. *Bon voyage*!

cambar um veleiro 297

78 construir um tear de miçangas

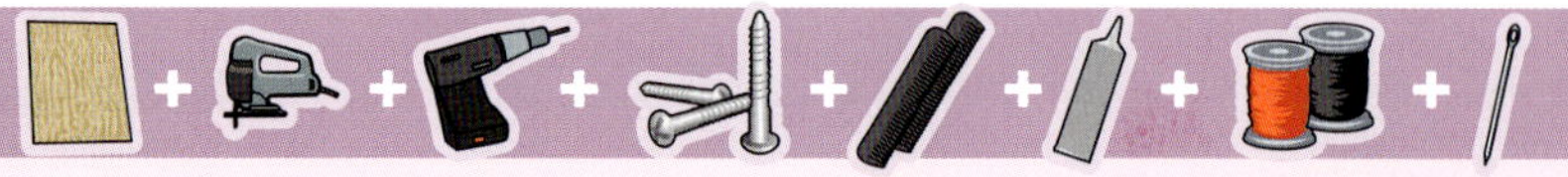

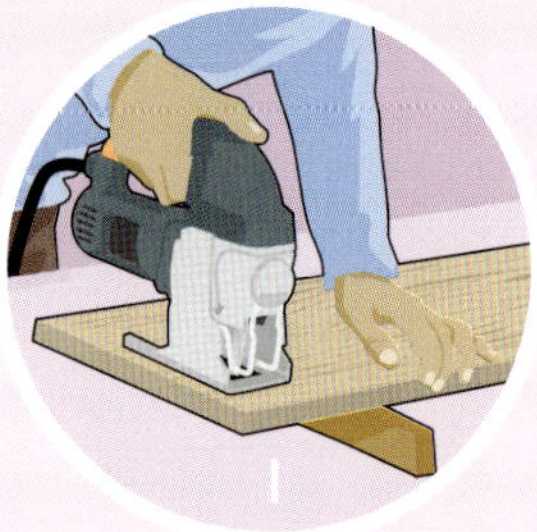

Corte um pedaço longo e dois curtos de compensado.

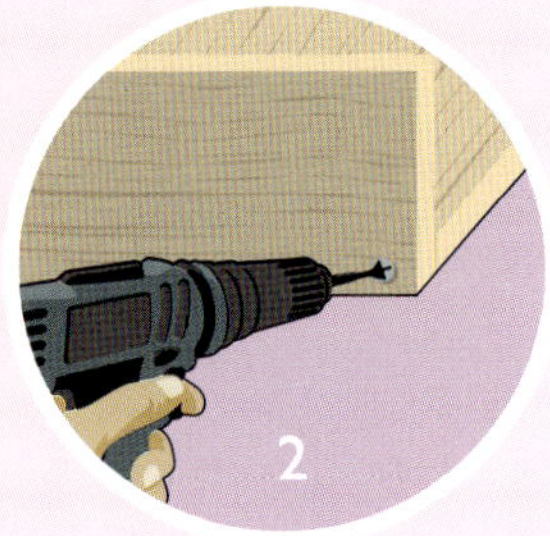

Aparafuse-os juntos formando um "U".

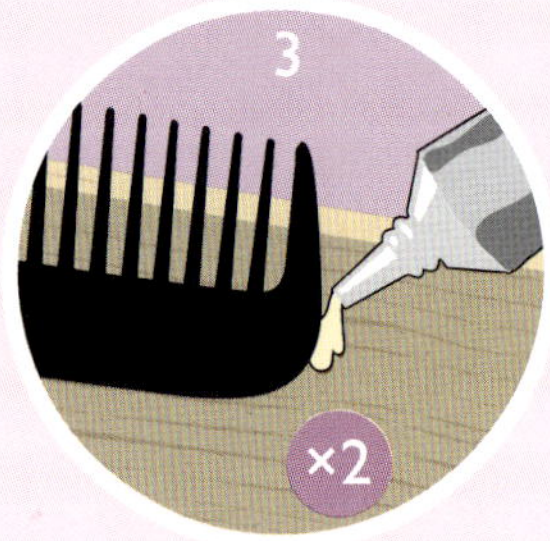

Cole um pente em cada extremidade.

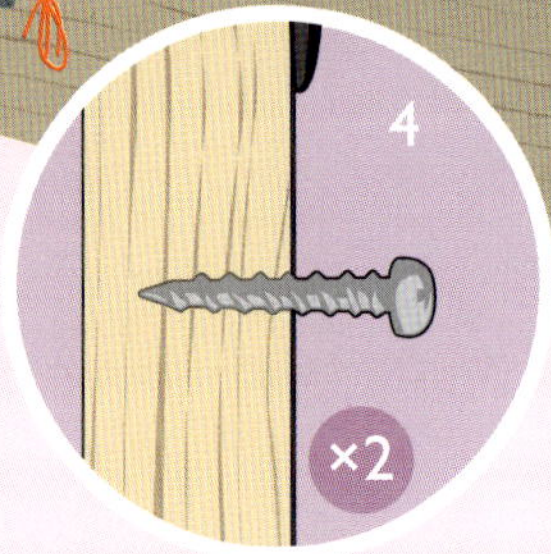

Centralize um parafuso sob cada pente.

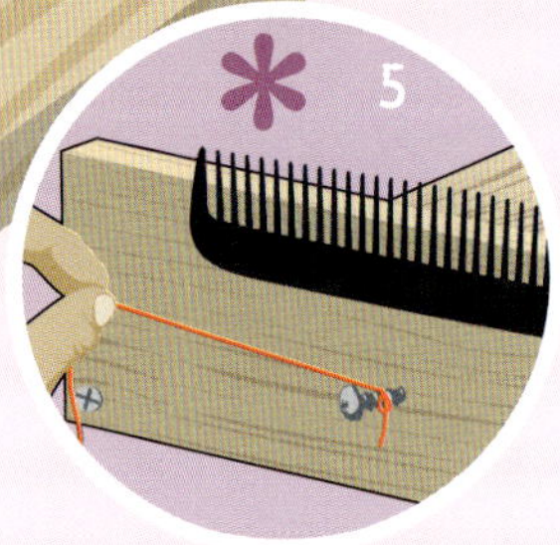

Amarre um fio a um dos parafusos; ele será o urdume.

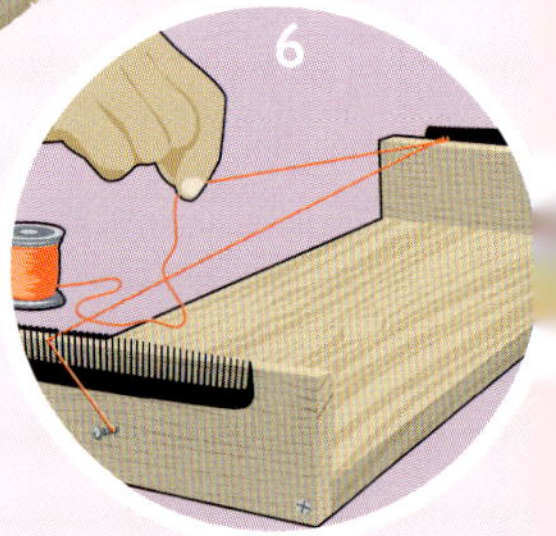

Passe-o pelos dentes dos pentes, entre os dois parafusos.

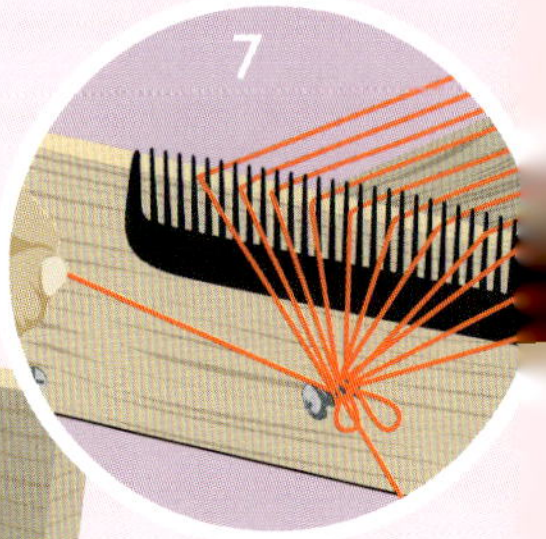

Amarre ao parafuso quando o urdume tiver passado em todos os dentes.

* Urdume é o nome dos fios longitudinais em um tear. A trama são os fios perpendiculares e trançados ao urdume, que contêm as contas e formam o desenho.

80 criar uma pulseira de alfinetes

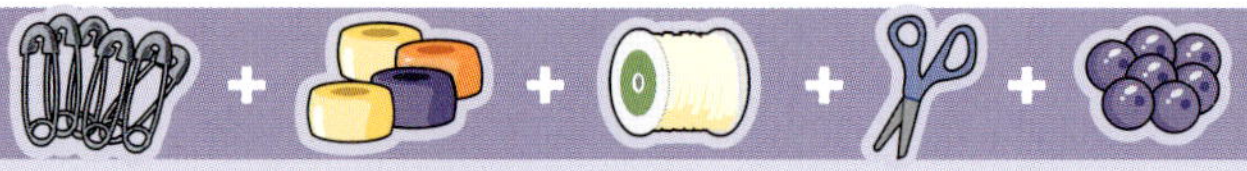

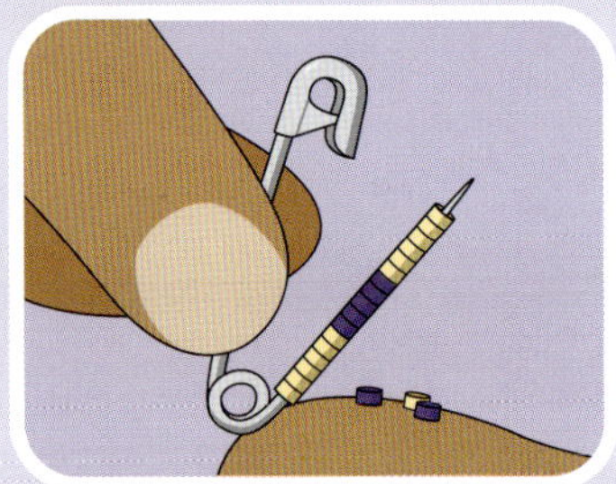

Decore a agulha do alfinete; feche.

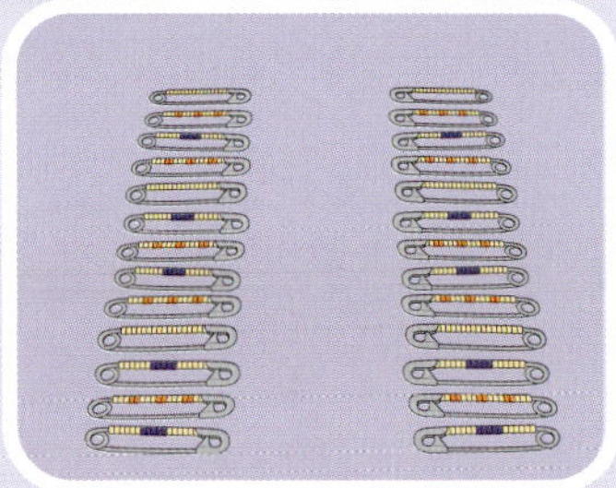

Repita em vários alfinetes.

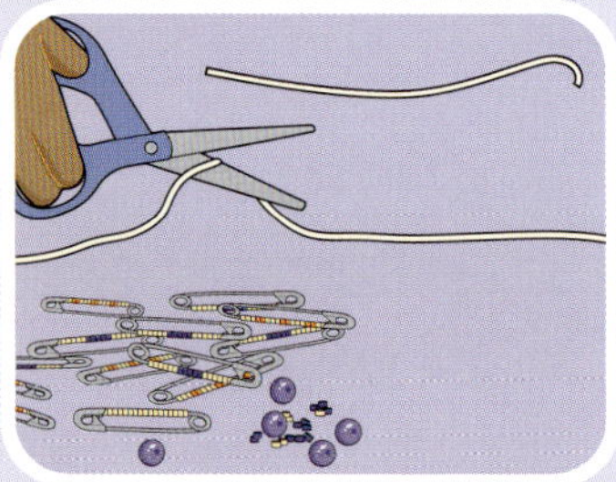

Corte fios elásticos na medida do pulso.

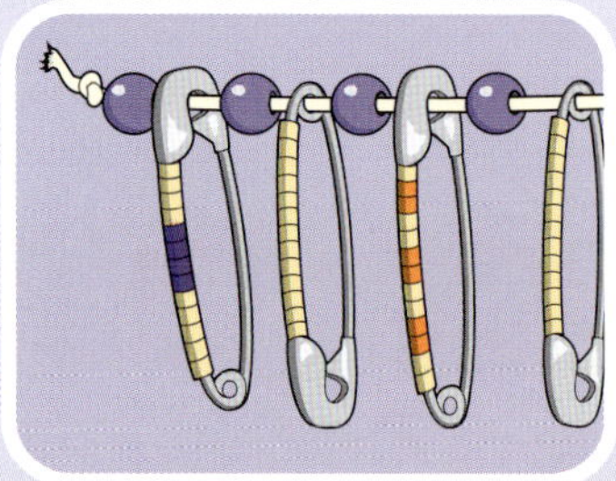

Pendure os alfinetes e contas no fio.

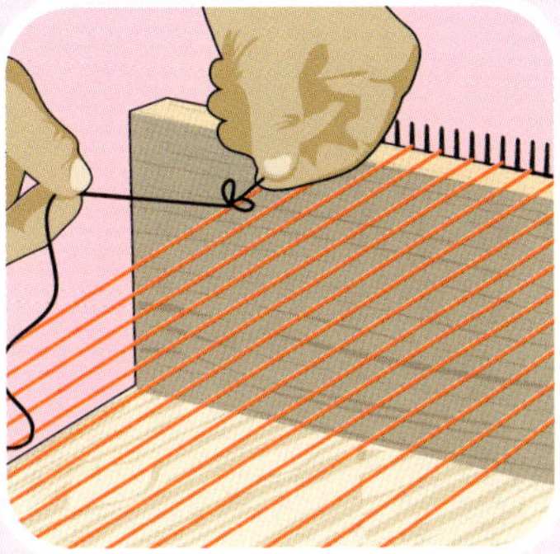

Amarre a trama à última corda do urdume.

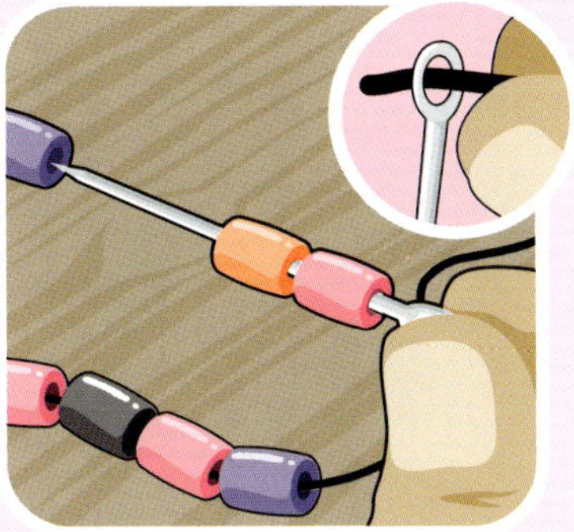

Ponha a agulha; monte a fileira de contas.

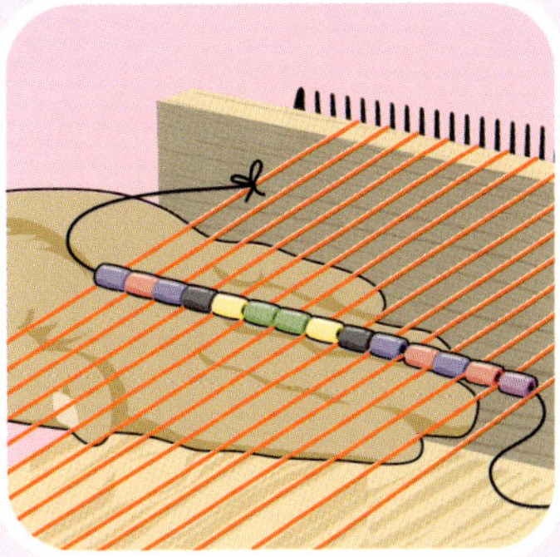

Alinhe as contas sob o urdume.

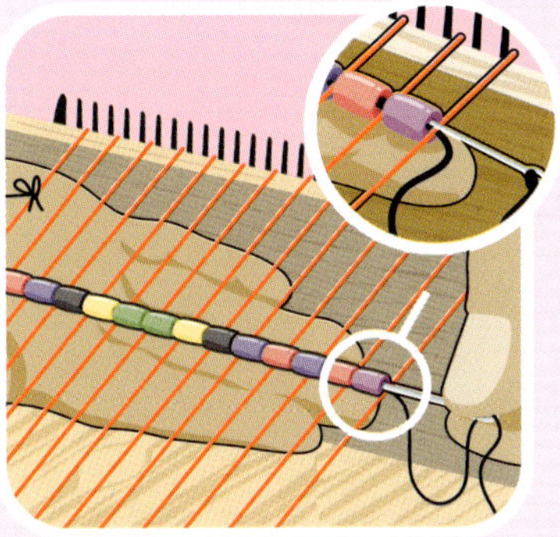

Passe a linha de volta pelas contas.

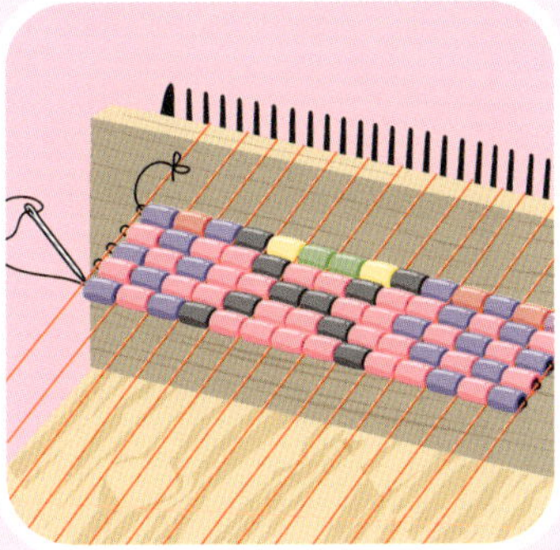

Repita.

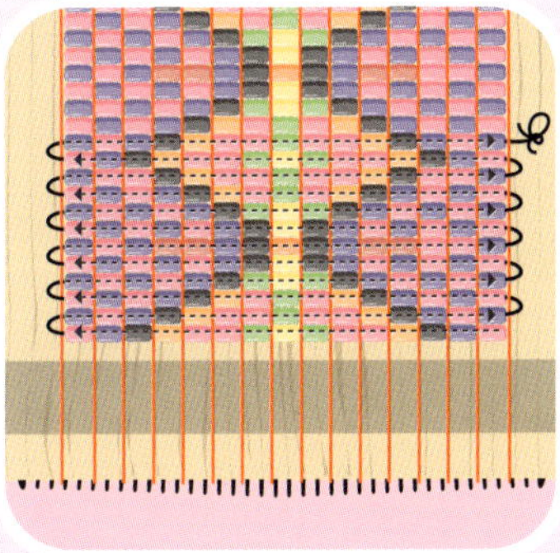

Passe pelas últimas fileiras; amarre.

Corte para soltar o urdume.

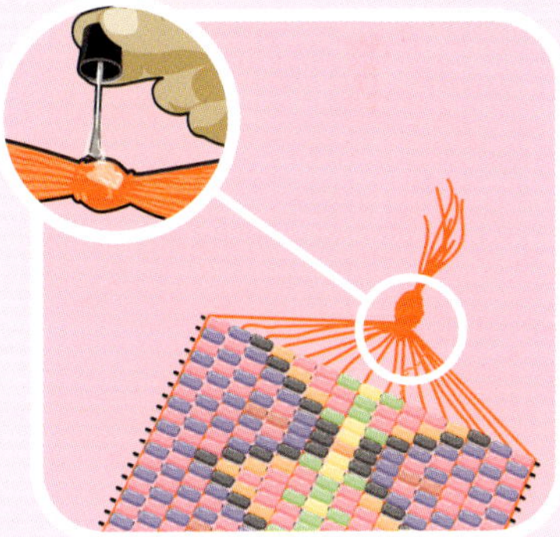

Amarre; fixe com esmalte de unha.

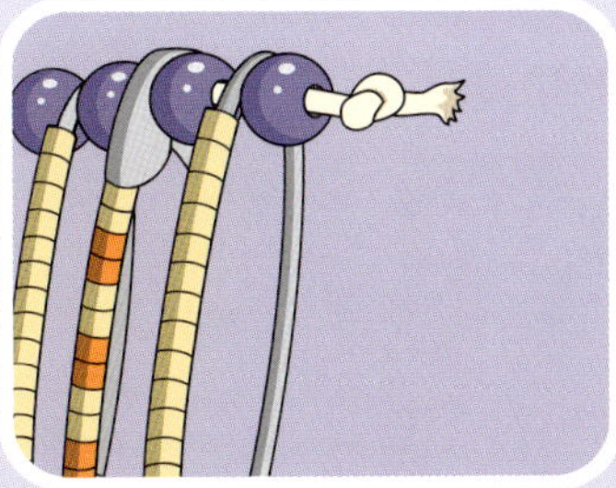

Dê um nó na ponta.

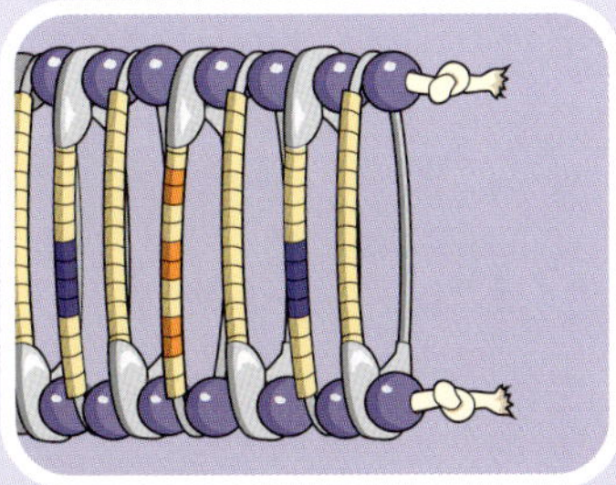

Repita com o segundo fio.

127 fazer um colar de feltro

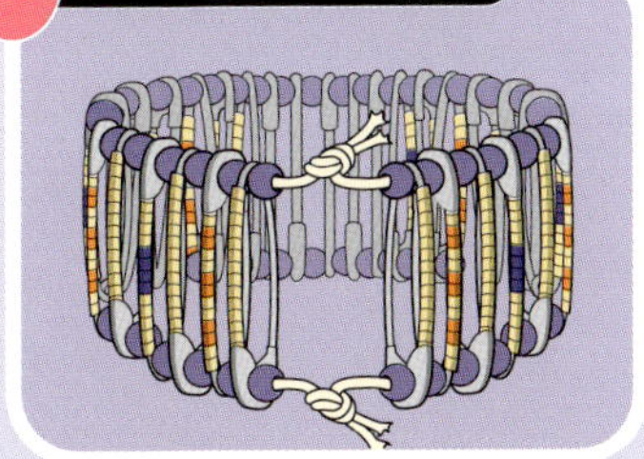

Una os fios com um nó.

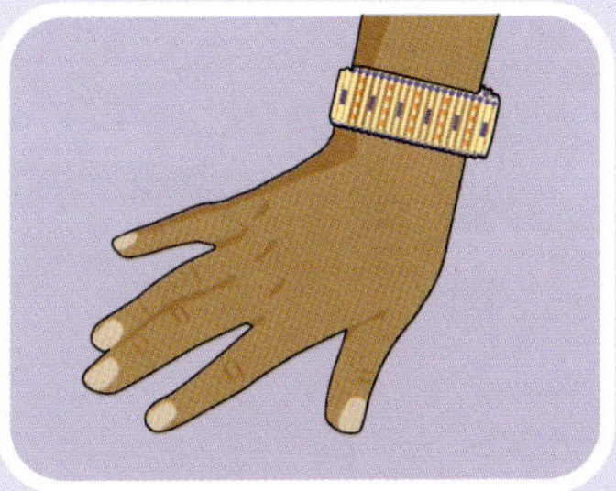

Espere pelos elogios.

81 encolher fotos para fazer joias

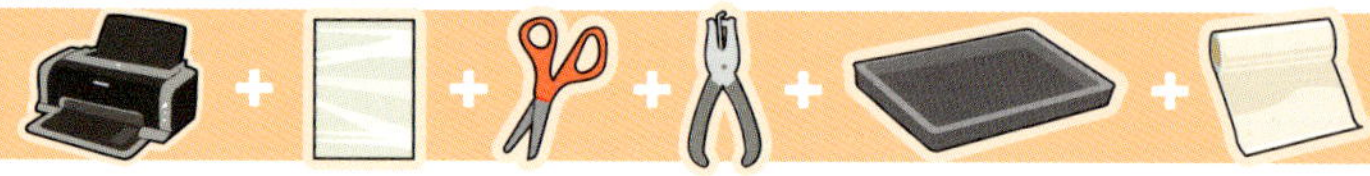

Imprima em filme plástico.

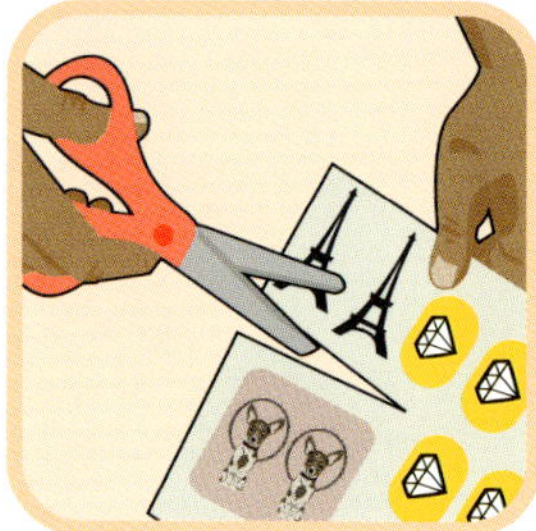

Recorte as imagens.

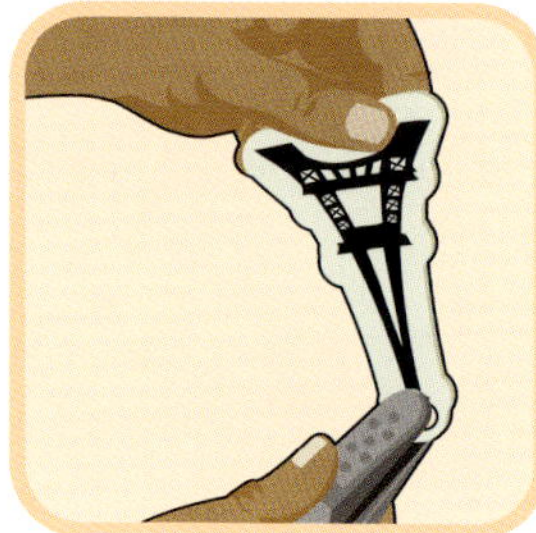

Fure onde necessário.

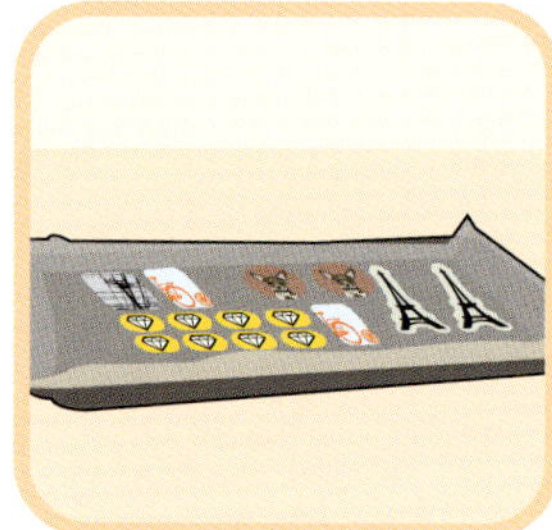

Ponha em papel-manteiga no tabuleiro.

Asse como indicado na embalagem.

* O filme plástico vem com instruções de como assar. Quando ele esfriar, ponha elos e correntes nos furos que você fez e saia ostentando suas miniaturas!

82 decorar com *transfer* de fotos

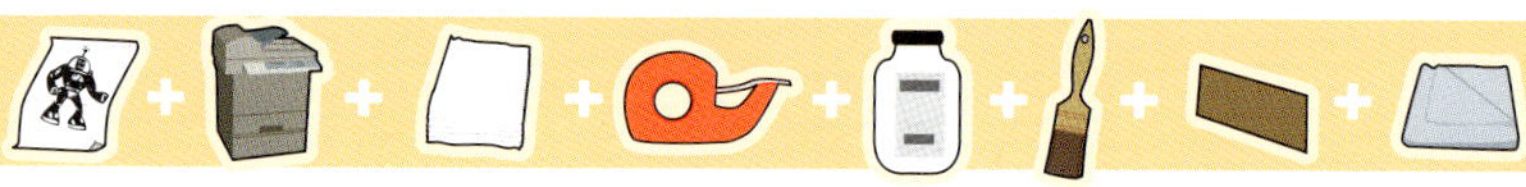

Amplie a foto na impressora.

Una as partes com fita.

Aplique esmalte acrílico transparente.

Force a imagem virada para a parede.

Alise com papelão.

Deixe secar.

Passe uma toalha molhada.

Raspe o papel molhado com cuidado.

Até a imagem ficar nítida.

Fixe com acrílico.

83 pintar de acordo com os números

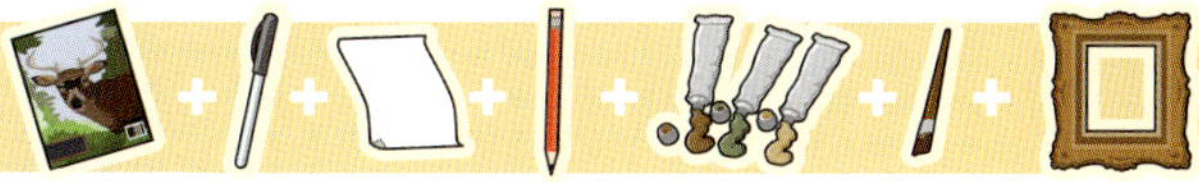

Reforce os contornos.

Contorne no papel em branco.

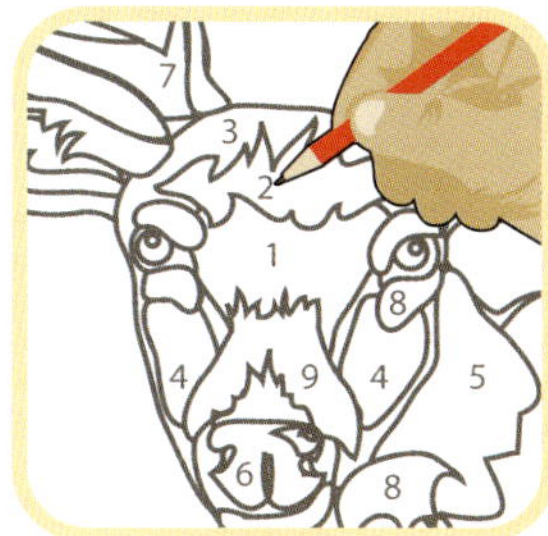

Numere por cor.

Pinte de acordo com o número.

Pendure na parede.

84 bordar qualquer imagem

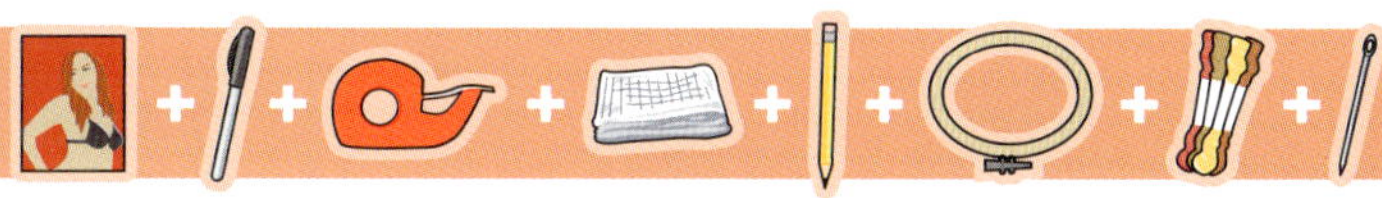

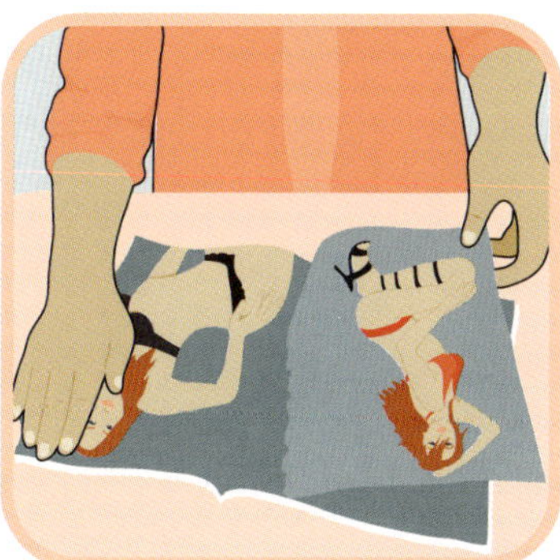

Separe a imagem.

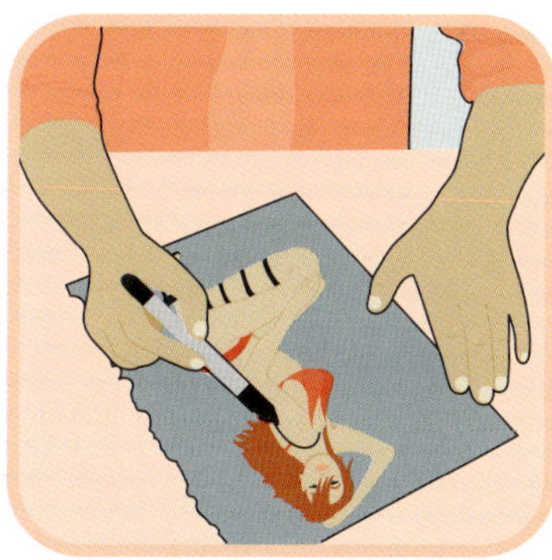

Contorne com caneta preta.

Prenda numa janela clara.

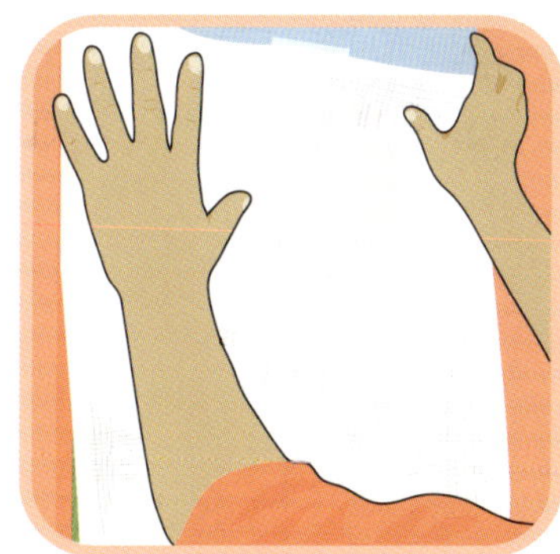

Cole um tecido por cima.

Contorne com um lápis.

Retire o tecido e a imagem.

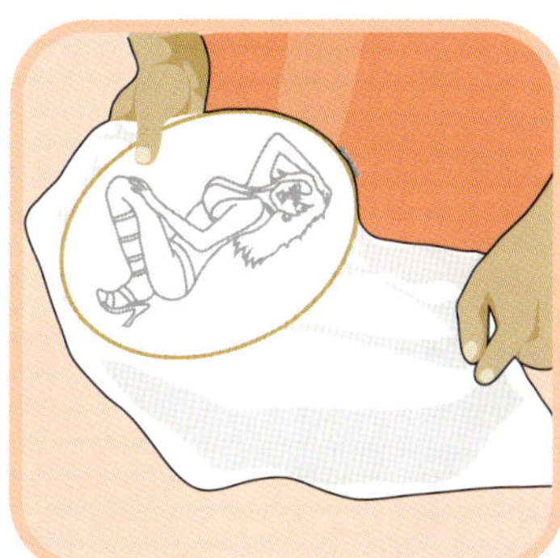

Coloque em um bastidor.

Costure com fio de bordar.

85 fazer um vaso de barro

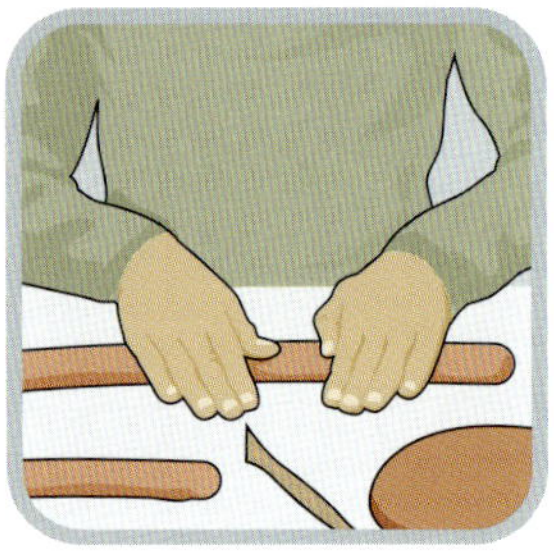
Faça rolos de argila e uma base.

Fixe-os à base; enrole.

Pressione para unir.

354 assar pão num vaso de barro

Siga enrolando e apertando.

Suavize o exterior com uma colher.

86 decorar lajotas com mosaico

Quebre azulejos em uma toalha.

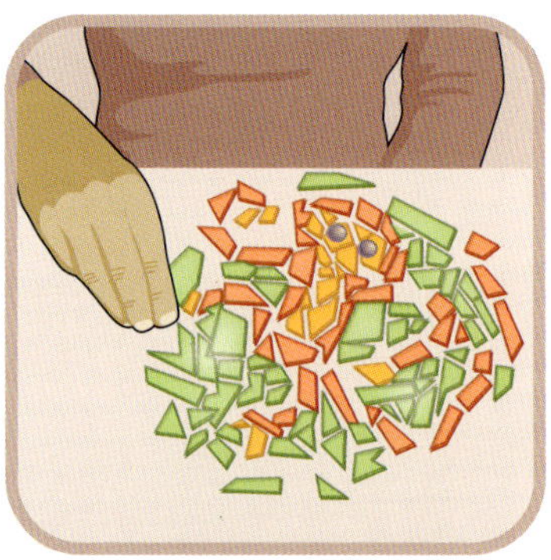
Crie uma imagem com os cacos.

Prepare argamassa; cubra a lajota.

Pressione os cacos na massa.

Preencha os espaços com massa.

Limpe a superfície.

Passe verniz; deixe secar.

Instale no jardim.

Esta tradicional técnica japonesa requer fumaça, chama e espírito de aventura – vidros especiais e o calor intenso criam efeitos lindos e imprevisíveis.

88 criar um piano de polegar

1. Corte grampos grandes de cabelo.
2. Ponha quatro metades no bloco.
3. Cruze uma metade por cima.
4. Fixe-a com fita adesiva.
5. Grampeie a metade perpendicular.
6. Insira um parafuso sob os grampos.
7. Grampeie-o no lugar.
8. Toque com os polegares.

89 tocar harpa de taças

Para notas exatas, afine sua harpa usando um piano.

90 entalhar uma flauta de osso

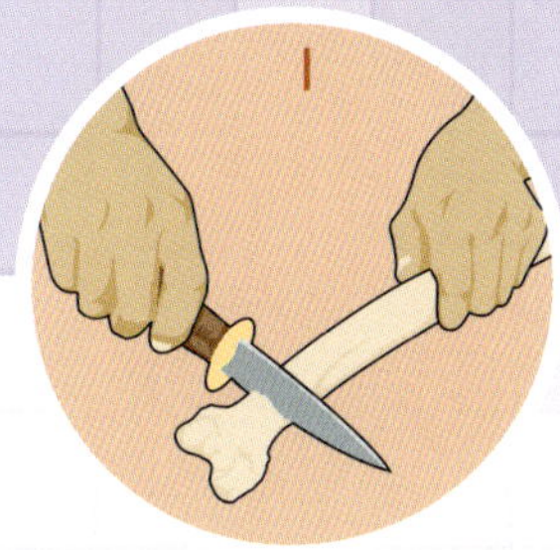

Corte as pontas de um osso grande.

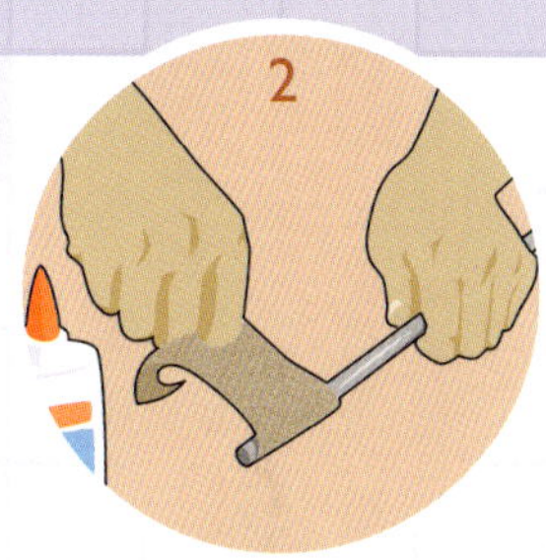

Cole uma lixa numa haste de metal.

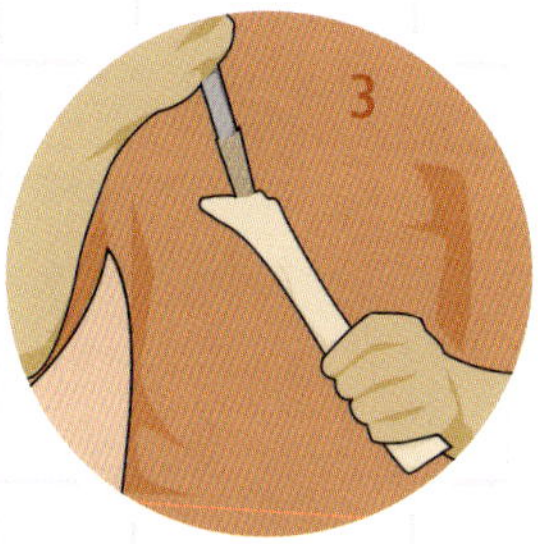

Lixe o interior do osso.

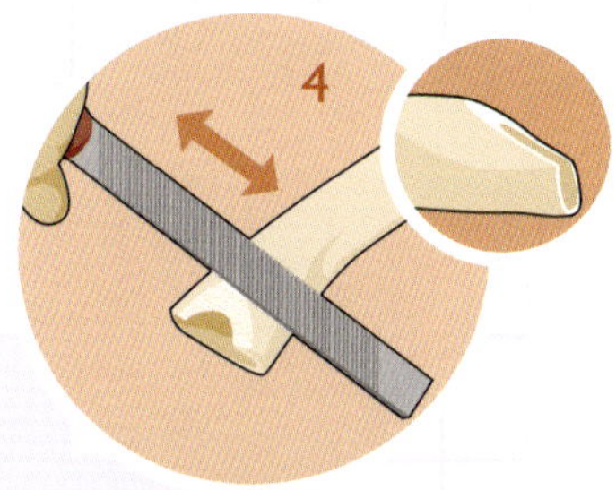

Lixe um bocal na ponta.

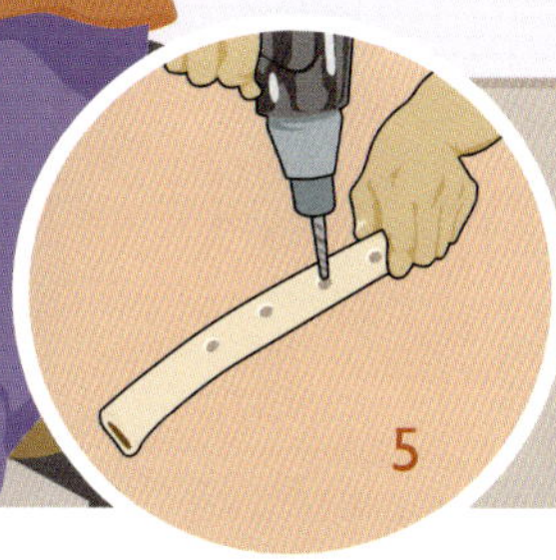

Faça os furos com cuidado.

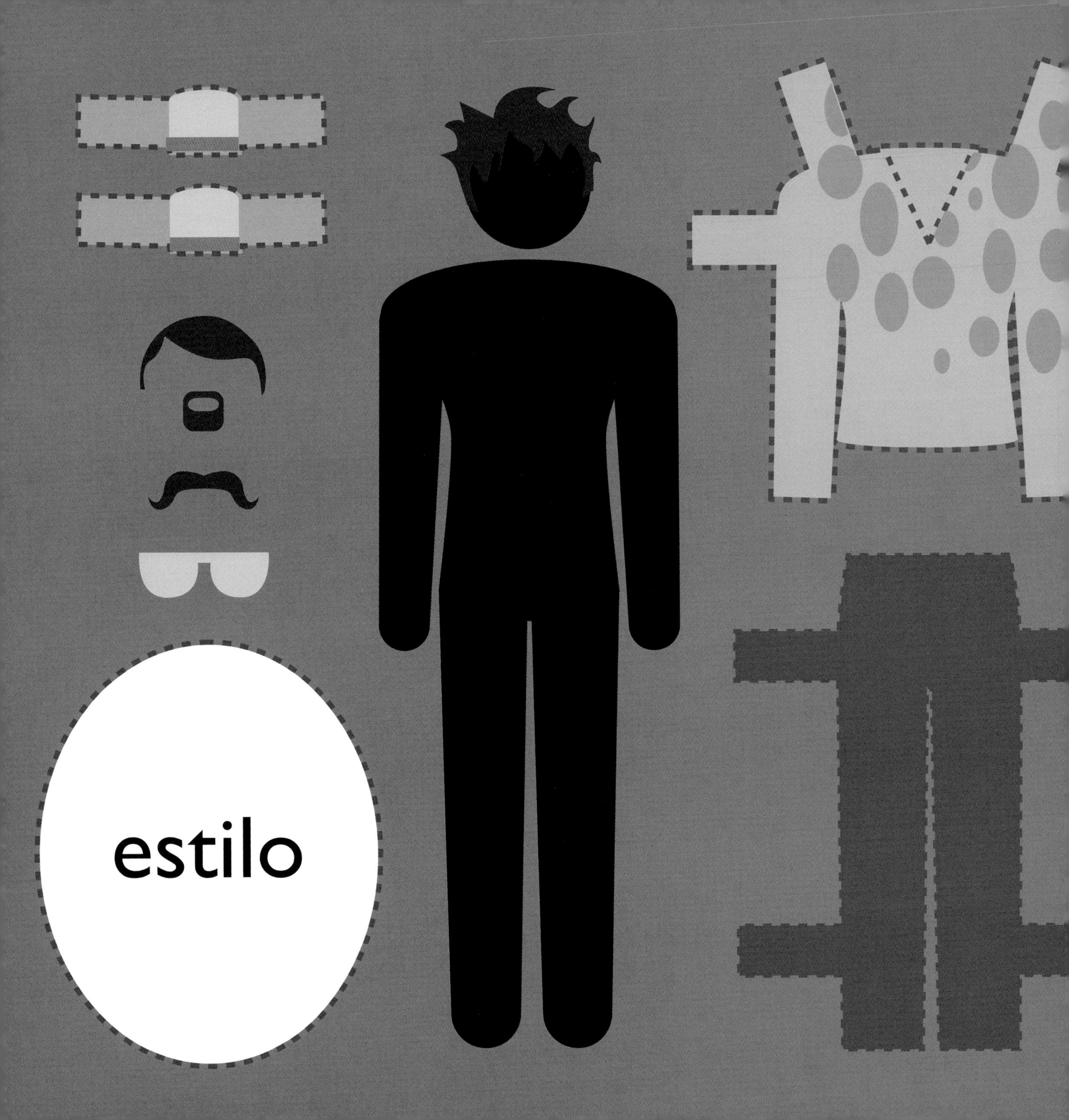
estilo

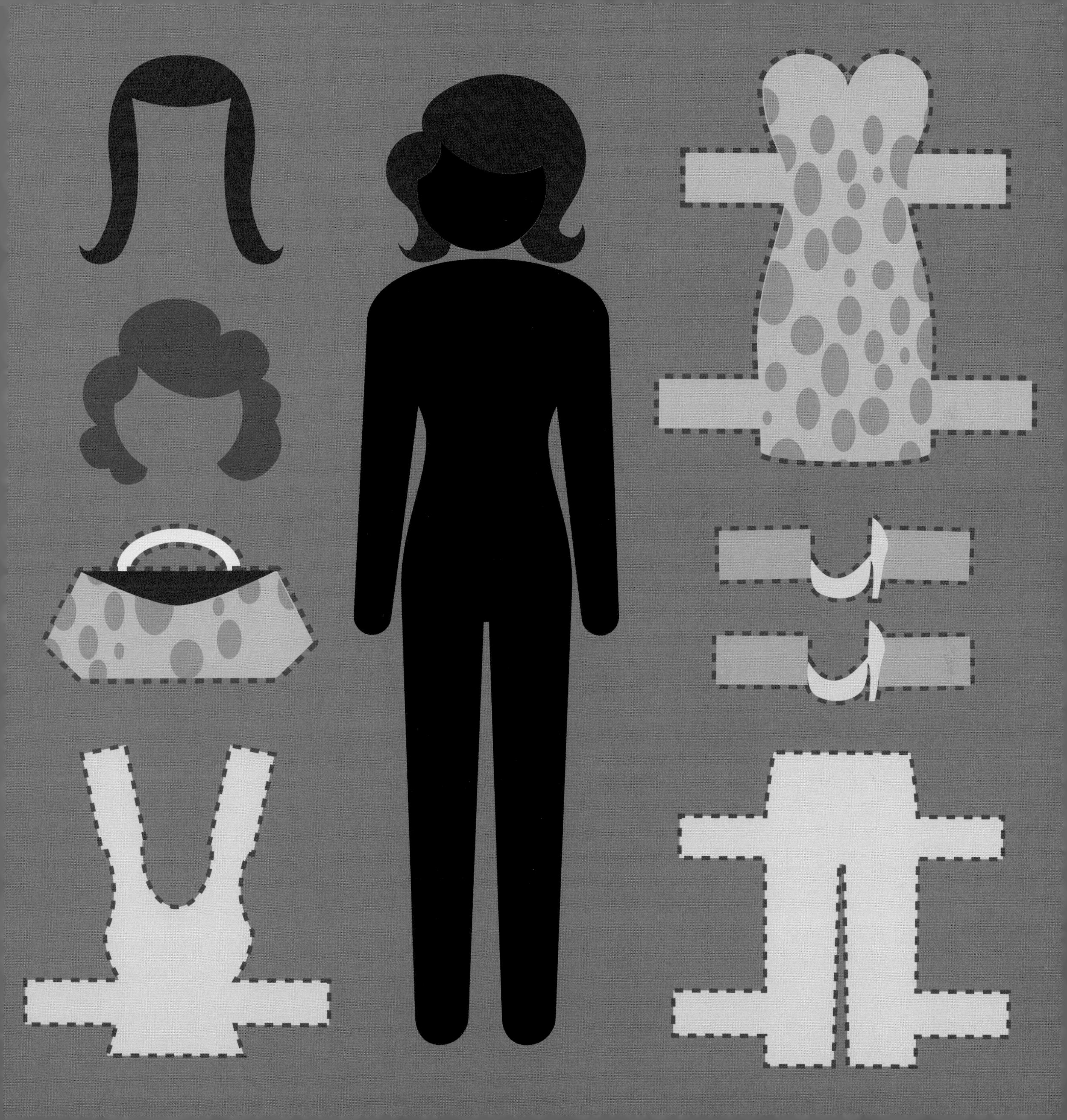

91 encarar a rebelde dos anos 1920

92 virar um broto dos anos 1940

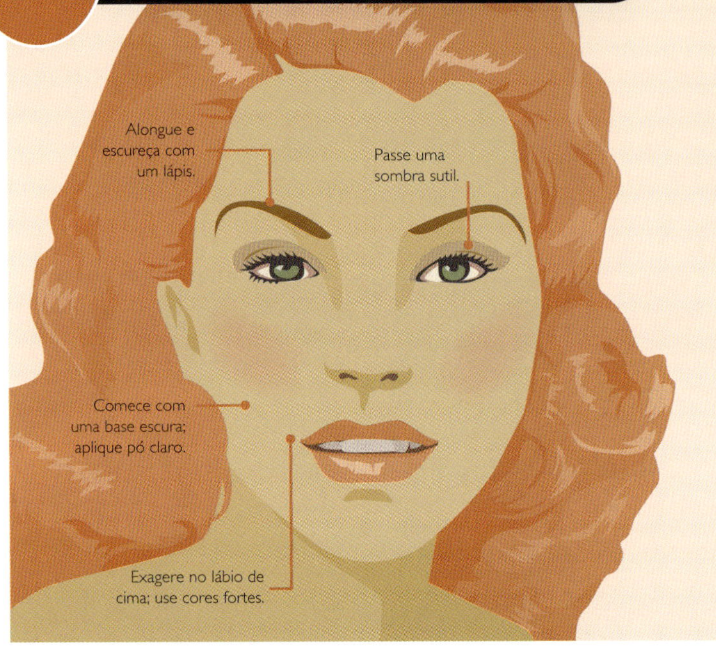

93 arrasar como nos anos 1960

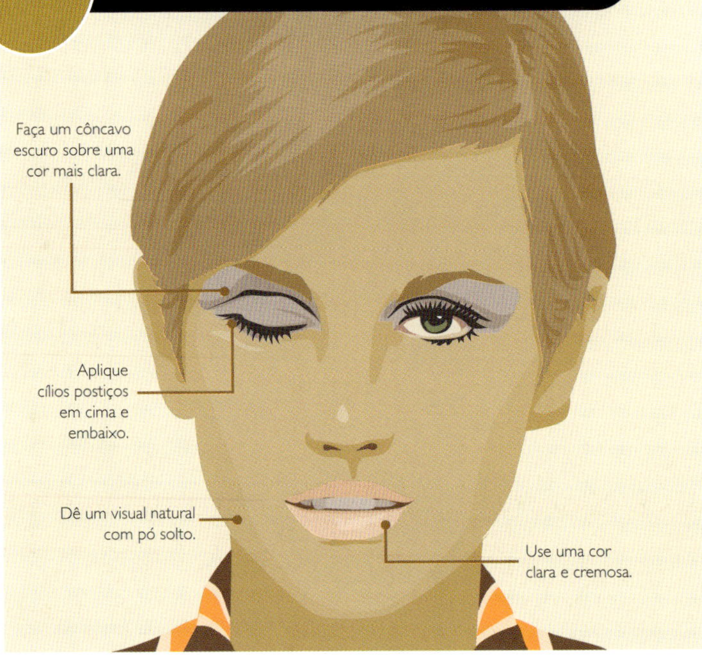

94 ter o estilo dos anos 1970

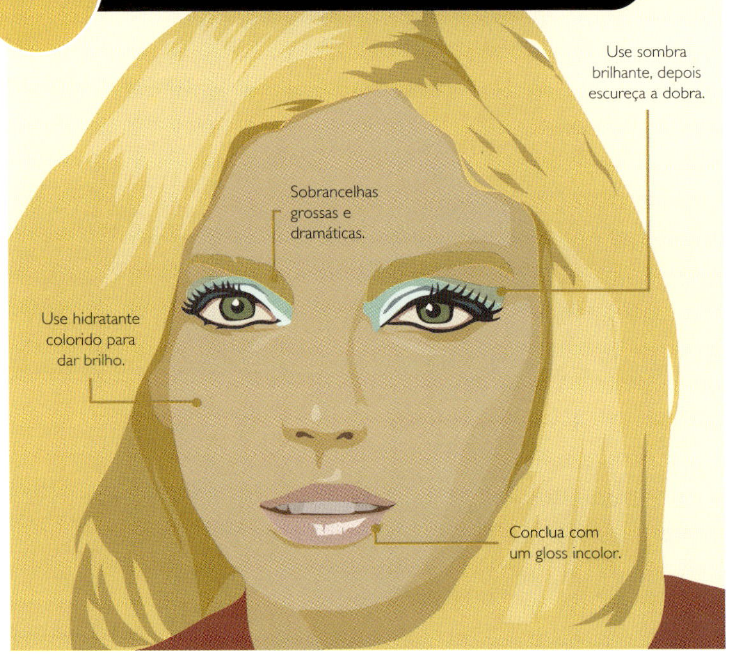

95 aplicar maquiagem mineral

Despeje pó na tampa.

Mergulhe um pincel grande.

Bata para tirar o excesso.

Aplique em círculos para fora.

Espirre água para fixar.

96 realçar as maçãs do rosto

Aplique base cremosa.

"Chupe" as bochechas.

Pincele ao longo da cavidade.

Passe iluminador em cima.

Misture os dois tons.

97 pintar olhos dramáticos

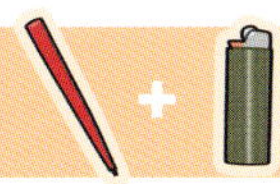

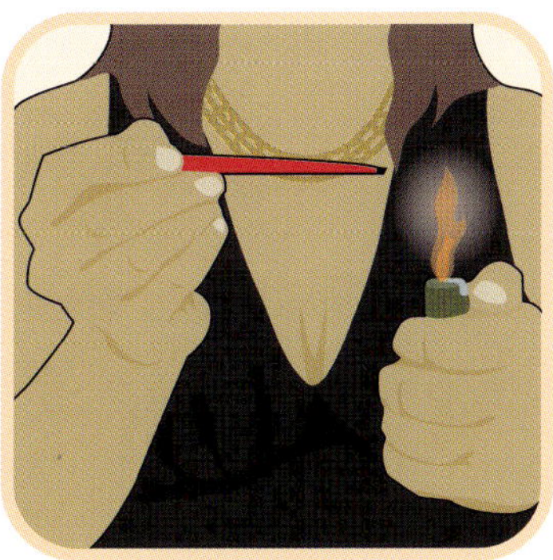

Aqueça brevemente o lápis.

Sopre para assentar.

Aplique em abundância.

Desfile de Cleópatra.

98 personalizar gloss labial

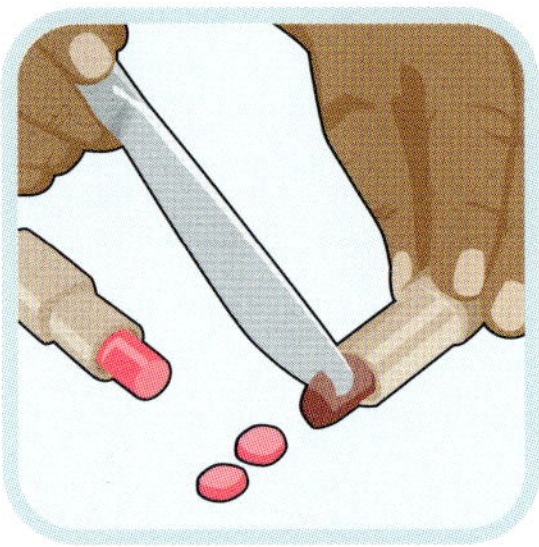
Corte batons velhos.

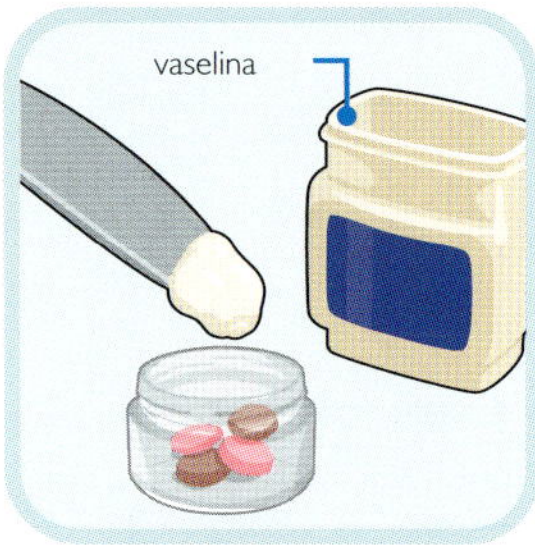

Misture num pote; tampe.

Mergulhe em água quente.

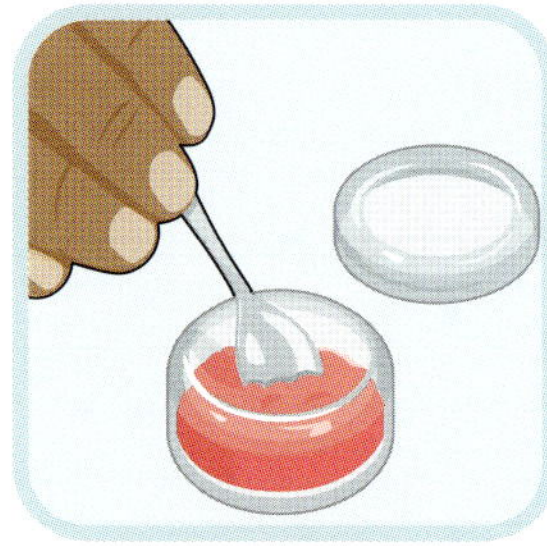
Mexa para misturar.

Esfrie antes de usar.

99 fazer tônico facial em casa

Corte em fatias finas.

Misture as frutas e o álcool.

Bata até virar um purê.

Coe; reserve o líquido.

Guarde na geladeira.

100 fazer hidratante facial

* Personalize com:
2 colheres (chá) de suco de lim
(pele com acne)
2 colheres (chá) de óleo de prí
(pele seca)
1 colher (chá) de hamamélis
(pele oleosa)

210 tirar cera do tapete

Derreta em banho-maria.

Misture em água destilada…

…até ficar uniforme.

Ponha num pote; esfrie antes de usar.

personalizar produtos de beleza 101

saber a validade dos cosméticos 102

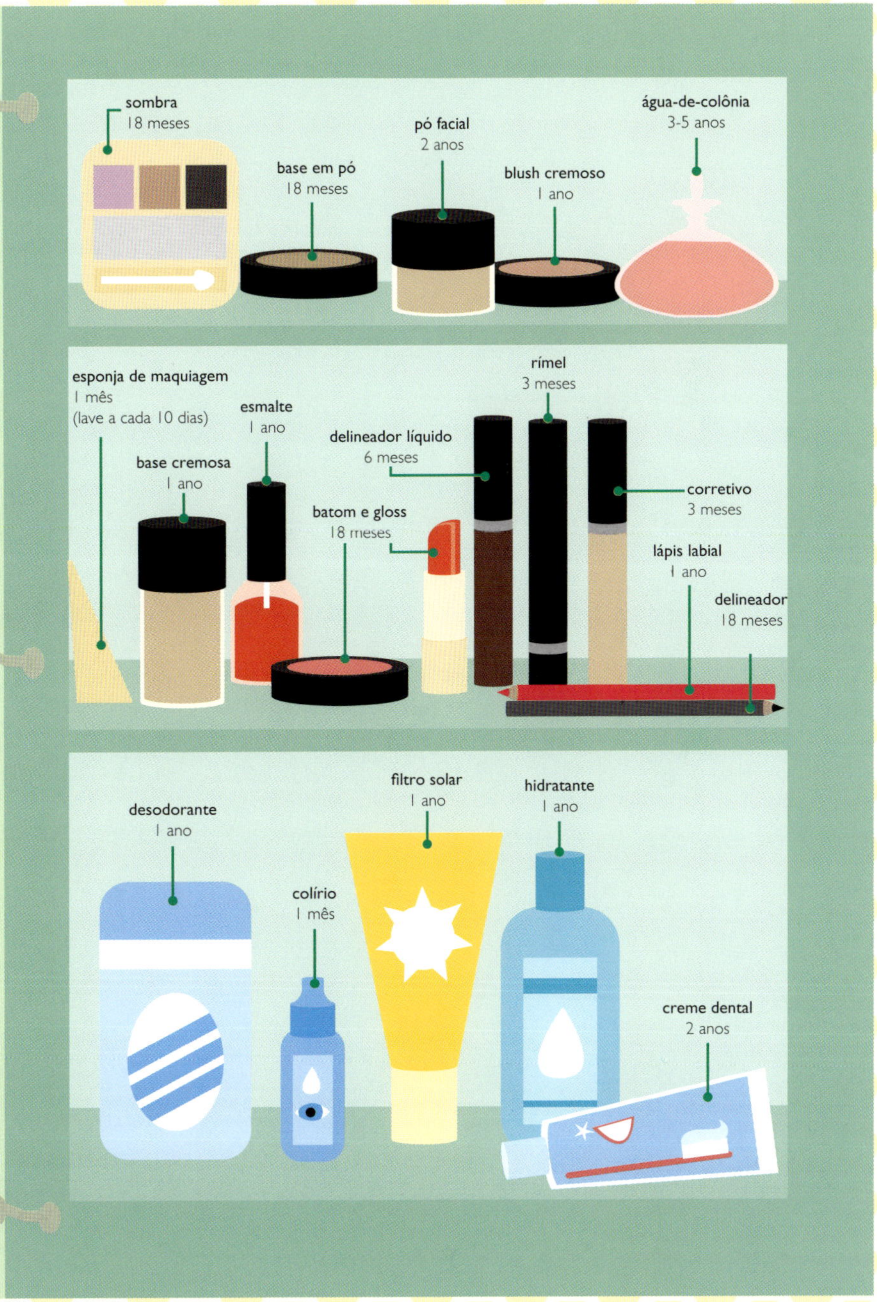

103 escolher óculos de sol

Seus óculos de sol são seu cartão de visita. Identifique o formato do seu rosto e escolha abaixo o melhor modelo para você.

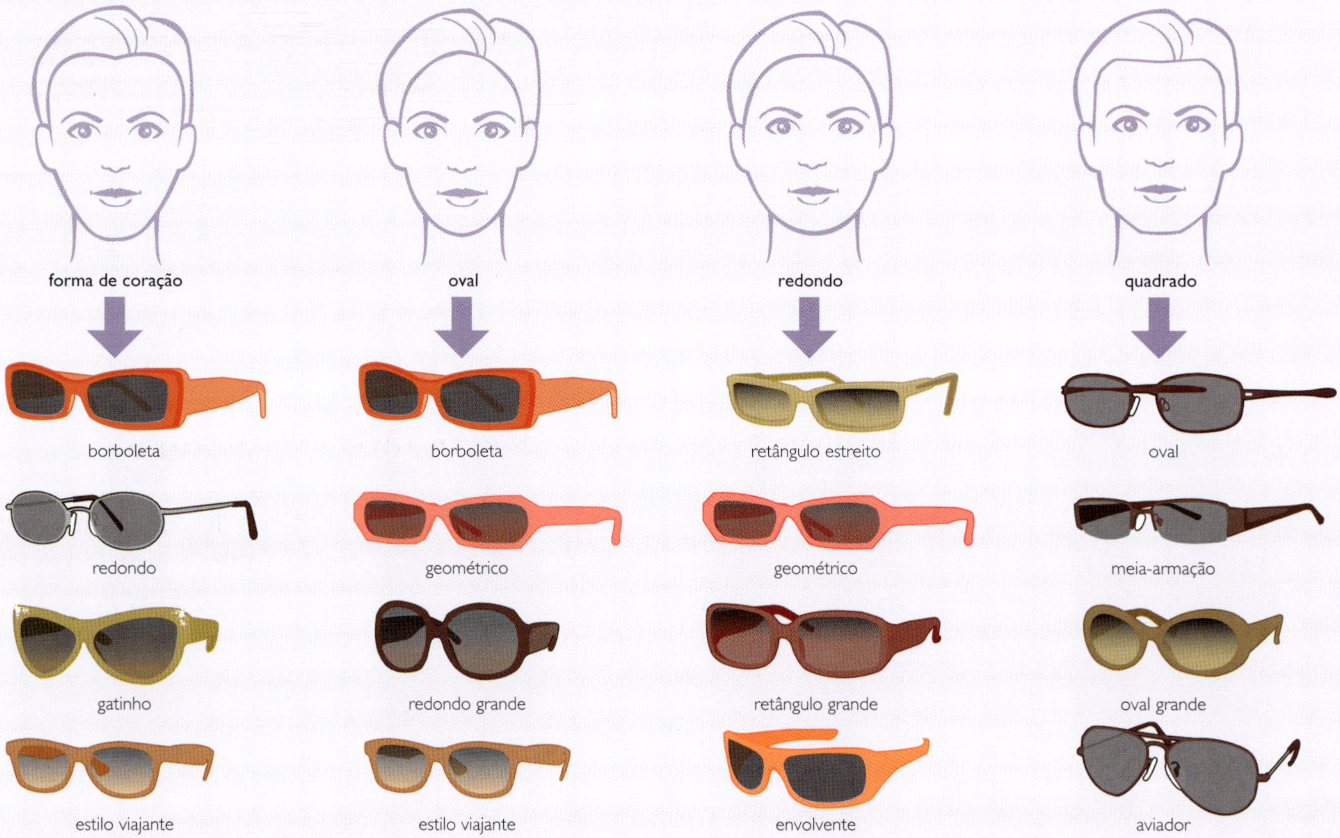

104 desempenar óculos

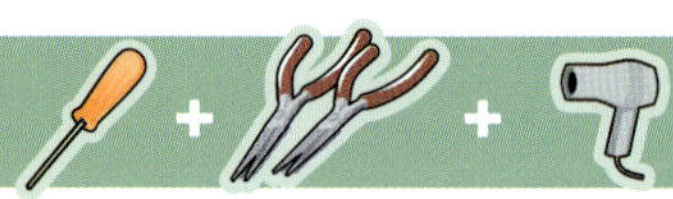

Perceba o empeno.

Aperte os parafusos.

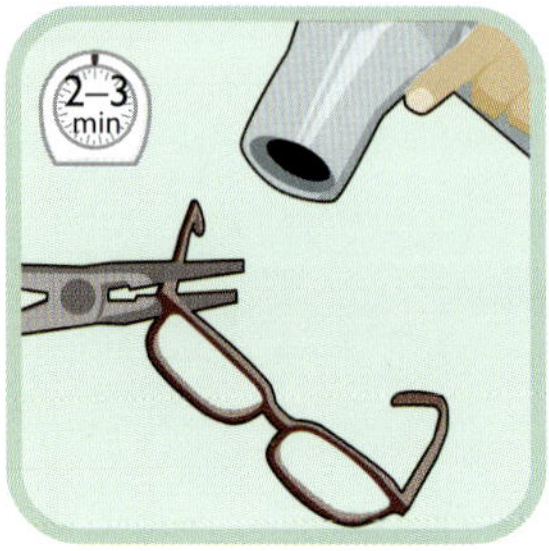

Aqueça a haste torta.

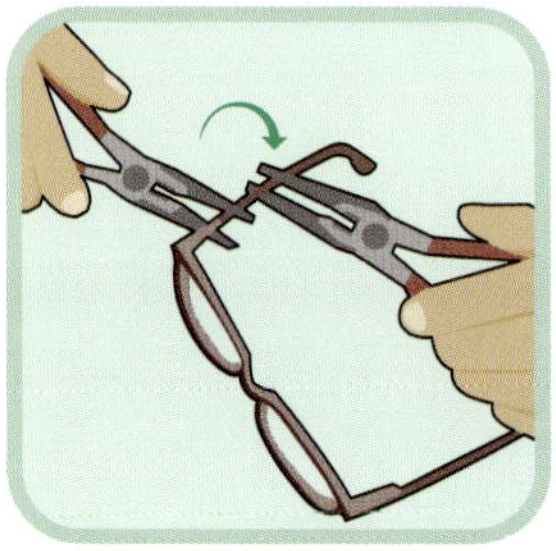

Pegue com um alicate; endireite.

Verifique no espelho.

105 separar a monocelha

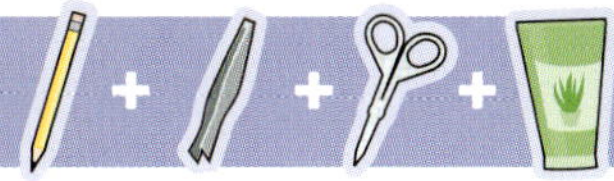

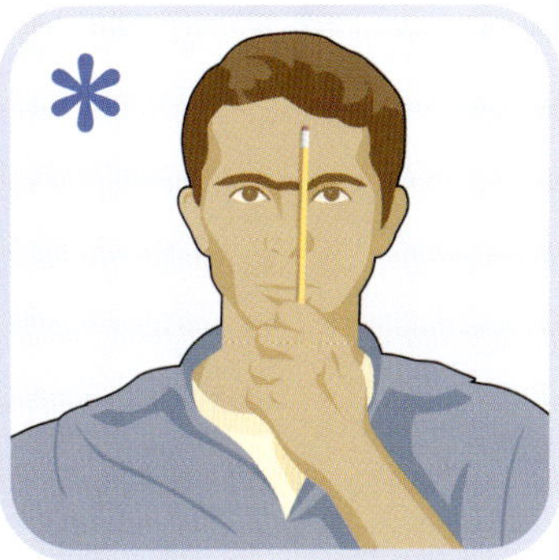

Ache o melhor formato.

Depile lenta e cuidadosamente.

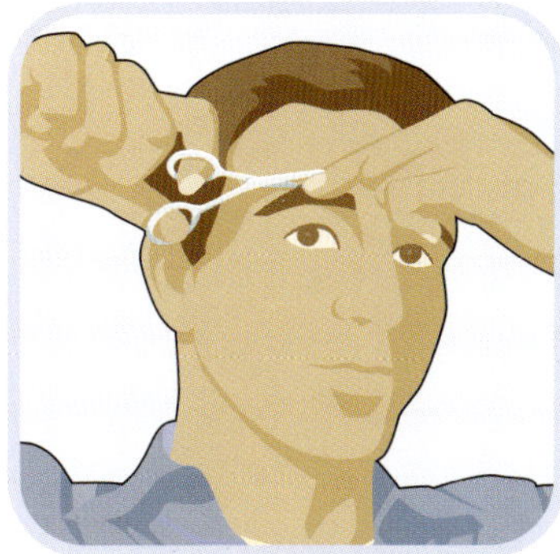

Apare os pelos longos.

Acalme a pele com aloé.

* Encontre o limite entre as suas sobrancelhas segurando um lápis ao longo do nariz. Depile a partir deste ponto até o meio do nariz.

106 depilar com cera em casa

Tome um banho quente.

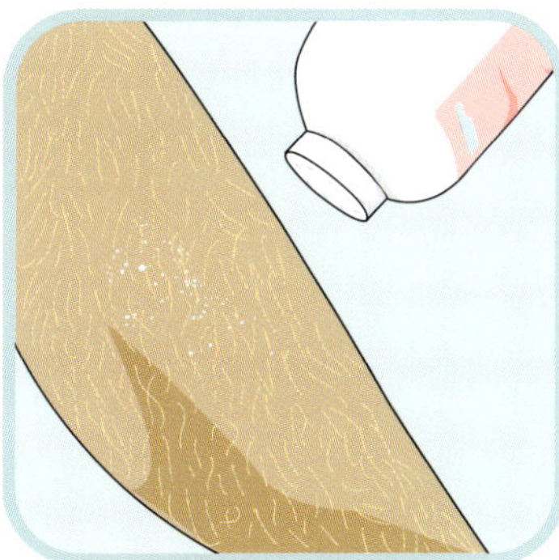

Passe talco na pele.

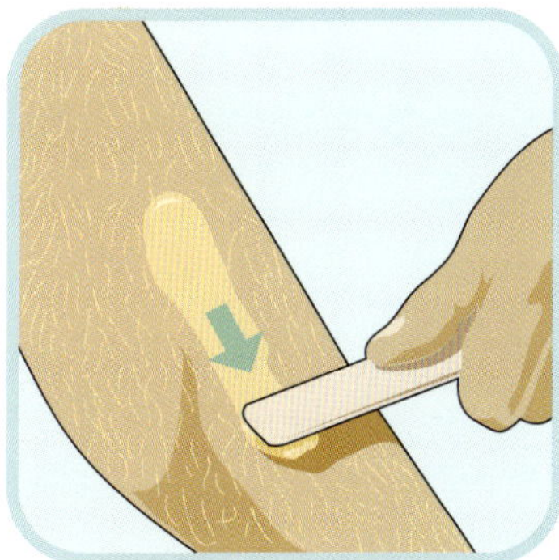

Passe a cera no sentido dos pelos.

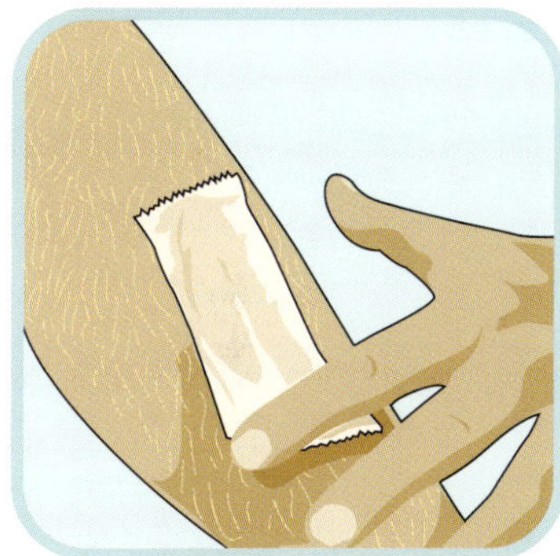

Coloque a tira de papel.

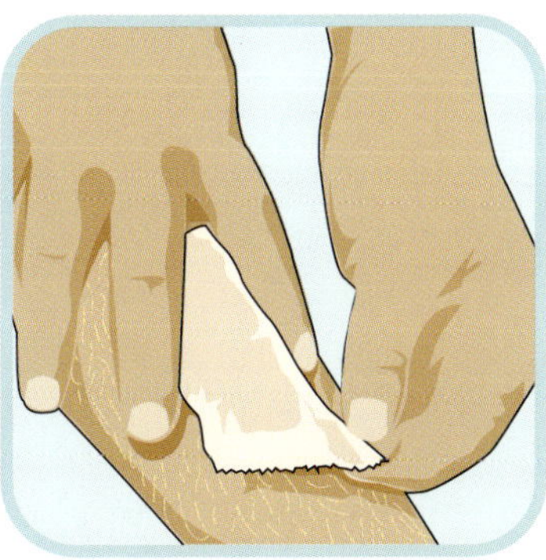

Segure pela ponta.

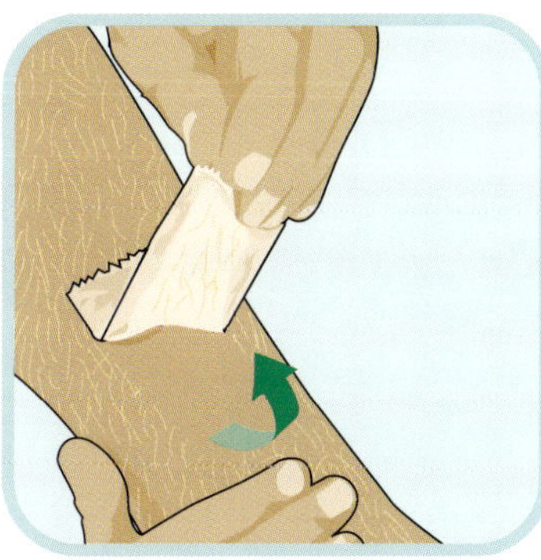

Puxe no sentido contrário dos pelos.

Repita; pince os pelos que sobrarem.

Aplique um creme suavizante.

107 fazer corte básico de cabelo

1. Penteie uma mecha perpendicular; segure.
2. Corte sempre reto.
3. Corte para baixo, dando um visual picado.
4. Acerte atrás com a máquina.
5. Exiba o novo penteado.

Corte num formato quadrado.

assimétrico

emo

bagunçado

césar

108 fazer luzes em casa

Corte tiras de papel-alumínio.

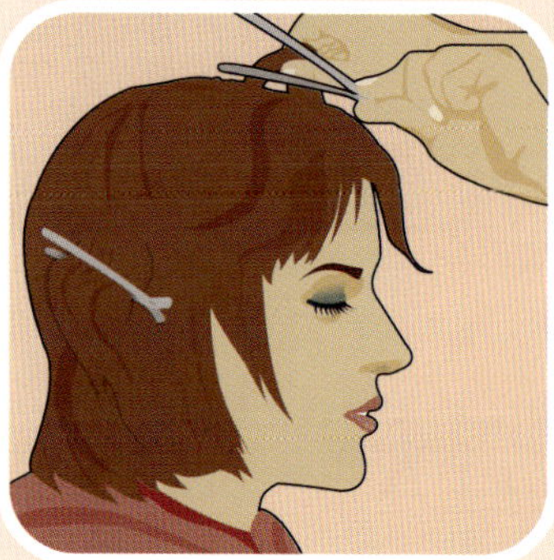

Prenda o cabelo; puxe uma mecha.

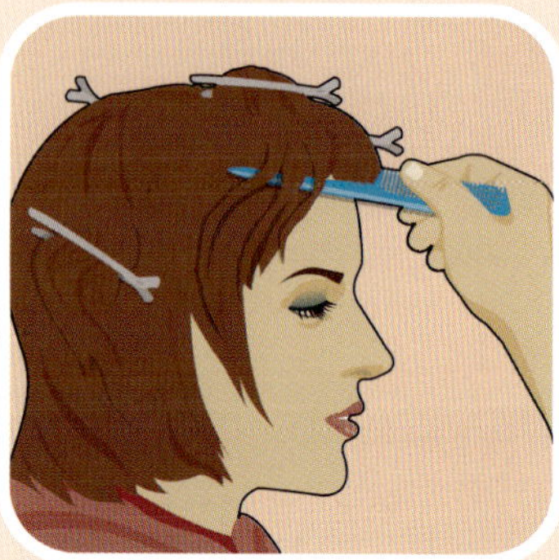

Entrelace a mecha com o cabo do pente.

351 assar legumes com laminado

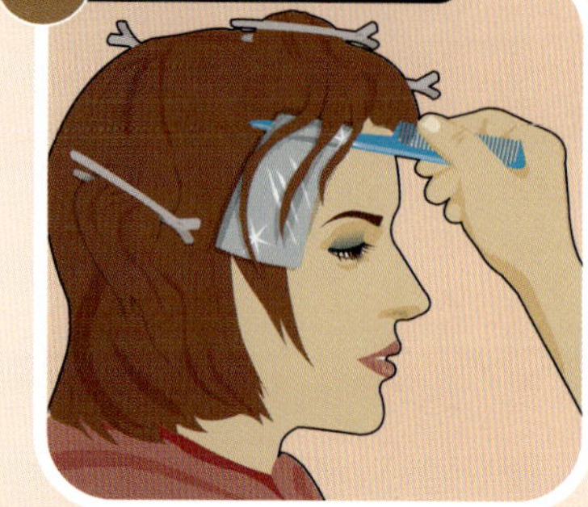

Insira o alumínio abaixo da mecha.

109 identificar estilos de franja

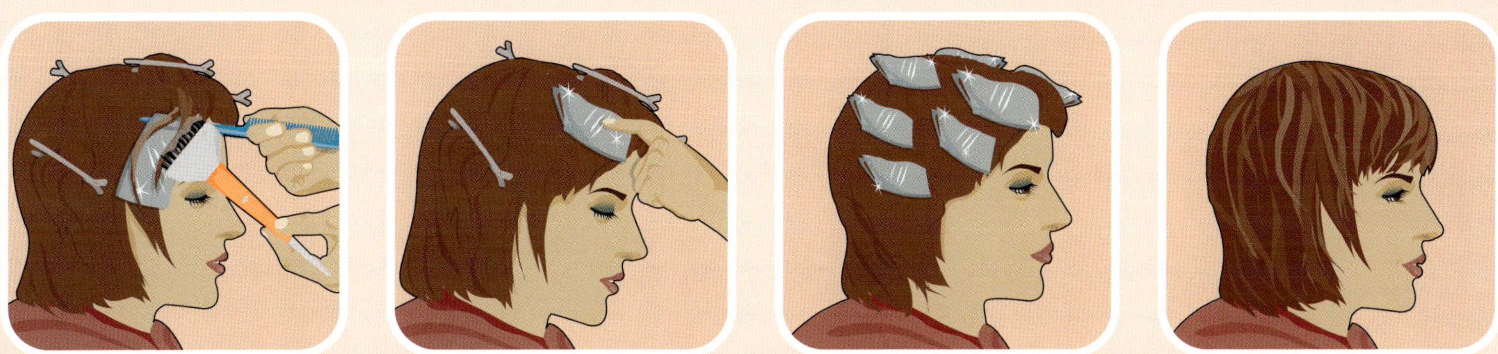

Pincele o descolorante no cabelo.

Dobre o papel-alumínio.

Repita em outras mechas.

Espere. Descubra e lave o cabelo.

110 fazer uma faixa de trança

Prenda a parte de cima do cabelo.

Separe uma mecha lateral; trance.

Trance uma mecha do outro lado.

Passe uma pelo alto da cabeça; prenda.

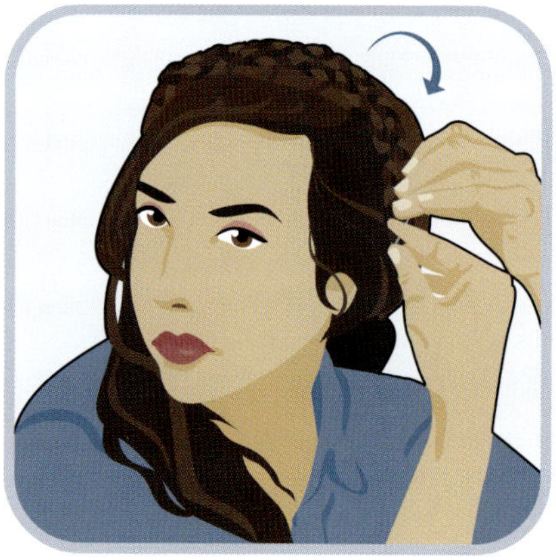

Passe e prenda a outra trança.

183 fazer um tapete jeans

Encantadora!

111 exibir um falso moicano

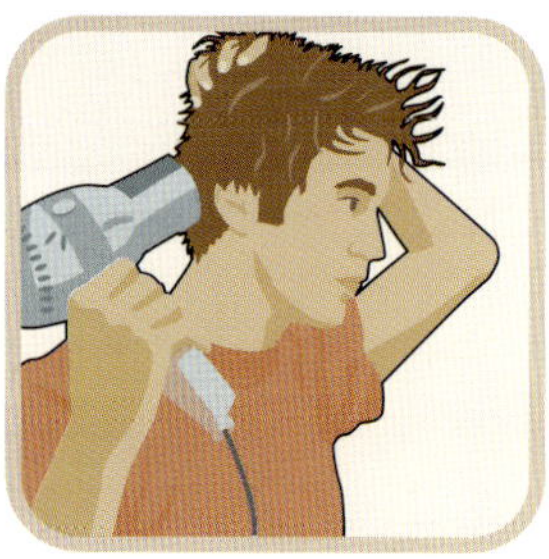

Lave e seque o cabelo.

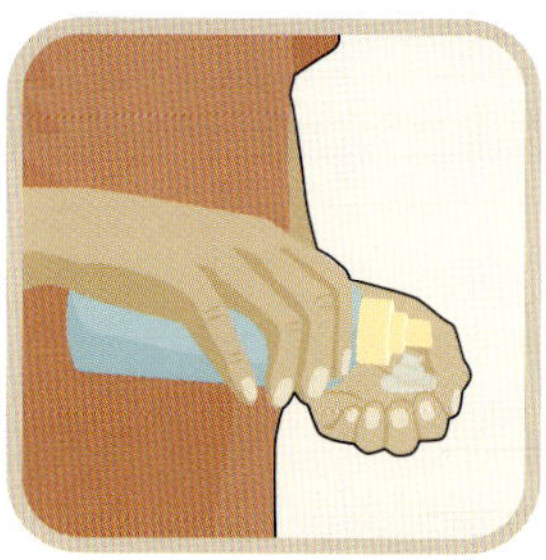

Aplique gel nas mãos.

Penteie para cima e para a frente.

Fixe com laquê.

Sinta-se incrível.

moldar um rabo de pato

Aplique bastante gel.

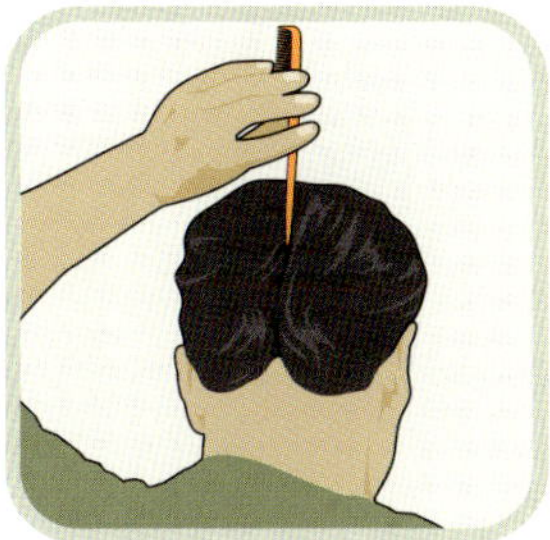

Reparta o cabelo atrás.

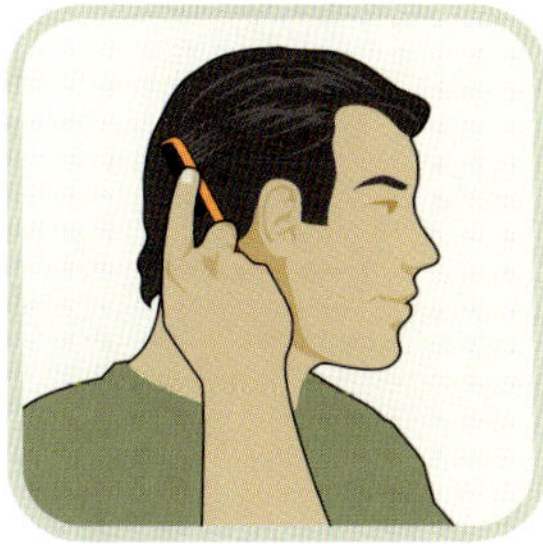

Penteie os lados para trás.

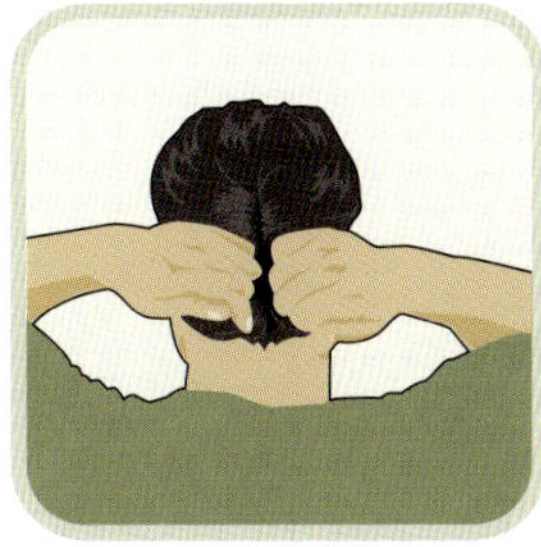

Dobre as pontas para dentro.

Maneiro!

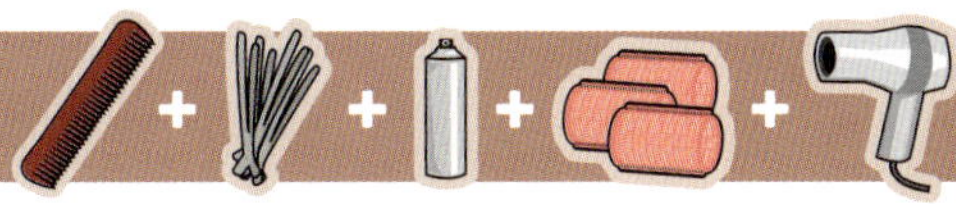

criar ondas voluptuosas

Separe o cabelo em mechas.

Prenda onde necessário.

Passe laquê; penteie.

Coloque os bobes.

Passe mais laquê.

Fixe com o secador.

Deixe esfriar; tire os bobes.

Dê forma usando os dedos.

114 usar tecidos de inverno

buclê

maquinetado

chenile

jacquard

espinha de peixe

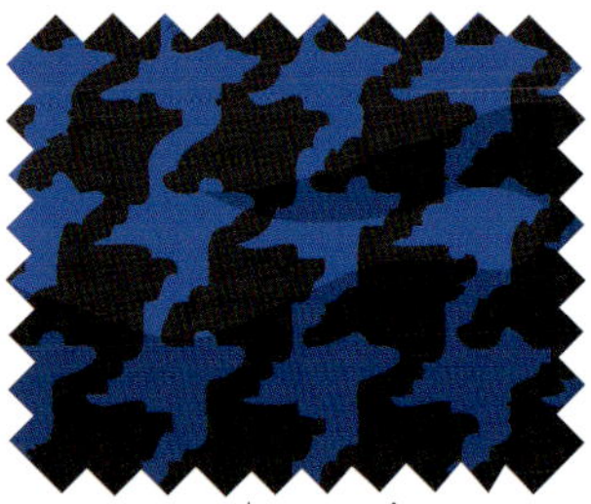

xadrez escocês

115 sair com tecidos de primavera

bayadere

estampado floral

lese

gaze

jamdani

ponto suíço

116 sair com tecidos de verão

aguentar uma onda de calor 256

batique

guingão

ikat

ombré

linho

anarruga

117 usar tecidos de outono

adamascado

veludo cotelê

pointelle

paisley

tartã

toile du jouy

118 enrolar um turbante

1 Dobre duas vezes no comprimento.

2 Fixe a ponta na altura da base do crânio.

3 Enrole. O lado direito fica em cima do esquerdo.

4 Repita, mas agora com o lado esquerdo mais em cima.

5 Refaça a dobra e estique o tecido a cada volta.

119 amarrar um sári

1 Coloque o tecido no quadril direito.

2 Dê uma volta na cintura.

3 Dobre o tecido à sua frente.

4 Dobre de novo, junto à cintura. Sobras na mão esquerda.

5 Insira as dobras no quadril esquerdo, separando o excesso

120 criar um macacão de sarongue

1 Abra o tecido à sua frente.

2 Amarre as pontas na nuca.

3 Passe o tecido entre as pernas. Uma ponta em cada mão.

4 Amarre as pontas na cintura.

6 Nos últimos 30 cm de tecido, dobre-o sobre si.

7 Enfie essa ponta no tecido.

8 Puxe para a frente o tecido da nuca, abrindo-o.

9 Volte a dobrar por cima da cabeça; prenda atrás.

6 Pegue o tecido dobrado e lance sobre o ombro esquerdo.

7 Dê um nó no meio da parte lançada.

8 Enfie a parte do nó na cintura.

9 Puxe o excesso de tecido de trás para a frente.

10 Lance-o novamente sobre o ombro esquerdo.

desfilar num vestido de sarongue 121

1 Abra o tecido atrás de si.

2 Dobre os dois lados diagonalmente à sua frente.

3 Enrole as pontas.

4 Amarre na nuca.

122 fazer bainha numa calça

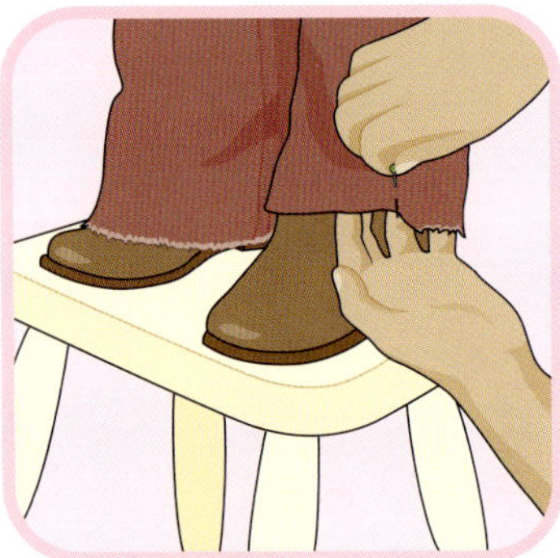

Marque o tamanho desejado com alfinete.

Faça uma primeira dobra.

Passe a ferro para fixar.

Dobre até o ponto marcado.

Passe a ferro para fixar.

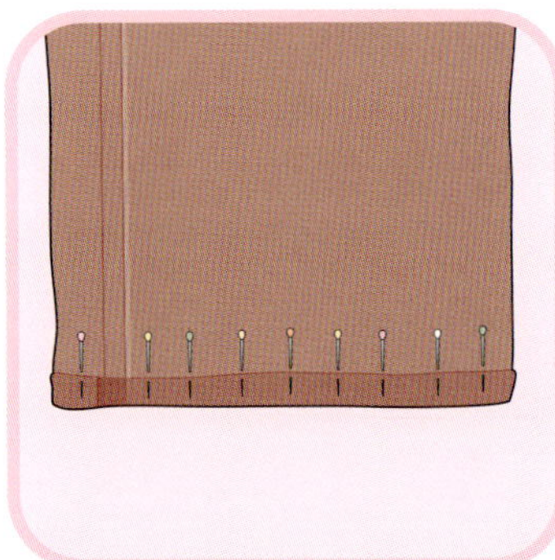

Prenda com alfinetes.

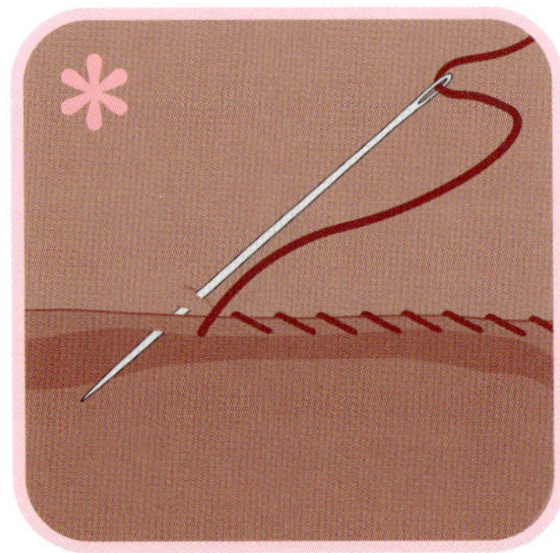

Costure usando pontos cegos.

Repita na outra perna da calça.

* Um ponto cego só pode ser visto do lado de dentro da costura.
A linha é quase invisível do lado de fora.

123 encurtar um zíper

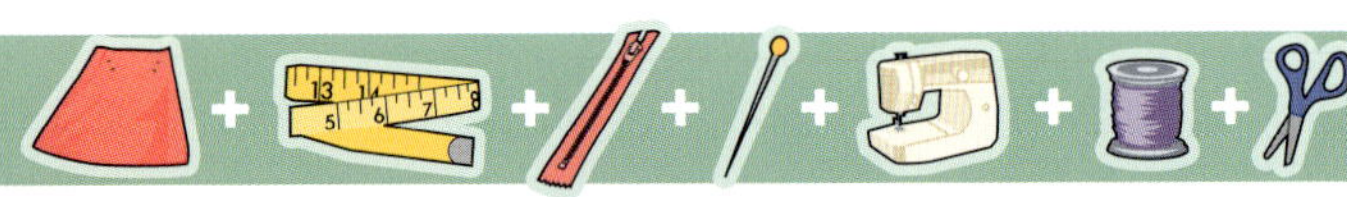

Determine o comprimento ideal.

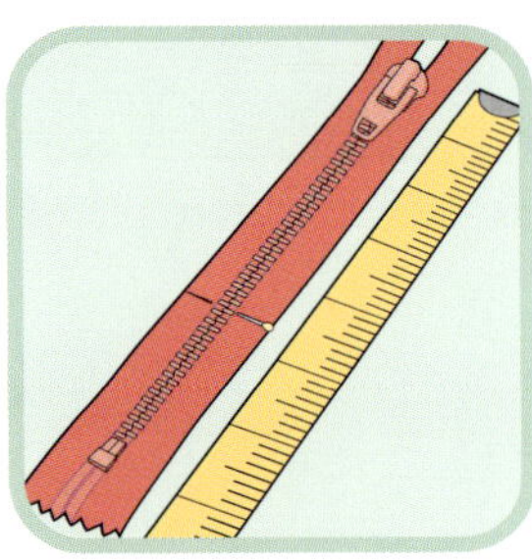

Marque.

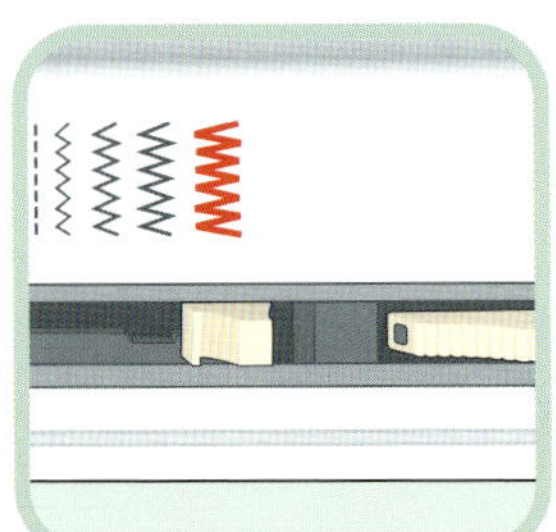

Ponha a máquina em zigue-zague.

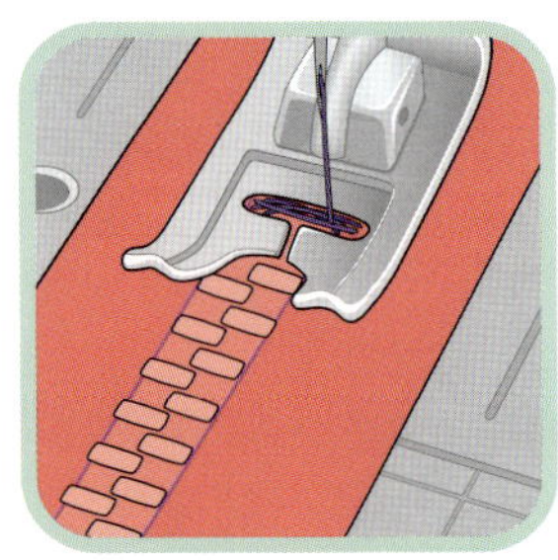

Dê pontos perpendiculares.

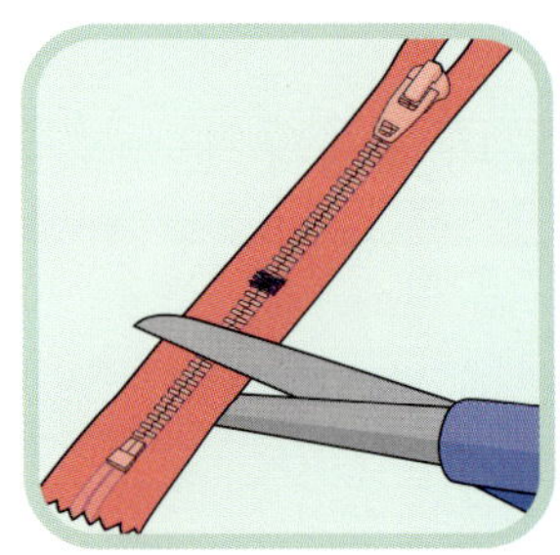

Corte abaixo do terminal.

124 costurar um zíper

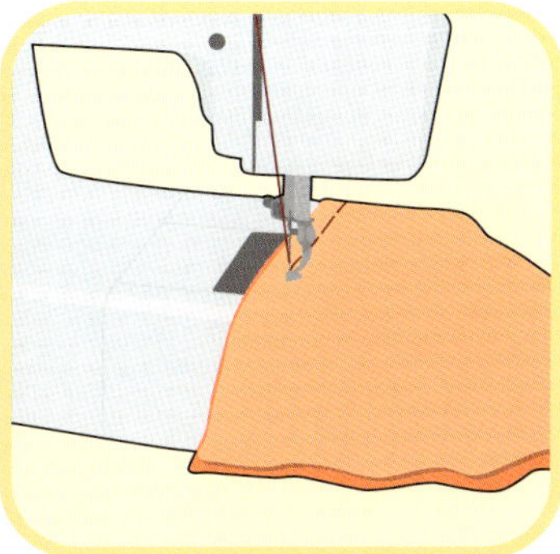

Alinhave unindo os pedaços de tecido.

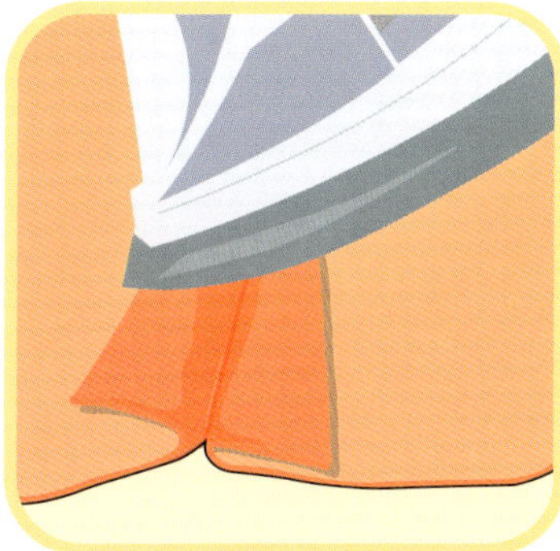

Passe a costura aberta.

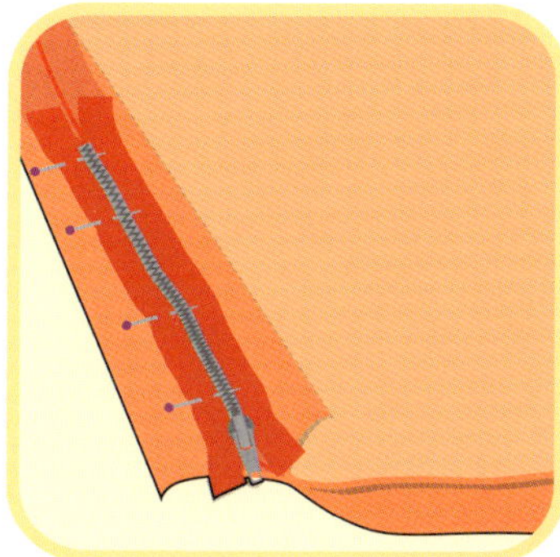

Prenda com alfinetes a um lado do tecido.

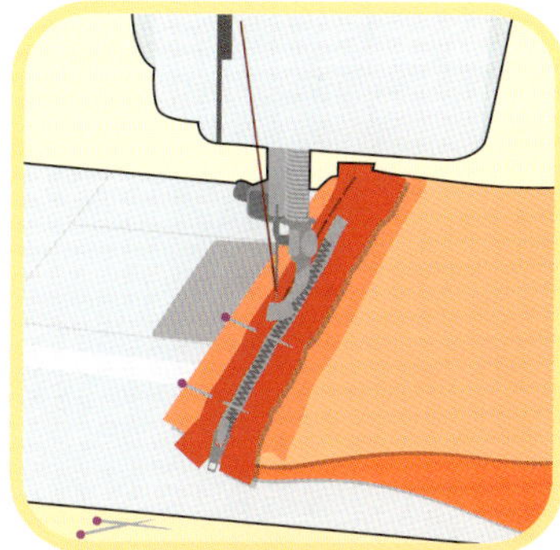

Passe a costura aberta.

Cole fita adesiva para servir de guia.

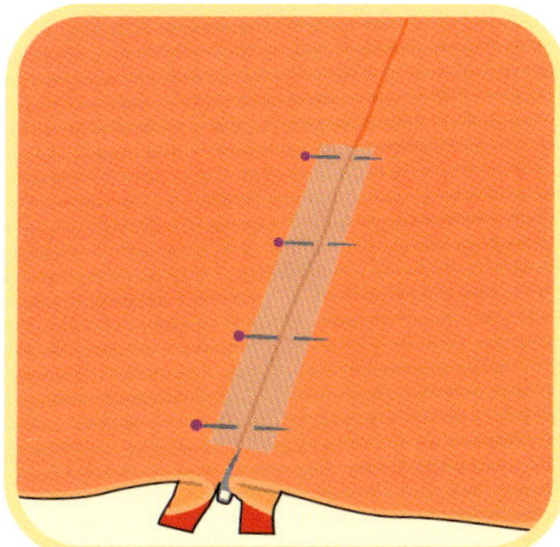

Prenda com alfinetes.

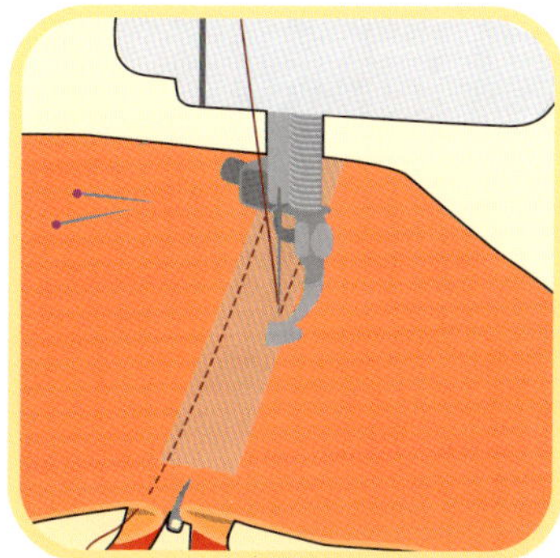

Costure o zíper ao longo da fita.

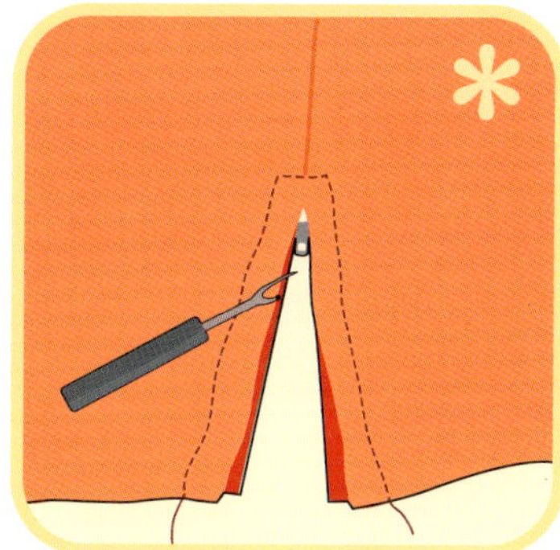

Retire a fita; corte ao longo da costura.

Alinhavar é o ato de prender dois pedaços de tecido com pontos largos e provisórios antes de fazer a costura definitiva. Retire estes pontos quando o trabalho estiver terminado.

125 dar um nó para parar a linha

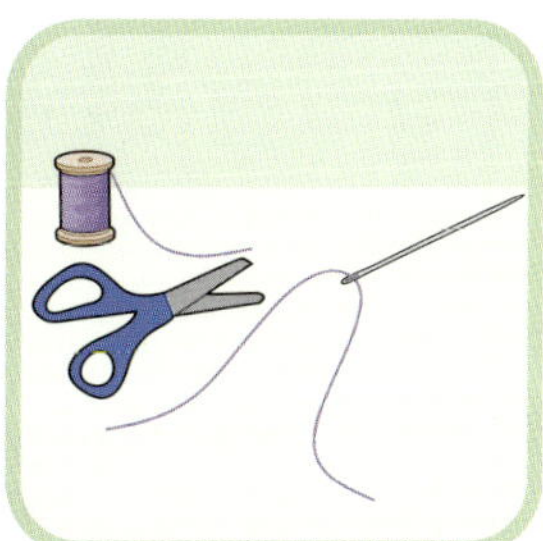

Passe a linha na agulha até o meio.

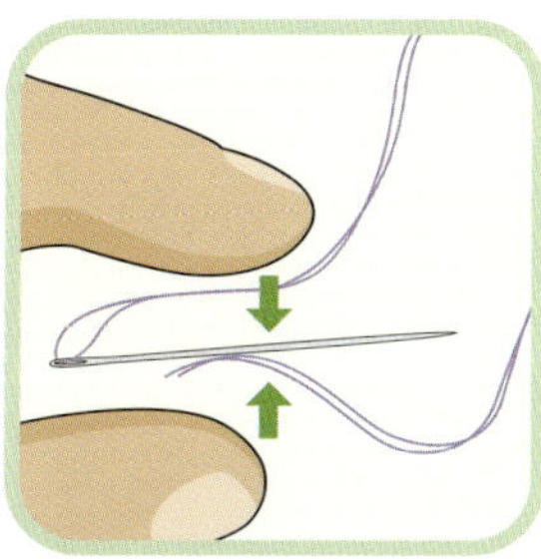

Segure a linha junto à agulha.

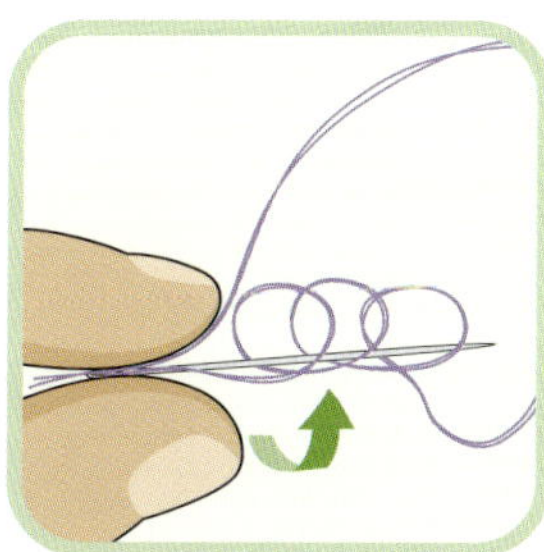

Dê três voltas.

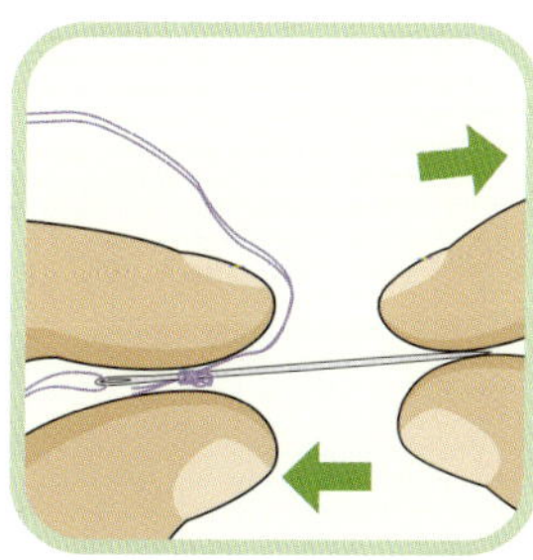

Segure as voltas; puxe a agulha.

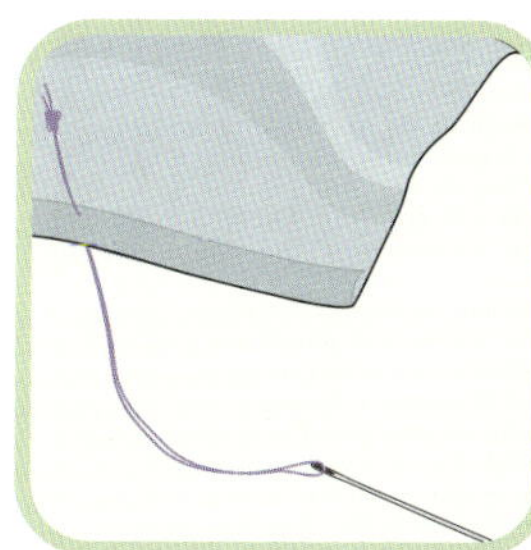

A linha não sairá do tecido.

126 fazer uma túnica de toalha de mesa

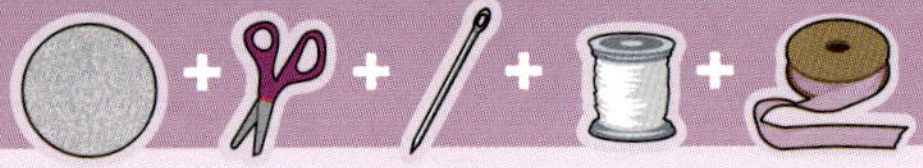

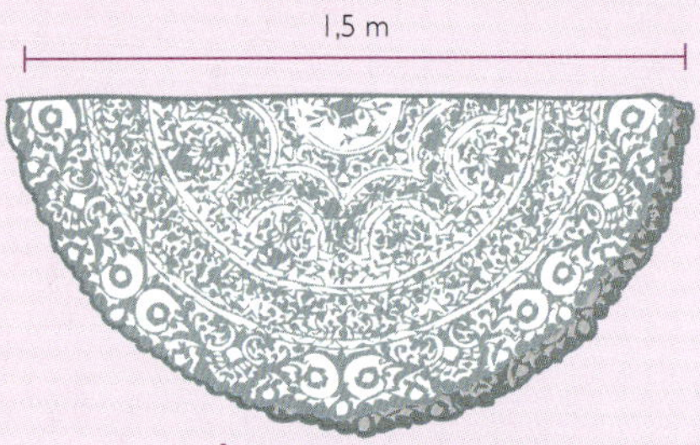

1 Dobre a toalha ao meio, o avesso para fora.

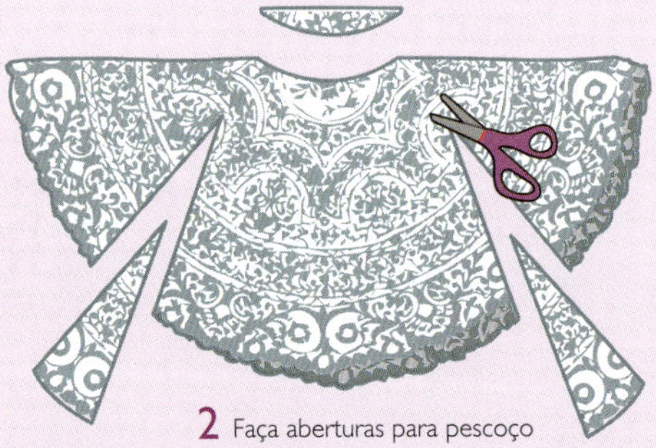

2 Faça aberturas para pescoço e braços.

3 Costure as metades da toalha e as mangas.

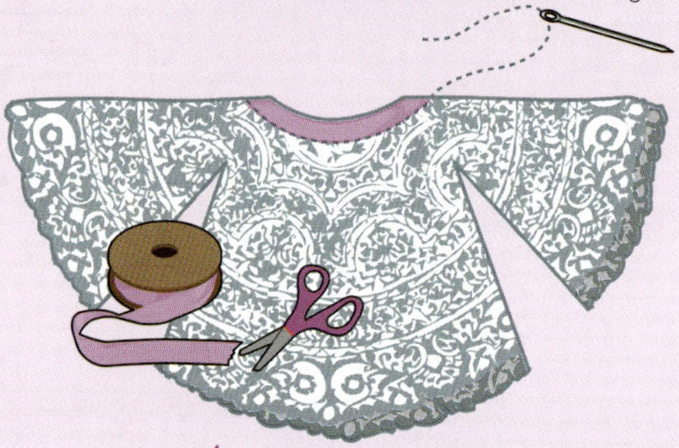

4 Vire o lado certo para fora; costure fita na gola.

127 fazer um colar de feltro

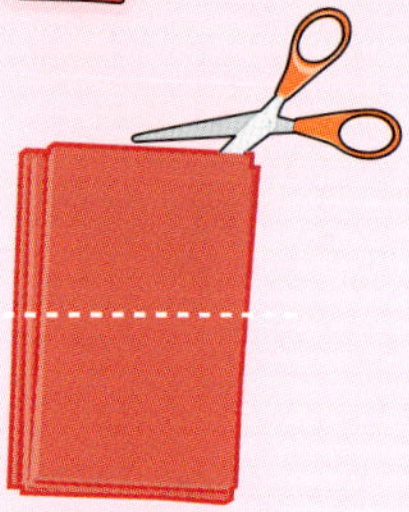

1 Corte retângulos de feltro.

2 Dobre-os ao meio…

3 …e ao meio de novo.

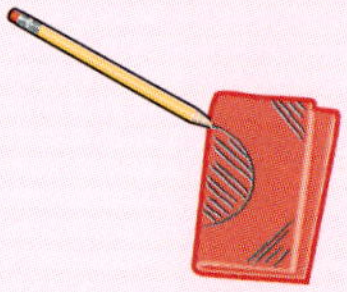

4 Marque o formato.

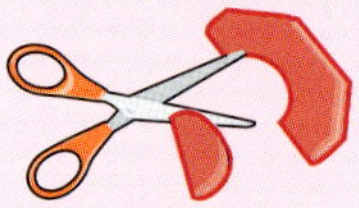

5 Corte.

6 Desdobre.

7 Dobre ao meio.

8 Passe outro elo.

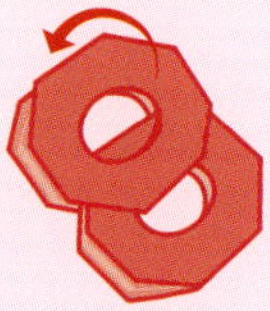

9 Dobre o segundo elo ao meio.

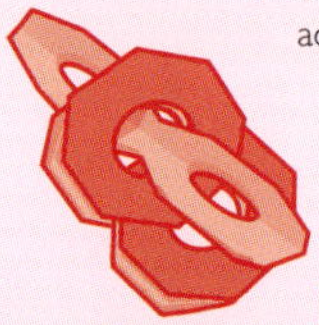

10 Repita com todos os elos.

Feche com uma fita.

corpete

corpete rendado

babydoll

collant

espartilho com liga

espartilho

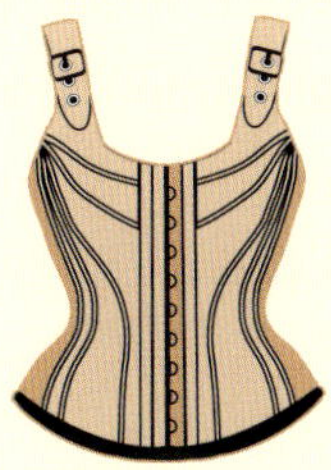
espartilho com alça

bustiê

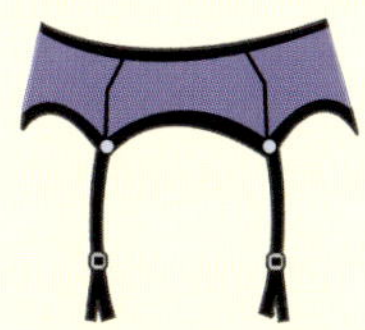
cinta-liga

camisola

preparar calcinhas comestíveis 162

calcinha

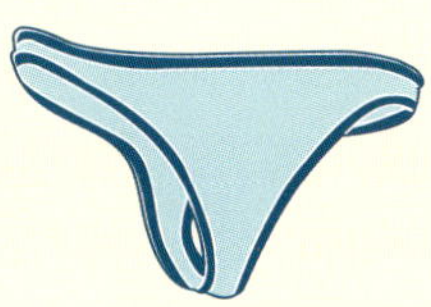
tanga

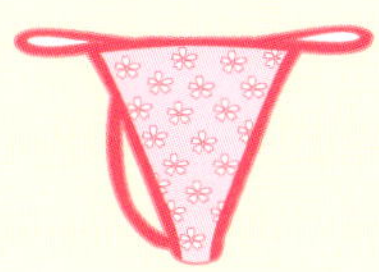
fio dental

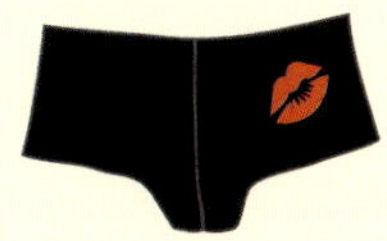
caleçon

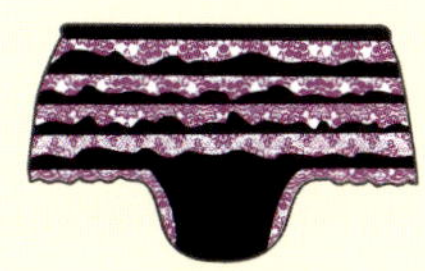
rendada

robe longo

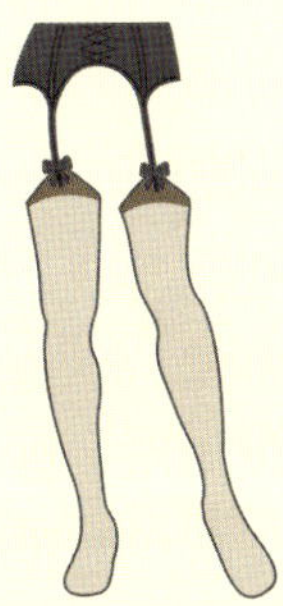
meia com cinta-liga

meia 7/8

body longo

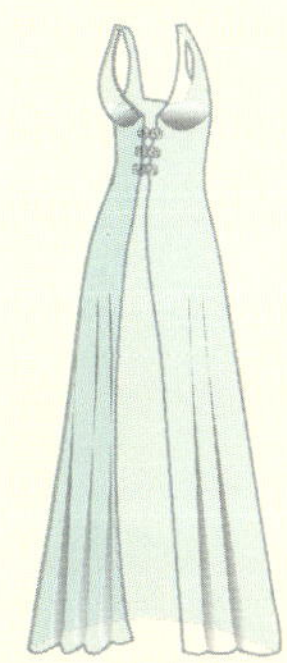
negligê

129 dar um nó de echarpe

Coloque em volta do pescoço.

Passe a ponta direita sob a esquerda.

Volte por cima.

Passe por dentro e para cima.

Puxe para baixo.

Ajuste para cobrir o nó.

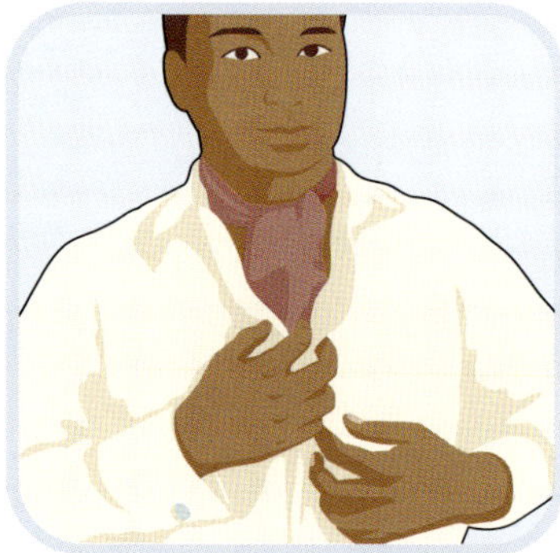

Ponha dentro da camisa.

Afofe. Elegante!

130 identificar acessórios masculinos

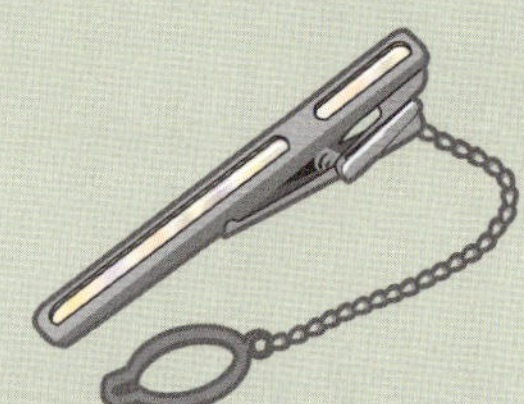

clipe de gravata

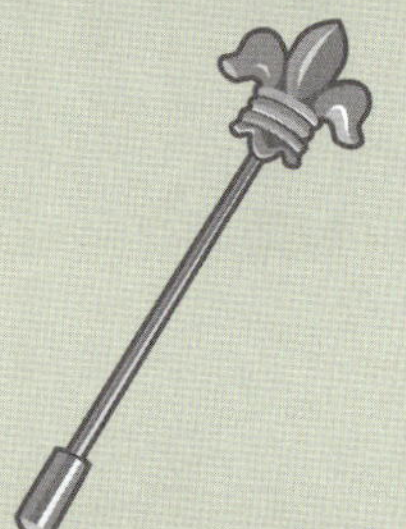

alfinete de gravata

abotoaduras

relógio de bolso

clipe de dinheiro

cobre-botão

reciclar cintos de segurança 131

Retire o cinto e o fecho.

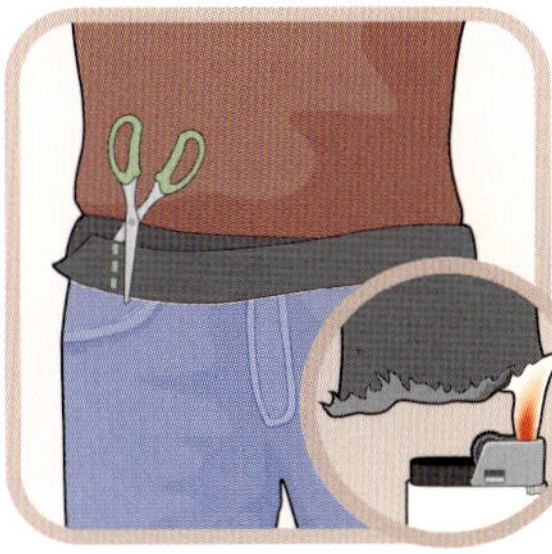
Ajuste; queime as pontas.

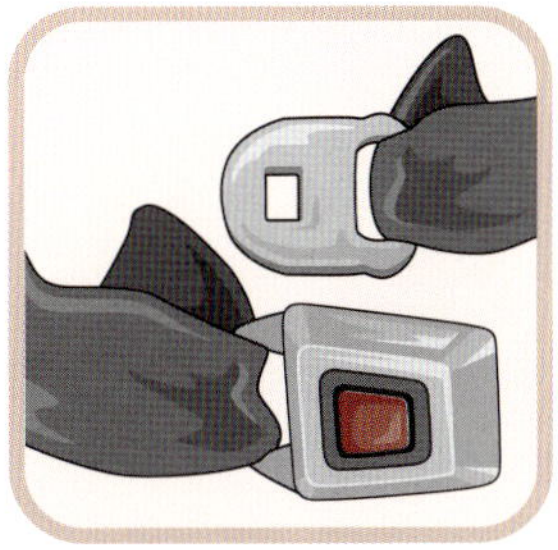
Passe o cinto na fivela.

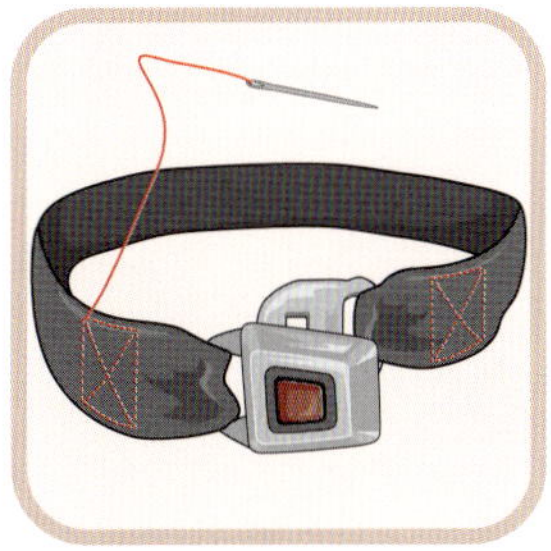
Costure para prender.

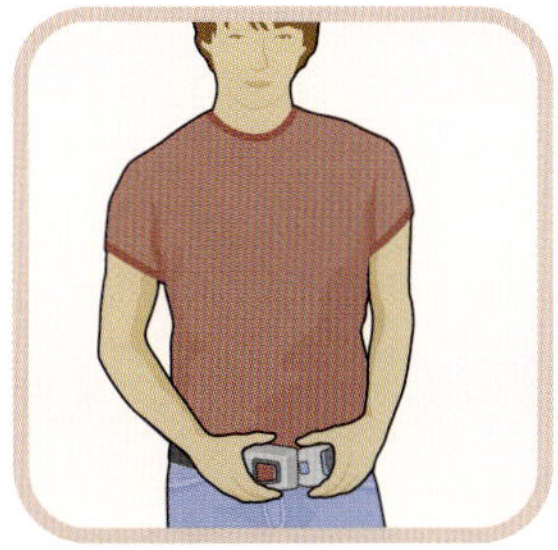
Aperte o cinto!

levar dinheiro numa fita cassete 132

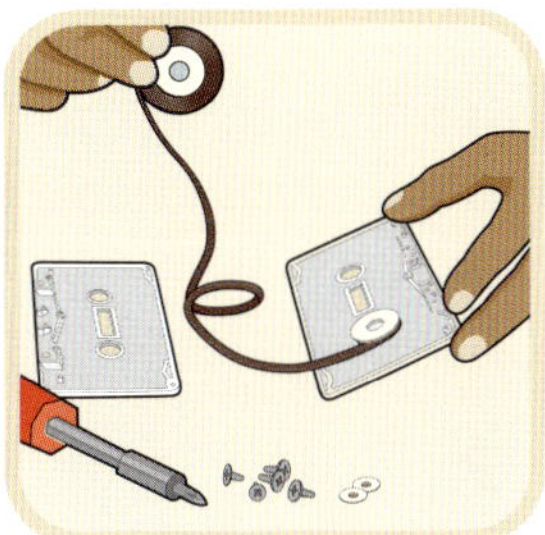
Desaparafuse; retire os rolos.

Cole uma dobradiça.

Cole clipes de papel.

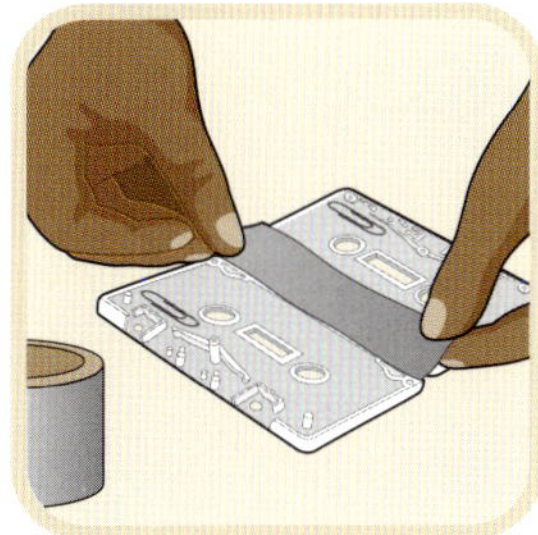
Cole uma tira de *silver tape*.

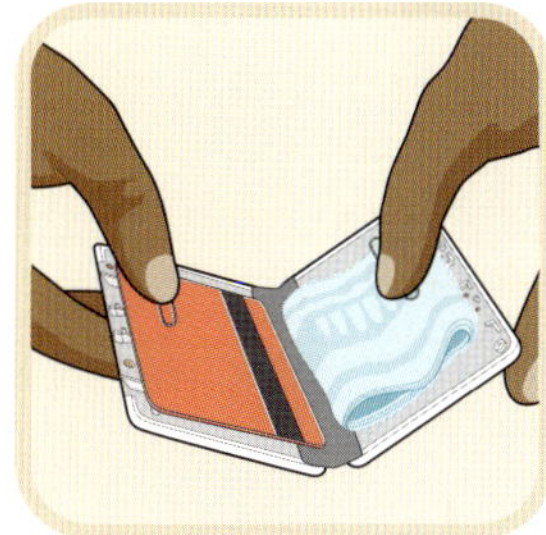
Guarde dinheiro e cartões.

encolher seus jeans na medida 133

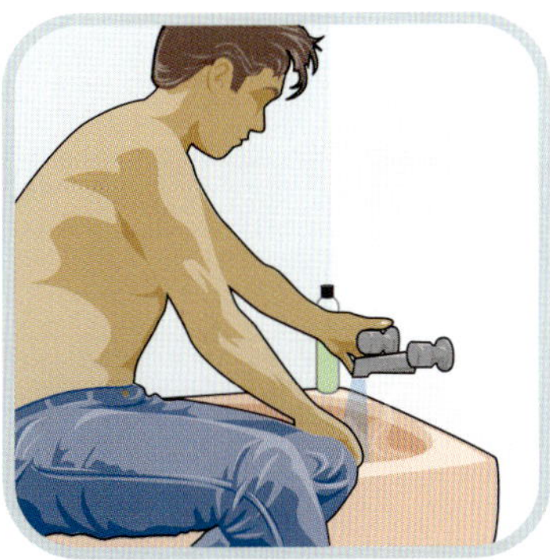
Encha a banheira com água quente.

Entre vestindo a calça.

Fique na banheira até a água esfriar.

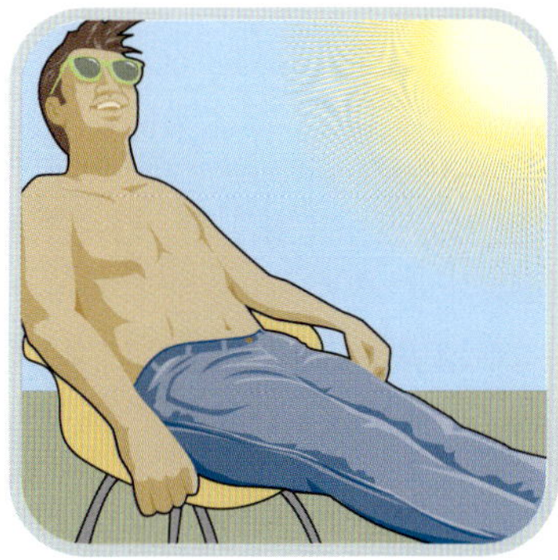
Seque os jeans sem retirá-los.

134 identificar piercings

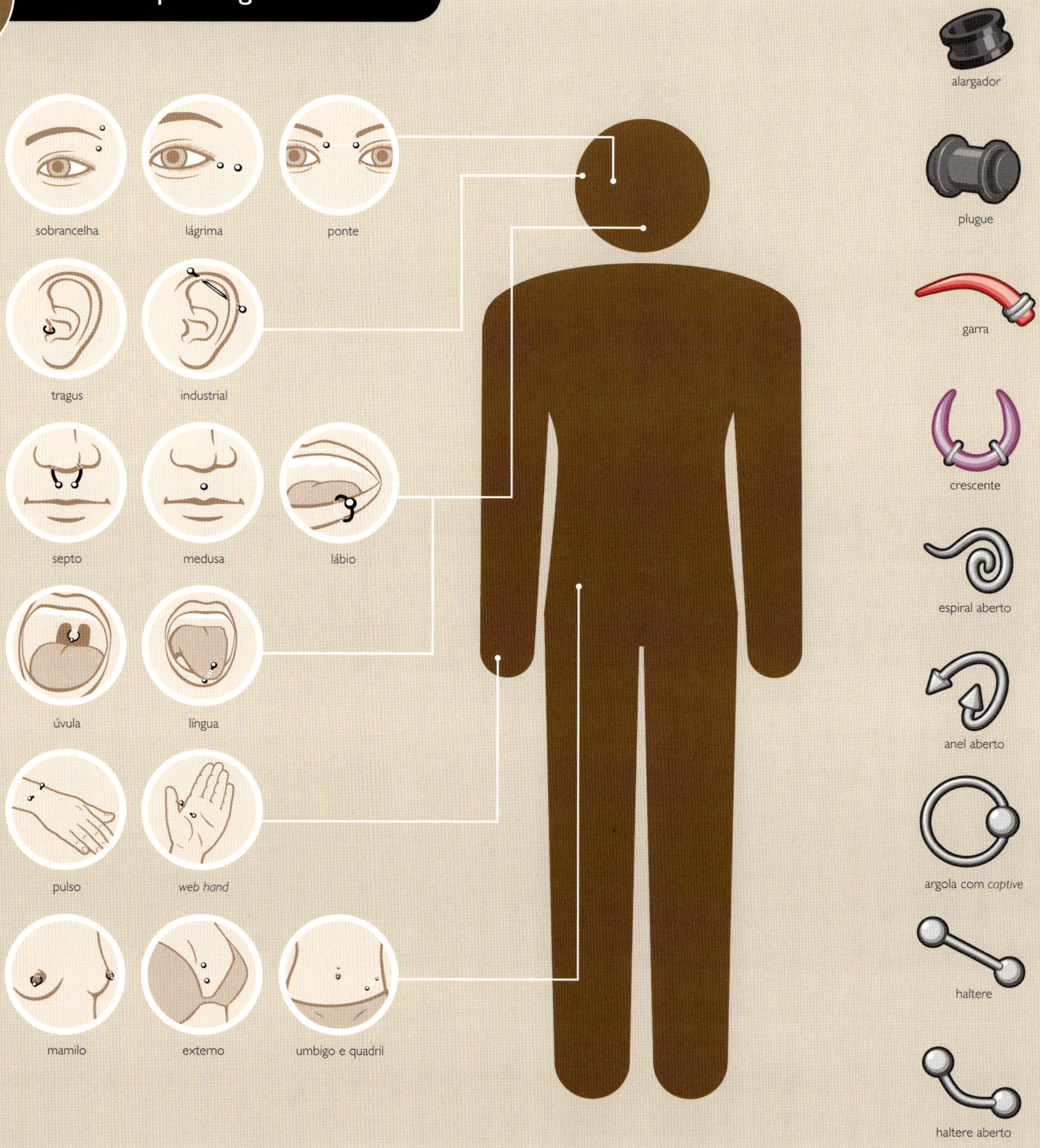

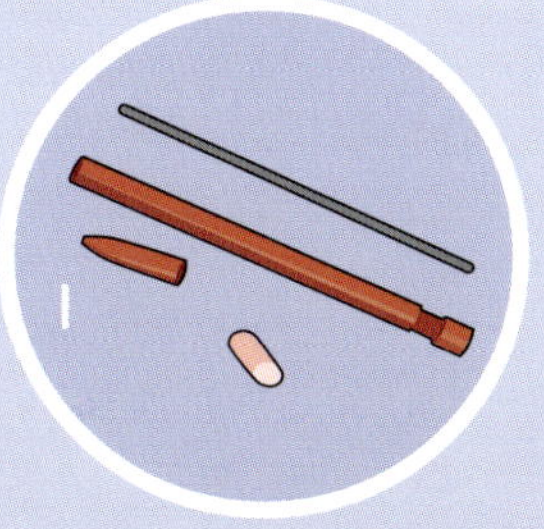

Desmonte uma lapiseira; guarde a borracha e a ponta.

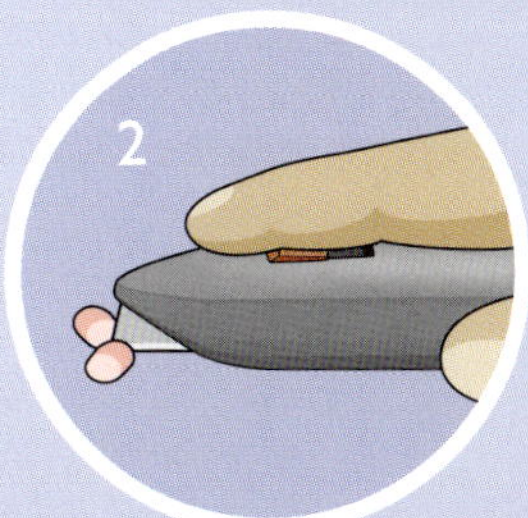

Corte a borracha ao meio.

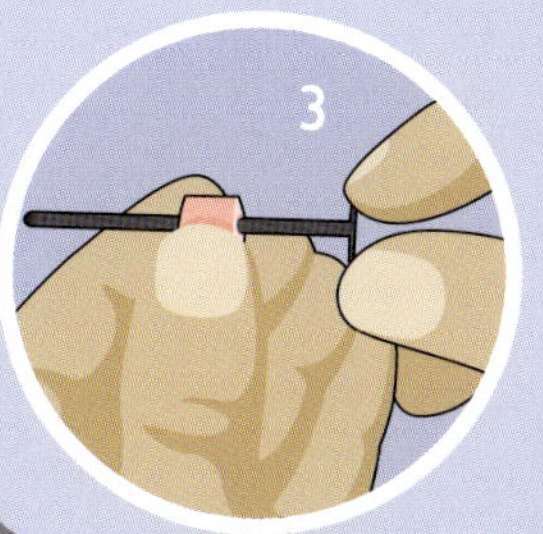

Fure uma metade; descarte a outra.

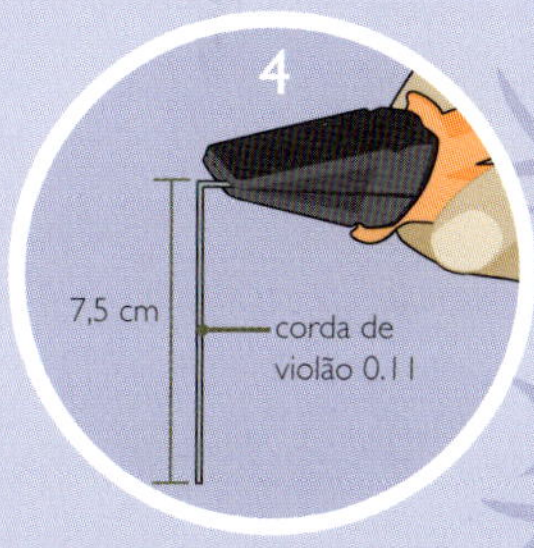

Corte uma corda de violão; dobre a ponta a 90º.

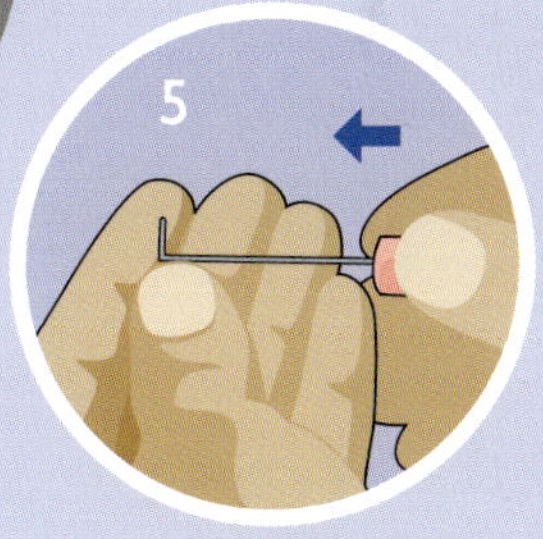

Insira pelo furo na borracha.

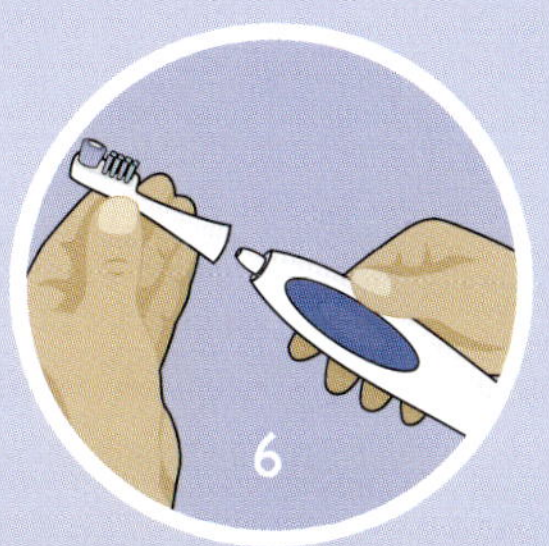

Retire a ponta da escova.

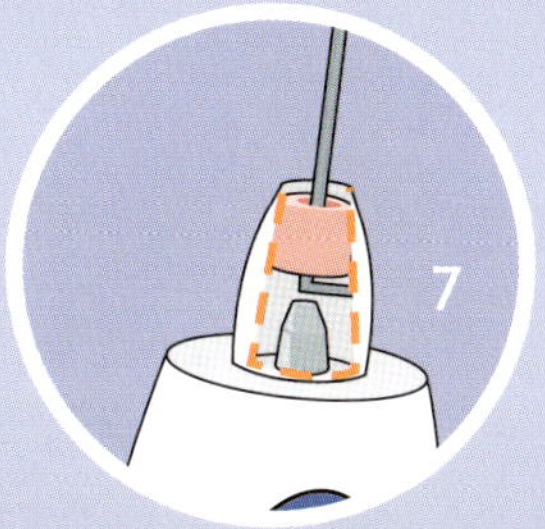

Empurre contra a haste de metal.

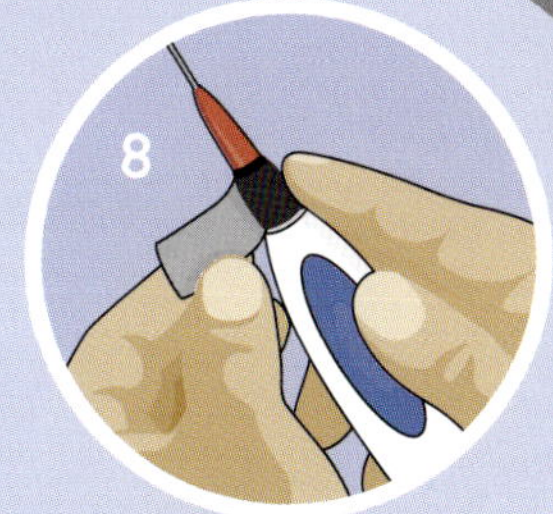

Cole a ponta da lapiseira à escova.

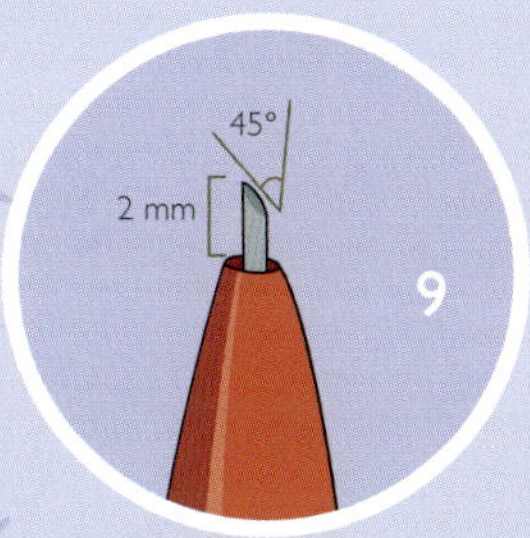

Corte o arame curto e em diagonal.

Molhe na tinta; pratique em cascas de banana.

11 Teste em um amigo bem íntimo. (Sempre esterilize passando álcool.)

136 identificar estilos *harajuku*

O bairro de Harajuku, em Tóquio, é a Meca da juventude descolada, que lota suas ruas aos domingos para socializar, se exibir e se inspirar. Veja alguns dos muitos estilos encontrados.

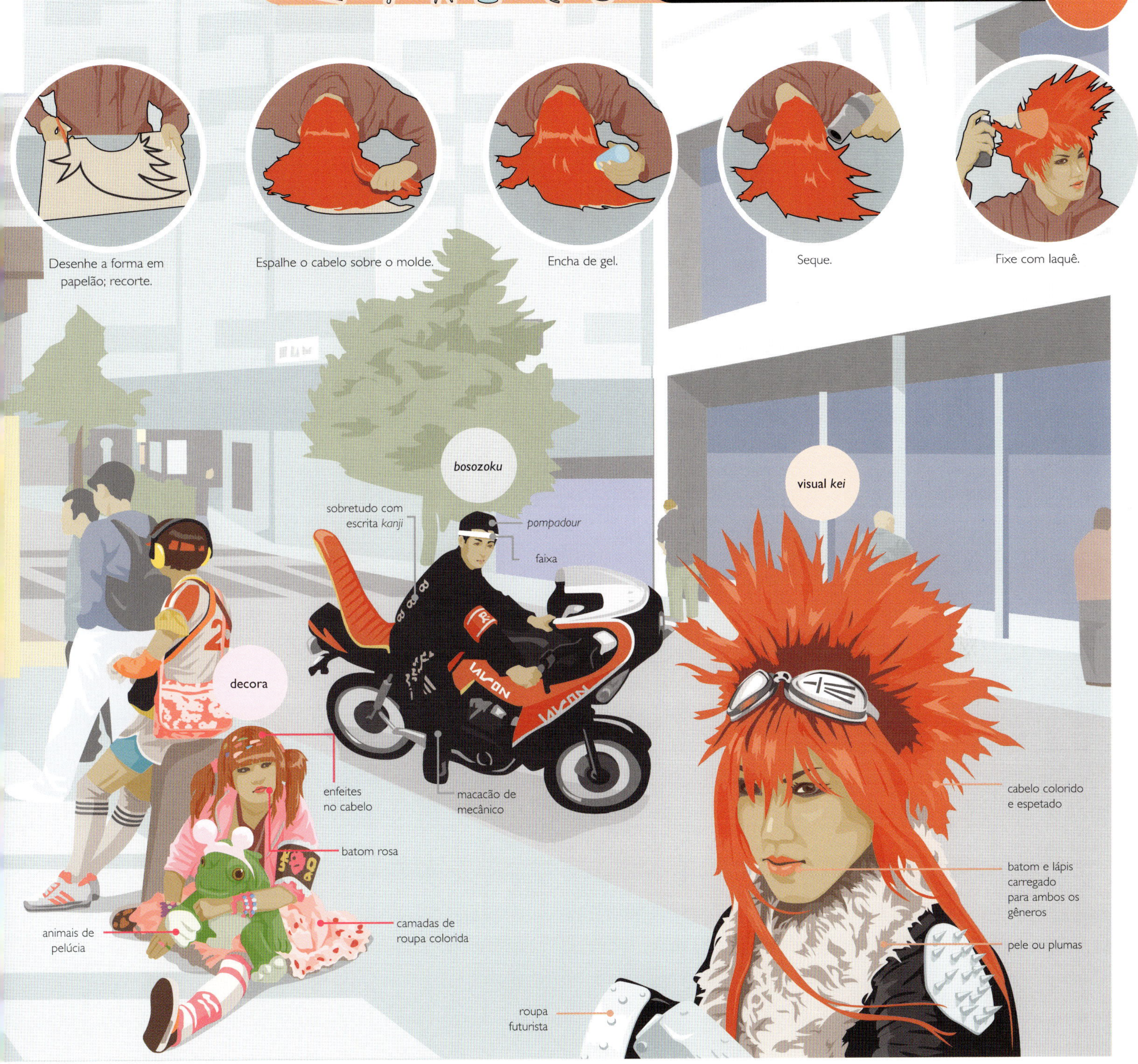
Desenhe a forma em papelão; recorte.
Espalhe o cabelo sobre o molde.
Encha de gel.
Seque.
Fixe com laquê.
bosozoku
sobretudo com escrita *kanji*
pompadour
faixa
macacão de mecânico
visual *kei*
cabelo colorido e espetado
batom e lápis carregado para ambos os gêneros
pele ou plumas
roupa futurista
decora
enfeites no cabelo
batom rosa
animais de pelúcia
camadas de roupa colorida

amar

138 atrair o amor

Conquiste um novo amor para a sua vida com estes amuletos românticos.

139 preparar uma poção do amor

uma parte de óleo de lavanda + uma parte de sândalo + uma parte de *ylang ylang* =

140 se banhar para o amor

Descreva o amante perfeito.

Acenda uma vela rosa.

Coloque-a perto da lista.

Prepare um banho morno.

Acrescente gotas da poção do amor.

Banhe-se, imaginando seu amante.

Apague a vela.

Esconda a lista; espere seu amor.

141 procurar o amor no mercado

142 flertar num show

encontrar alguém na academia 143

apaixonar-se em um ônibus 144

145 tirar 10 em paquera

Sente-se perto do seu paquera.

Discuta coisas interessantes na aula.

Passe bilhetinhos durante a aula.

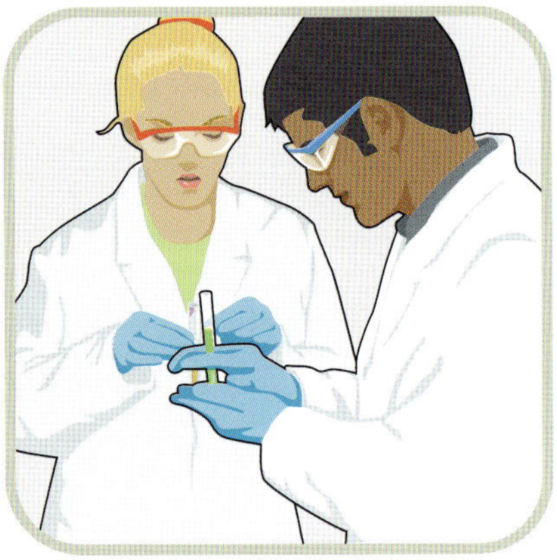
Forme uma parceria para os projetos.

Estudem juntos depois da aula.

Comemorem depois das provas.

146 fazer sucesso no trabalho

Faça-se notar.

Brinque de "pé bobo" durante reuniões.

Divirta-se na "hora extra".

Marque encontros no corredor.

Conheça as regras da empresa.

encontrar o amor no parque 147

fazer uma cama de cachorro 237

Vá em horários de pico.

Ache o cachorro certo (e seu dono).

Divida seus brinquedos.

Puxe conversa.

Observe as regras do local.

Siga uma rotina.

se dar bem num jogo infantil 148

Vista-se bem.

Divida comes e bebes.

Procure pais solteiros.

Empolgue-se na medida certa.

Planeje algo para depois do jogo.

149 se divertir com o parceiro

saltar sobre um cavalo 386

Visitem um aquário.

Cavalguem.

Entrem num concurso de poesia.

Joguem baralho.

Façam tatuagens juntos.

Remem.

Cozinhem.

Construam um robô gigante.

Caiam na estrada.

Relaxem num spa.

Pedalem uma bicicleta para dois.

Façam um passeio radical.

Aprendam esgrima.

Toquem um dueto.

Façam um boneco de neve.

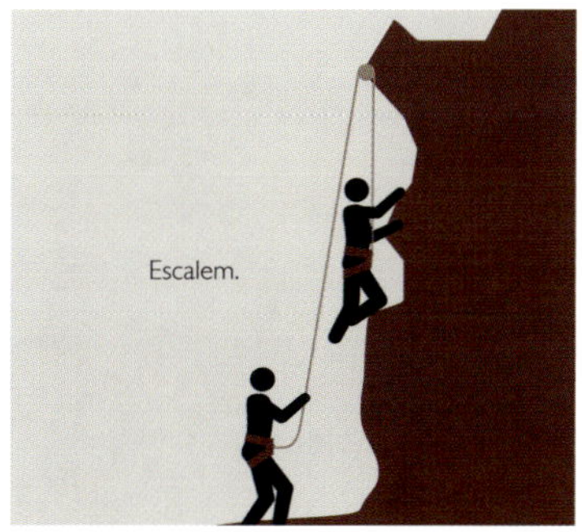
Escalem.

150 fazer um filme erótico caseiro

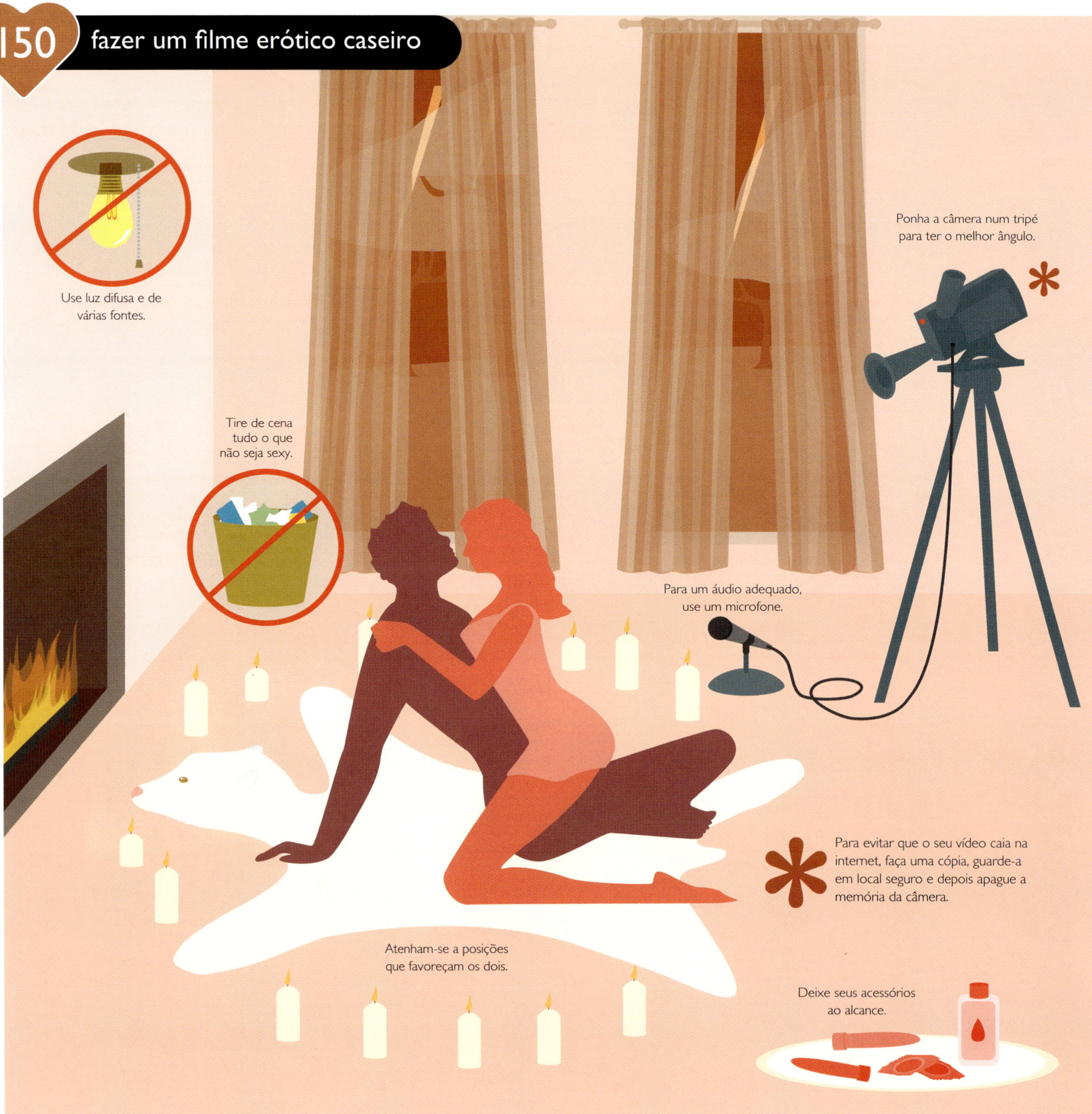

tirar fotos picantes no espelho 151

Retire objetos sem sentido.

Ilumine-se pela frente.

Fotografe na altura do ombro.

depilar com cera em casa 106

Experimente ângulos interessantes.

fazer o jogo do "estranho sexy" 152

Combinem os detalhes.

Vista-se para o papel.

Cheguem separados.

Flerte com o olhar.

Pague uma bebida para o outro.

Apresente-se.

Saiam juntos.

Terminem o jogo em um motel.

153 balançar o barco

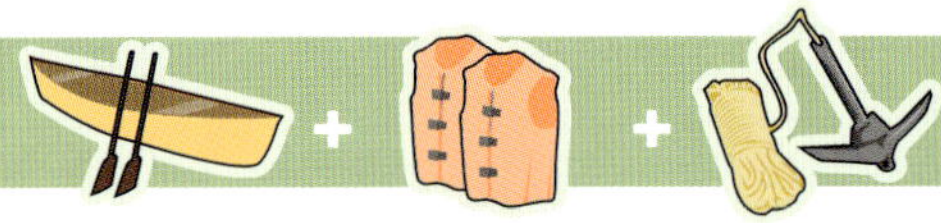

Removam perigos potenciais.

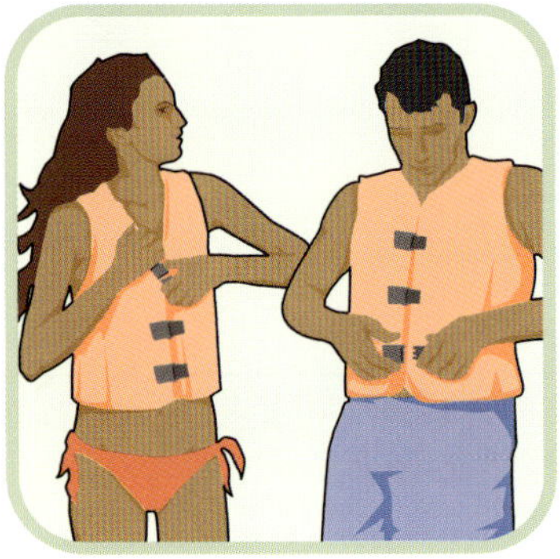
Pratiquem sexo (aquático) seguro.

Remem para longe; joguem a âncora.

Não exagerem no balanço.

154 aprimorar suas manobras

Limpe bem o carro.

Pare num lugar deserto.

Desligue as luzes.

Abaixe o volume do rádio.

Vá para o banco do carona.

Recline o banco um pouco.

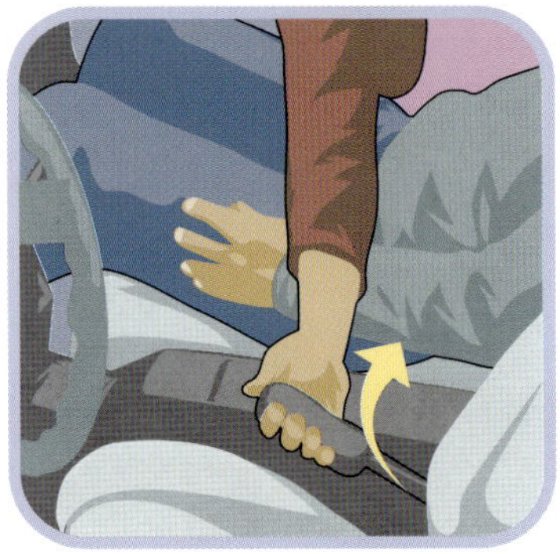
Puxe o freio de mão.

Hora de curtir o passeio.

transar no elevador 155

Vistam-se com roupas práticas.

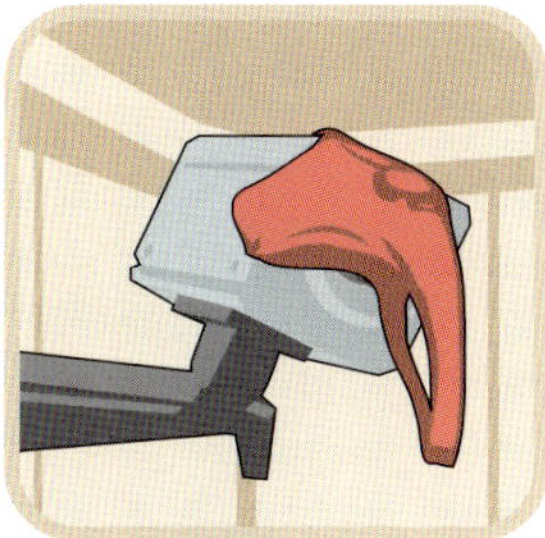

Cubram as câmeras.

Parem entre dois andares.

Sejam eficientes.

Saiam normalmente.

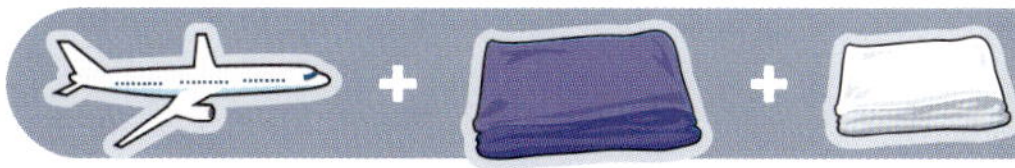

entrar para o clube do avião 156

Voos noturnos são melhores.

Sentem-se no fundo.

Comecem sob o cobertor.

Esperem um momento de distração.

Tranquem a porta.

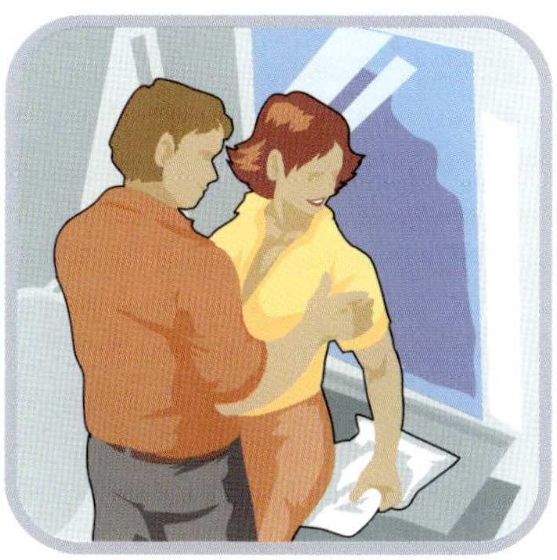

Forrem com papel.

Sejam rápidos.

Bem-vindos ao clube!

157 escolher afrodisíacos

Por causa de seu sabor estimulante (ou da sua forma sugestiva), algumas comidas são consideradas afrodisíacas por diversas culturas em todo o mundo – enquanto outras são tidas como nada excitantes. Bom apetite!

158 servir sushi nu e cru

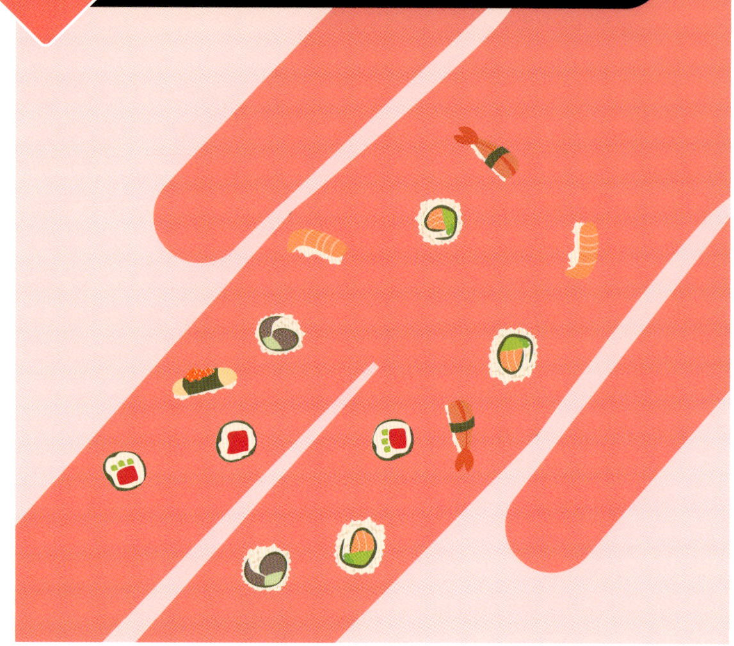

159 comer doces no meu benzinho

348 fazer compota de morango

comer a merecida sobremesa 160

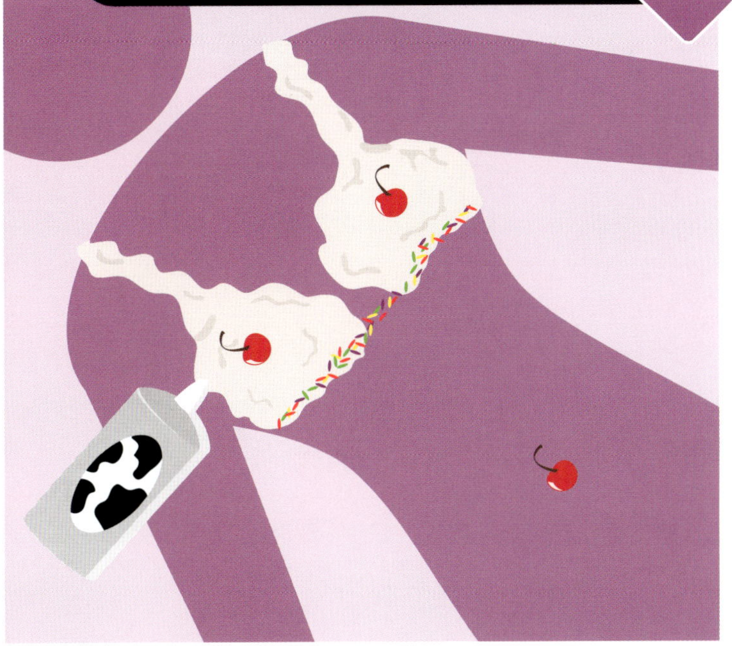

começar bem o dia seguinte 161

preparar calcinhas comestíveis 162

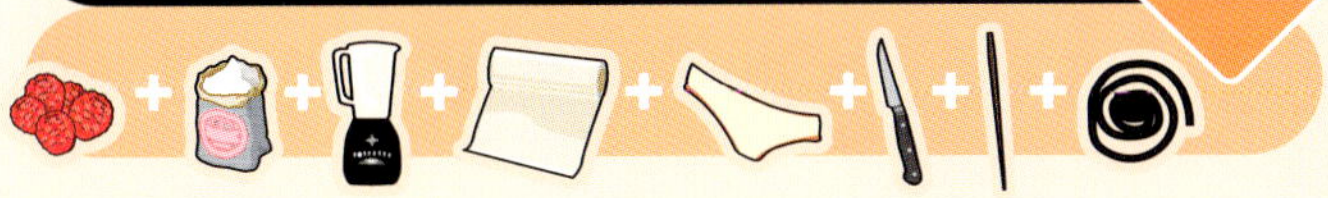

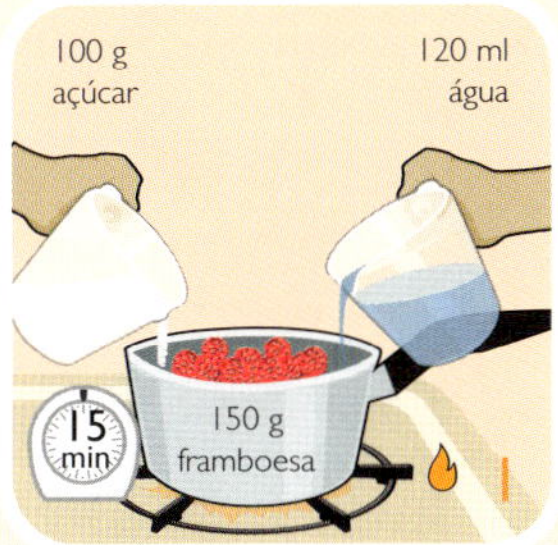

Cubra a panela e ferva.

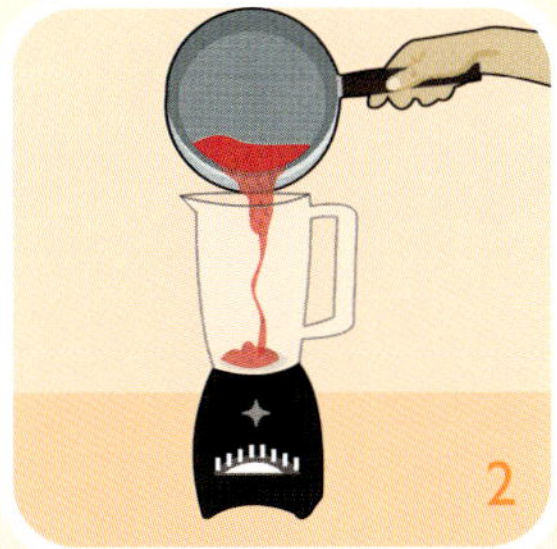

Bata.

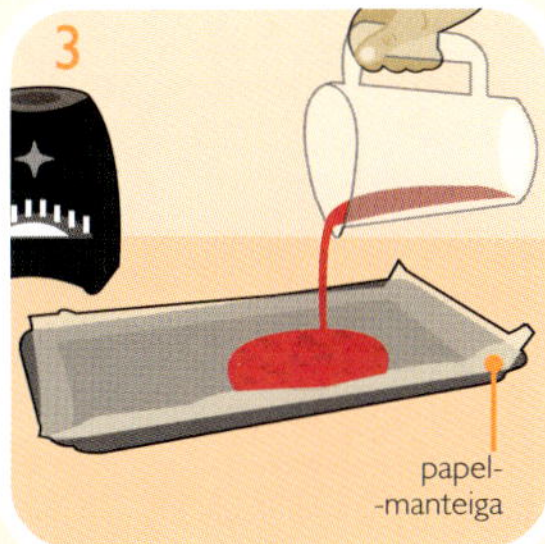

Ponha no tabuleiro forrado.

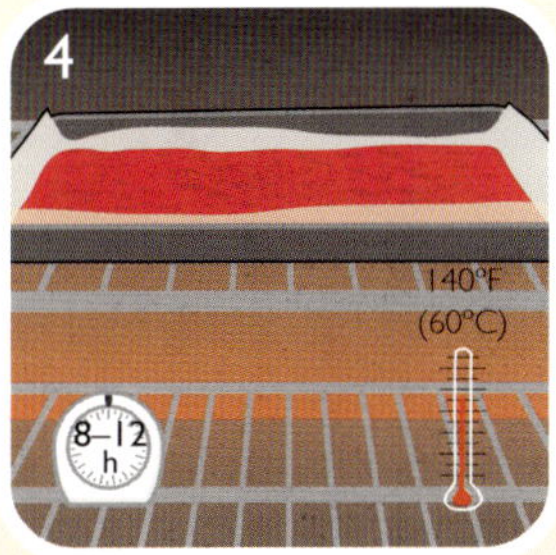

Asse.

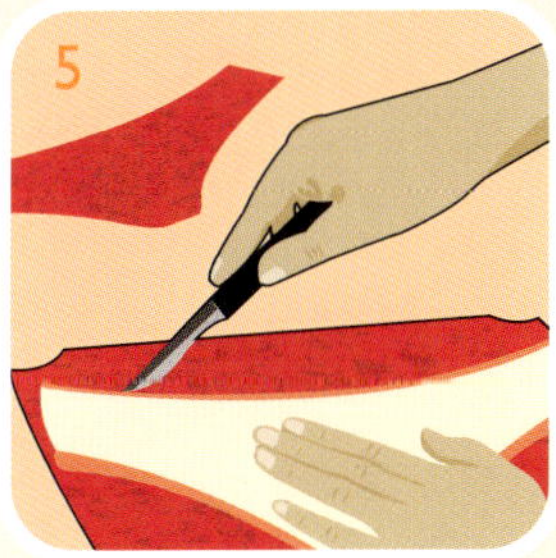

Use uma calcinha como molde.

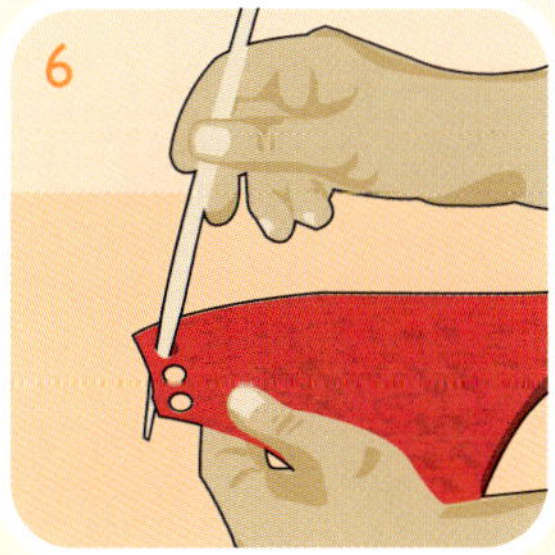

Faça furos.

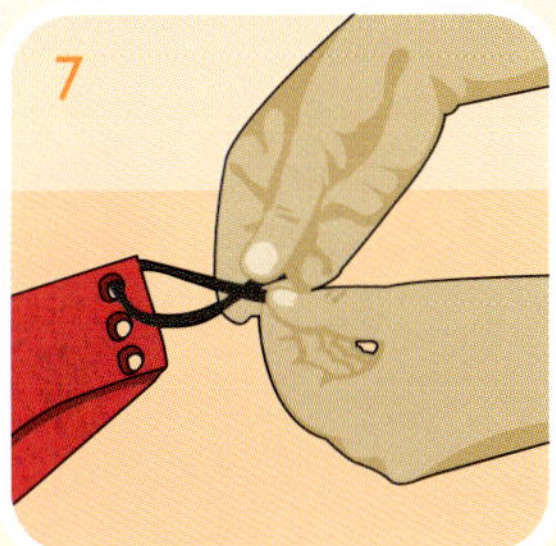

Amarre com alcaçuz.

Para consumo imediato!

163 escolher o vestido perfeito

Pouco importa seu corpo ou seu estilo: sempre existe um vestido para deixá-la deslumbrante no seu grande dia.

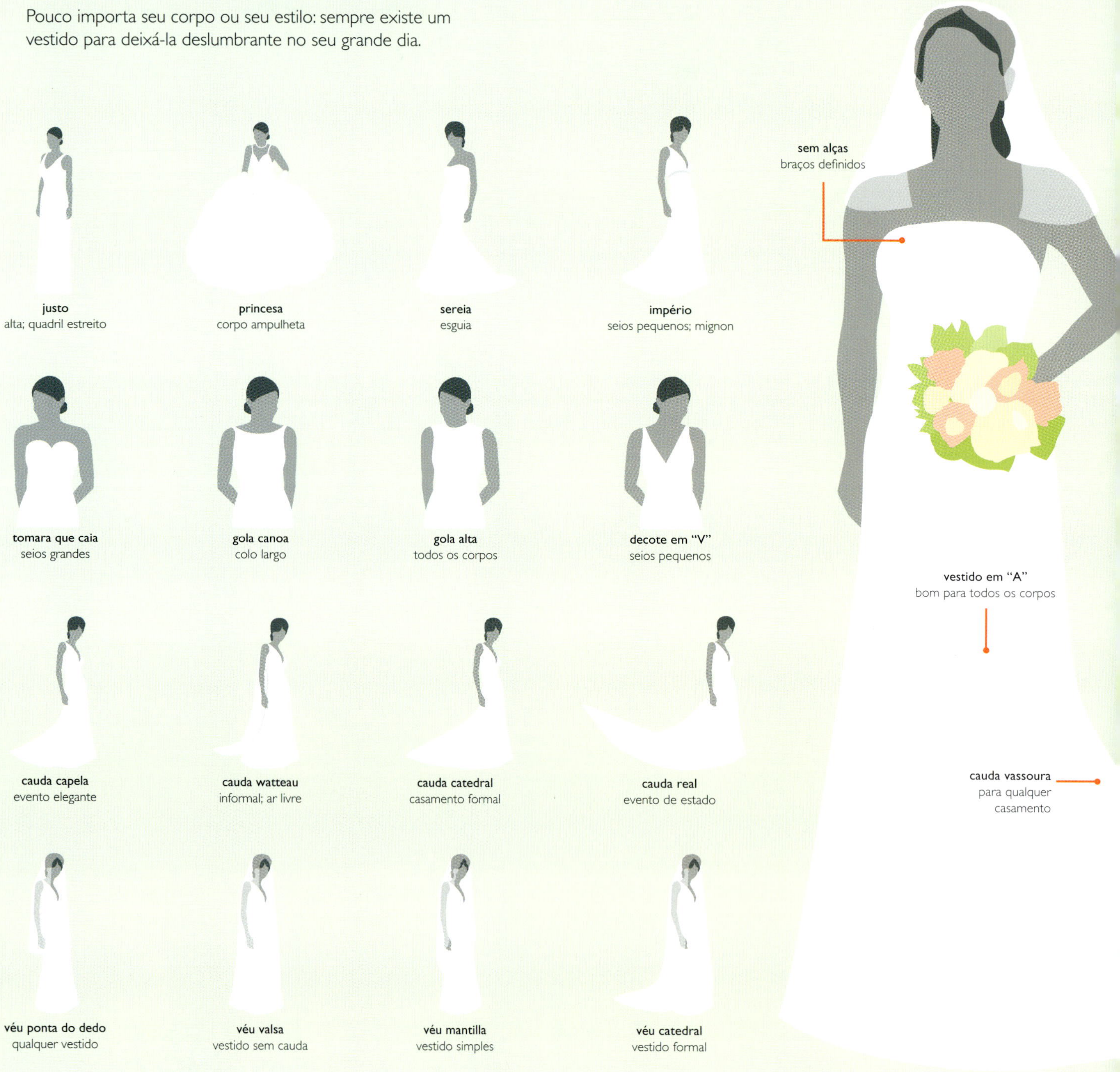

164 deixar o noivo elegante

Com problemas para decidir o que usar? O local e o estilo da cerimônia ajudam a limitar as suas opções.

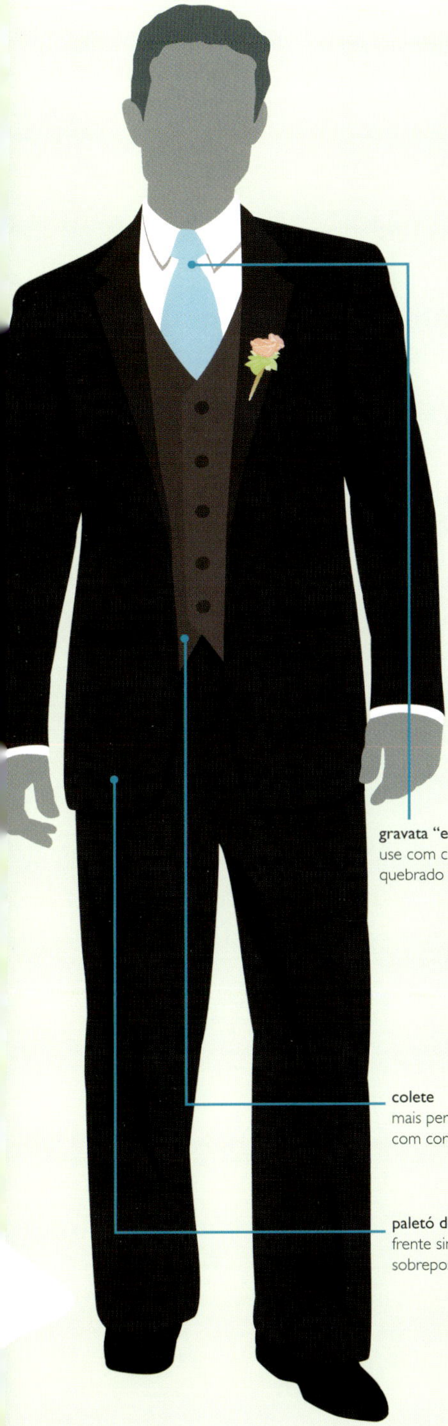

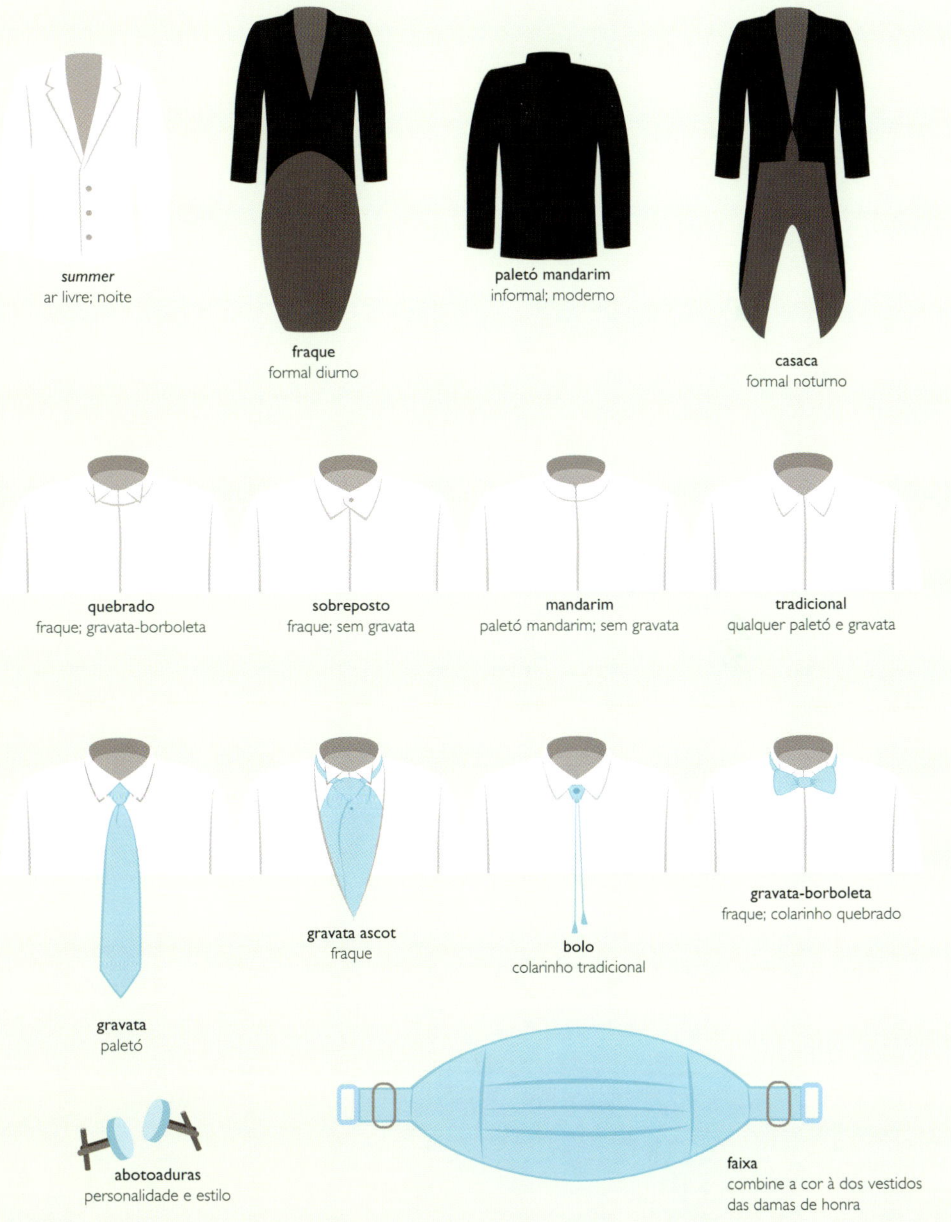

165 dizer "sim" em italiano

166 trocar votos em Vegas

167 se casar nas Filipinas

168 celebrar uma união na China

306 celebrar o ano-novo chinês

ouvir sinos de casamento em Cuba 169

Familiares ou amigos seguram uma renda sobre o casal na cerimônia.

Uma barulhenta procissão acompanha os noivos pelas ruas.

Sirva um delicioso leitão assado.

se comprometer na Hungria 170

Cheguem de charrete.

Contratem uma banda de ciganos.

Noivos trocam moedas e lenços

A noiva carrega um buquê para si e outro para Santo Estêvão.

Ela quebra um ovo para garantir filhos saudáveis.

criar laços na Nigéria 171

O pai da noiva oferece preces e nozes de cola cerimoniais.

O noivo se esconde entre os convidados e a noiva o procura.

Ela oferece vinho de palma; se ele bebe, eles estão casados.

planejar um casamento persa 172

Mulheres amigas e da família moem açúcar sobre um pano acima do casal.

O "altar" inclui candelabros, comidas especiais e um espelho, que reflete o casal.

lar

173 consertar uma porta empenada

Calce a porta com revistas.

Solte a dobradiça da parede.

Encha de espetos de madeira.

Corte as sobras.

Aparafuse a dobradiça.

Uma porta fica bamba quando a madeira que segura os parafusos da dobradiça está quebrada ou gasta. Espetos de bambu ajudam a prender os parafusos.

174 trocar ladrilhos quebrados

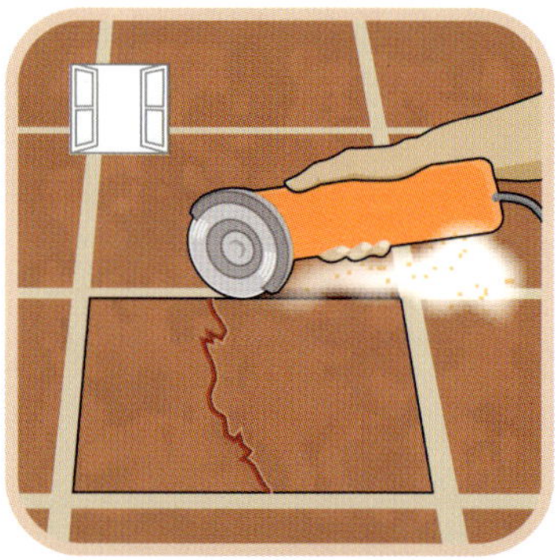

Corte ao longo das juntas.

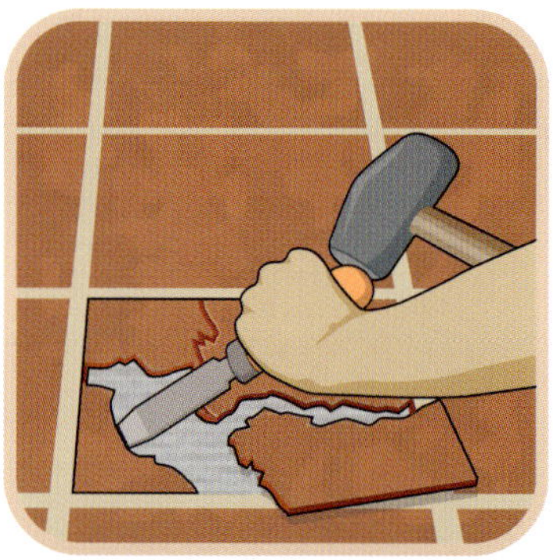

Remova o ladrilho quebrado.

Raspe a argamassa do buraco.

Aplique argamassa no ladrilho.

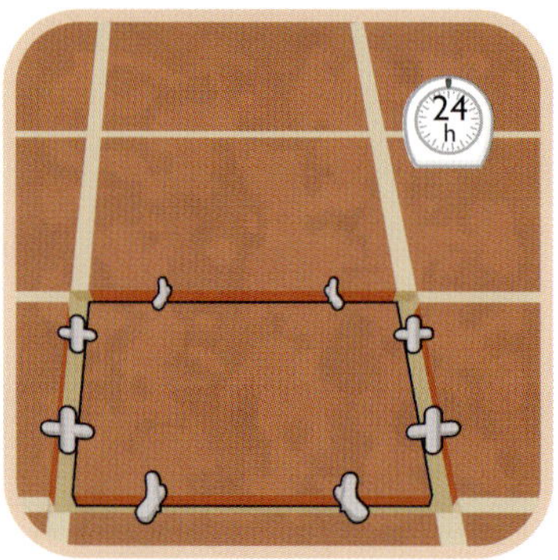

Ponha espaçadores; deixe secar.

Fixe com rejunte.

Limpe o excesso; espere uma noite.

Aplique selante.

175 reparar telhas

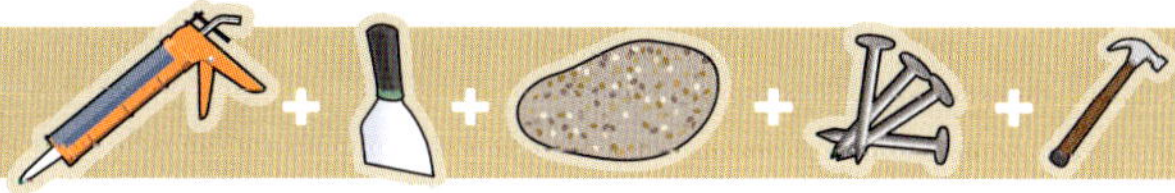

Localize o pedaço quebrado.

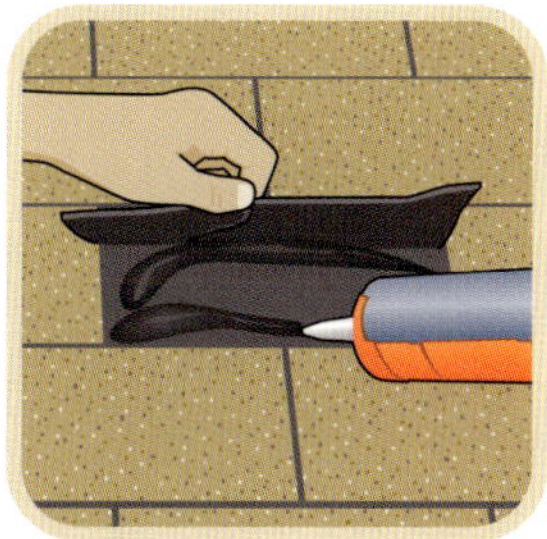

Aplique cimento para telhado.

Também sobre a rachadura.

Cubra com areia da calha.

Pregue as bordas.

176 remendar calhas de chuva

Limpe a rachadura.

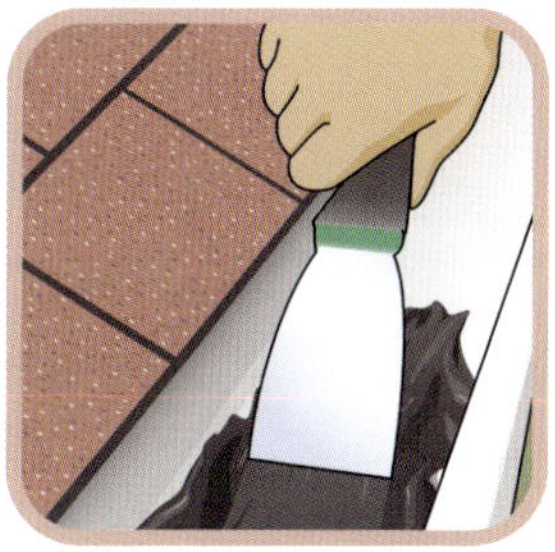

Passe cimento de telhado.

Aplique uma tela de fibra de vidro.

Cubra com plástico.

Finalize com cimento de telhado.

177 vedar uma junta

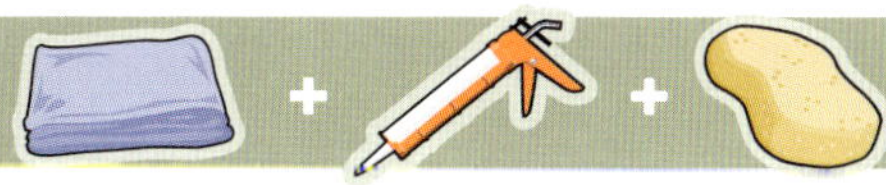

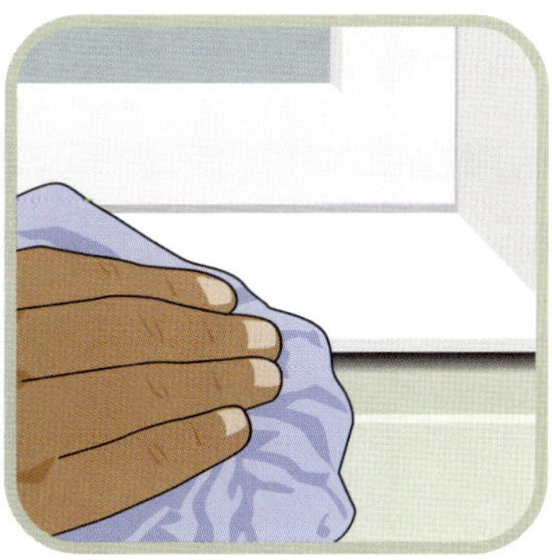

Limpe a área; deixe secar.

Aplique bastante selante.

servir um bolo lisinho 358

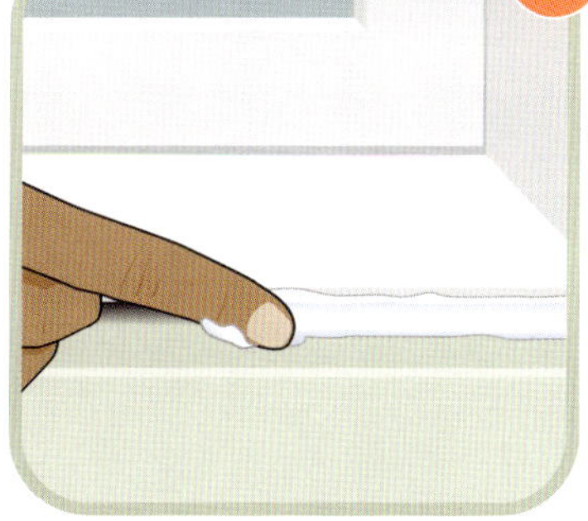

Espalhe com o dedo molhado.

Alise com uma esponja úmida.

178 desencapar e unir fios

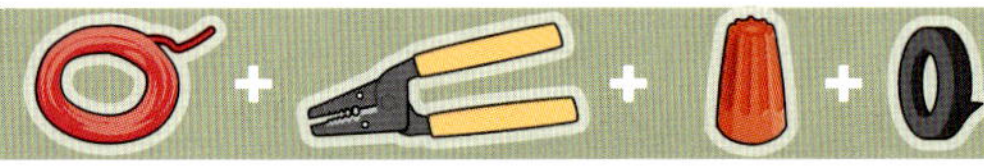

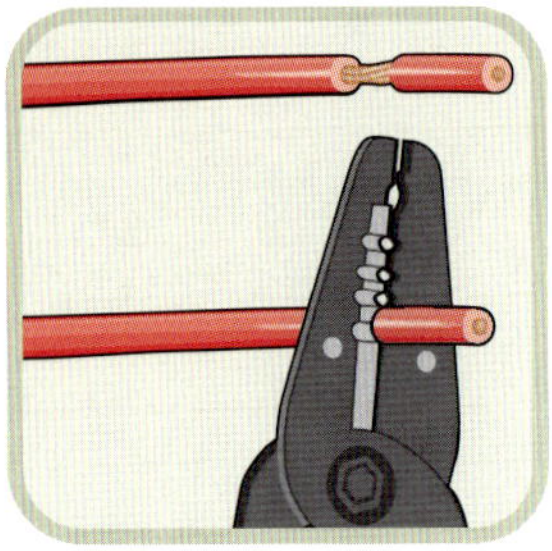
Corte a capa.

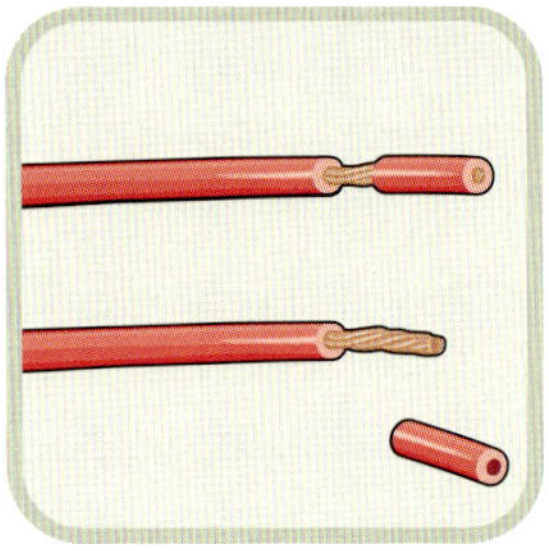
Remova-a, expondo os fios.

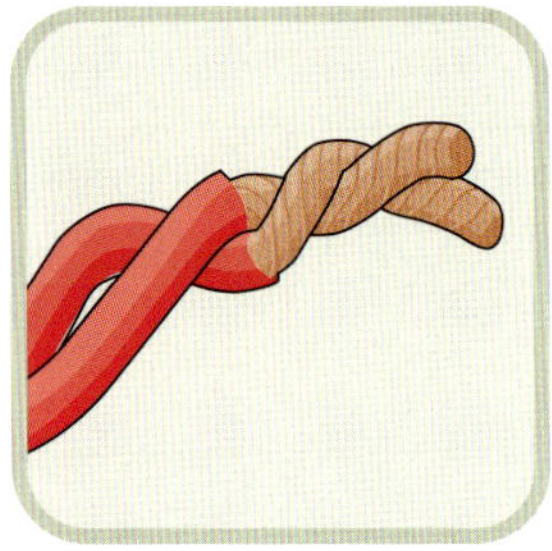
Enrole os fios juntos.

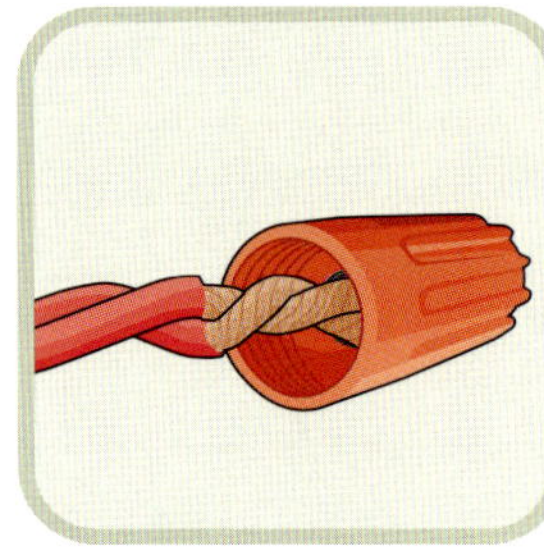
Insira em uma cápsula.

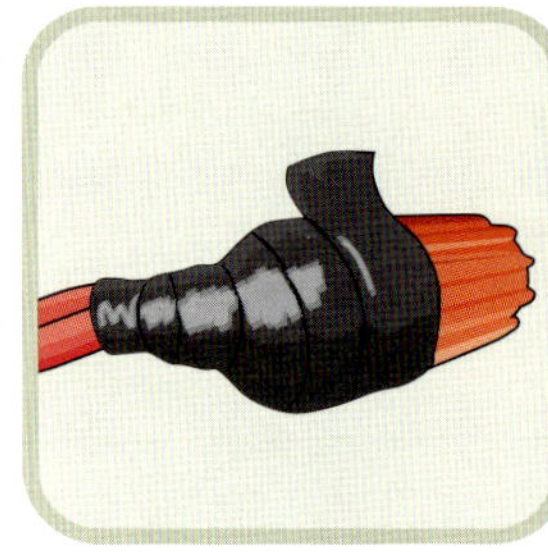
Sele com fita isolante.

179 instalar um lustre

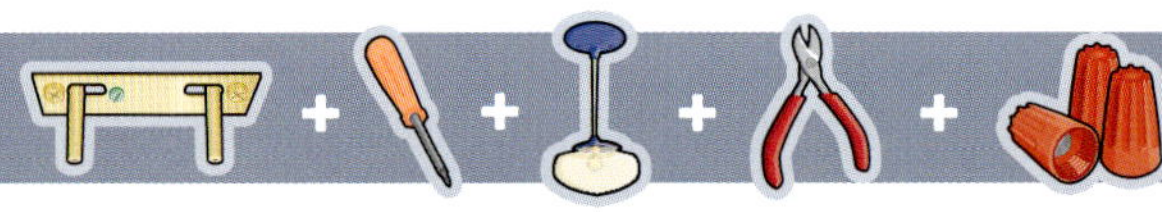

Desligue a chave certa.

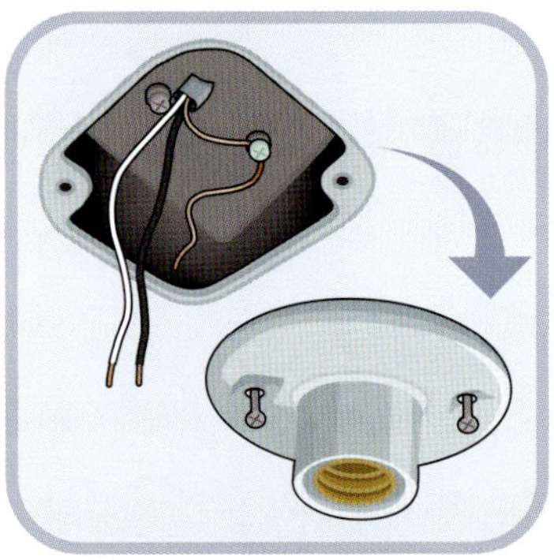
Retire o bocal anterior.

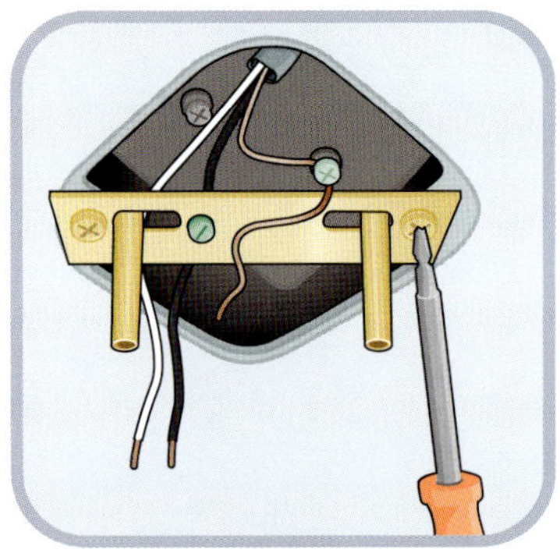
Prenda a fixação nova.

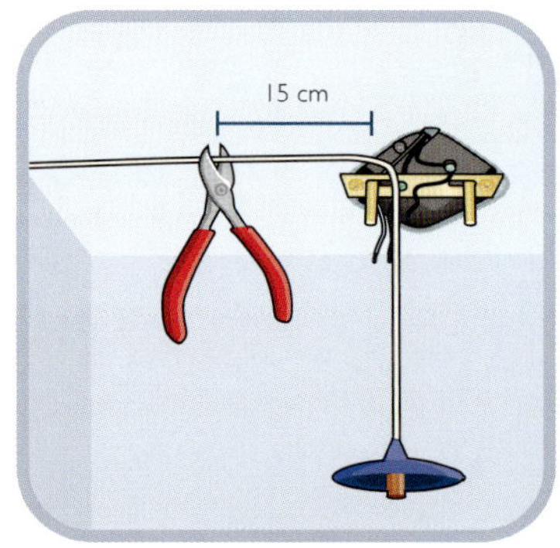

Meça o fio; deixe uma sobra; corte.

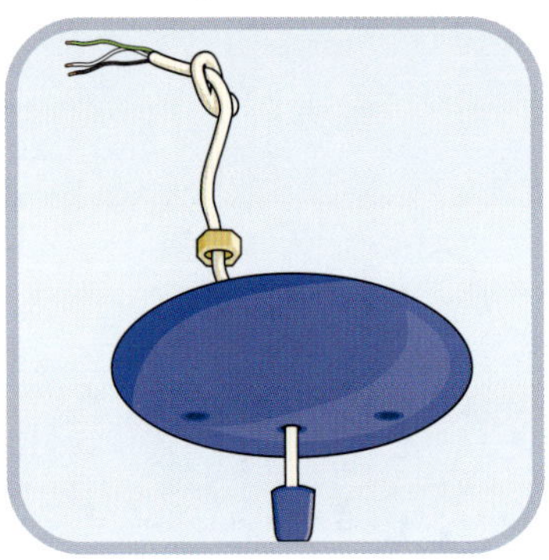
Passe o fio pela base; dê um nó.

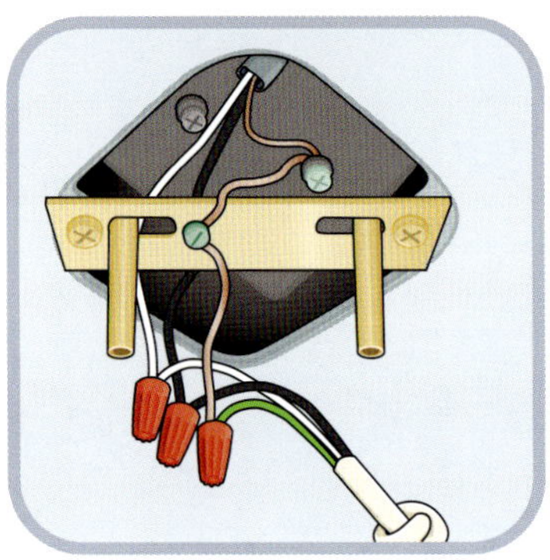
Desencape e una os fios.

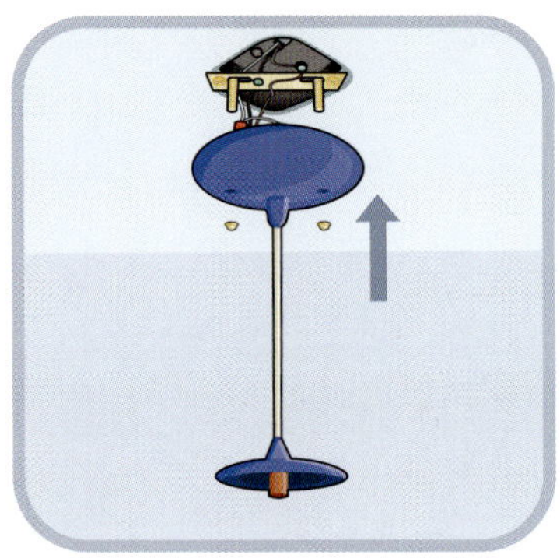
Prenda a base do lustre à fixação.

Coloque lâmpada e cúpula.

180 economizar energia elétrica na sala

Bloqueie correntes de ar nas portas.

Sele as janelas com fita adesiva.

Circule o ar quente com o ventilador.

Instale um termostato programável.

Use filtros de linha onde possível.

181 economizar luz na cozinha

Limpe o radiador da geladeira.

Deixe esfriar antes de colocar na geladeira.

Use menos calor com frigideiras.

Cozinhe mais de um prato.

Só lave com a máquina cheia.

182 poupar eletricidade na lavanderia

Seque roupas no varal.

Lave as roupas com água fria.

Limpe o filtro da secadora regularmente.

Limpe o filtro da fornalha.

Isole o boiler.

183 fazer um tapete jeans

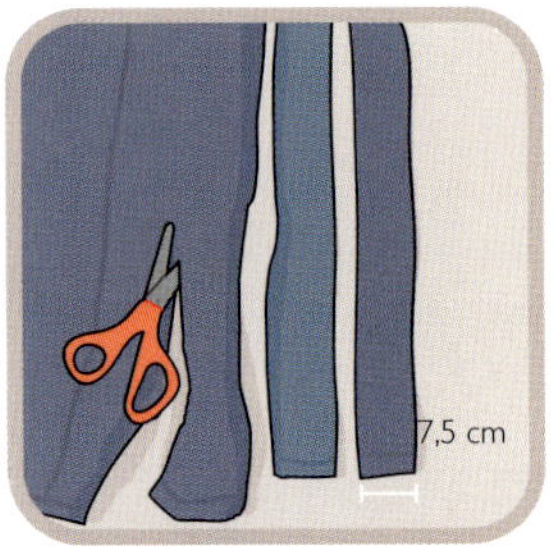

Corte jeans velhos em tiras.

Dobre cada uma duas vezes.

Passe as dobras.

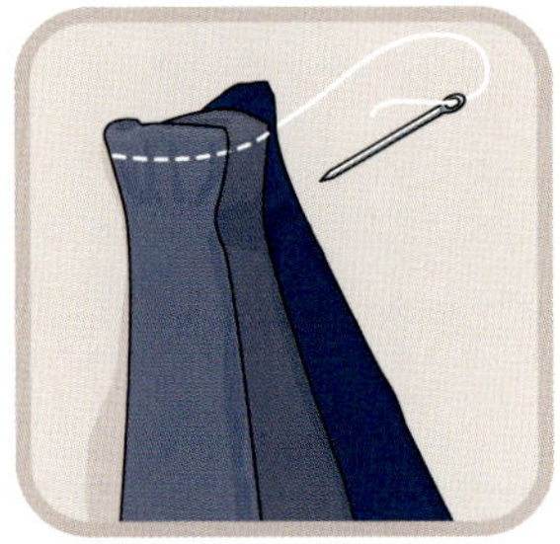

Costure três tiras juntas.

336 dançar na festa do mastro

Faça uma trança.

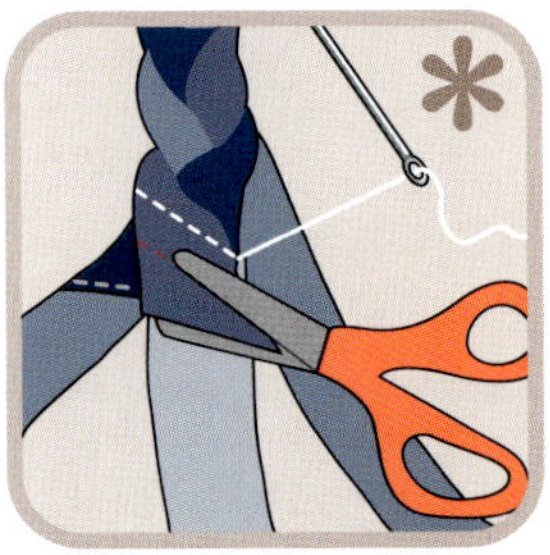

Adicione mais tiras.

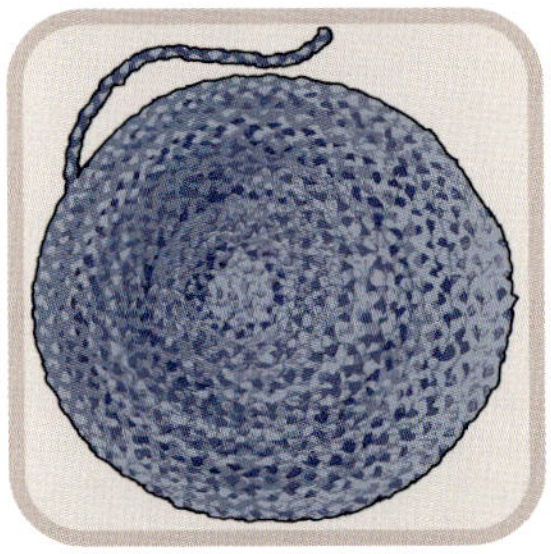

Enrole do tamanho que quiser.

Costure unindo as voltas.

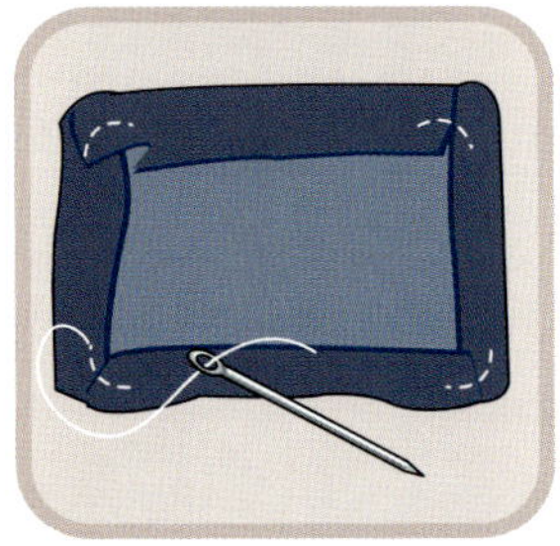

Faça um pequeno remendo.

Cubra o final com o remendo.

* Una as tiras com uma costura em diagonal, que não ficará alta quando dobrada em três. Não tem jeans velhos? Tente usar cobertores de lã velhos – é uma alternativa muito macia.

184 pendurar um painel brilhante

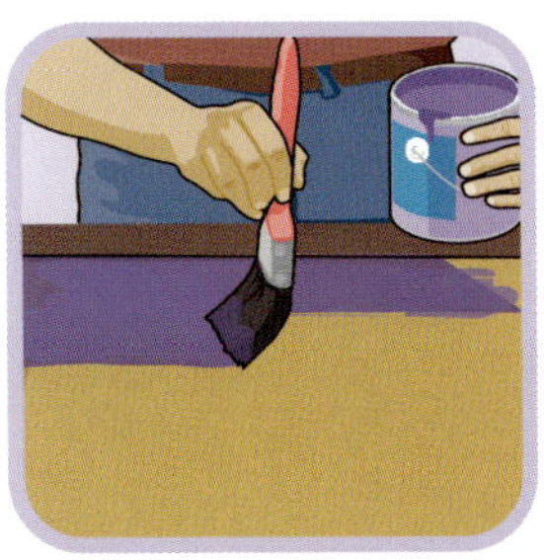

Pinte a cortiça na cor da parede.

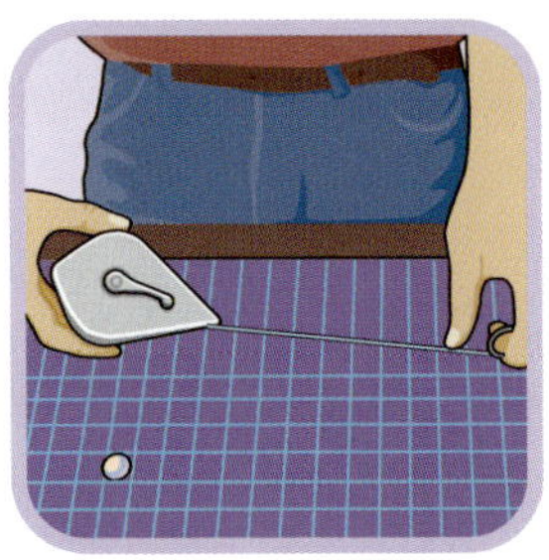

Deixe secar; faça uma grade com giz.

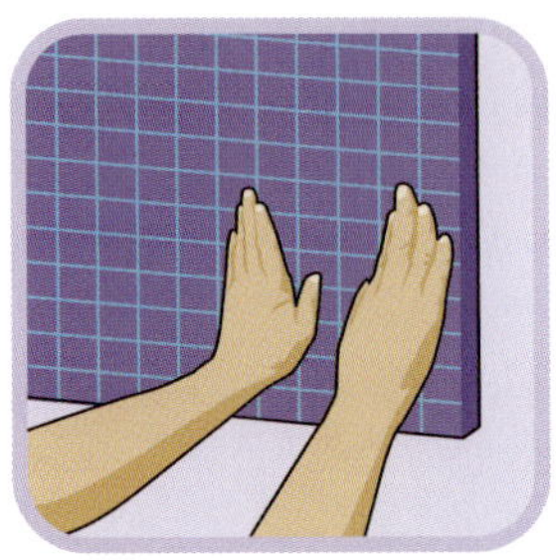

Pendure na parede.

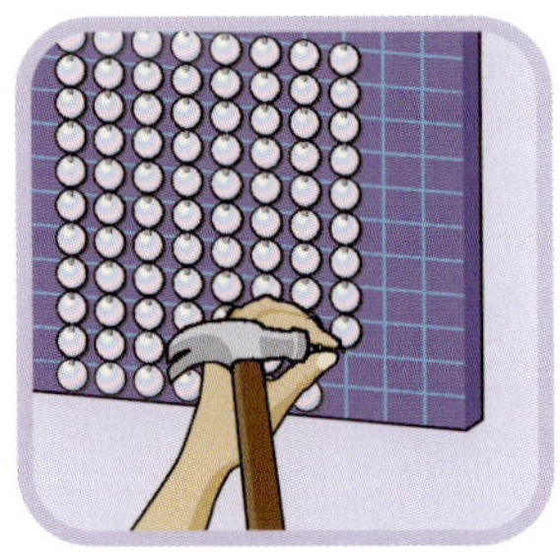

Pregue as lantejoulas na rede.

Curta o brilho!

fazer uma *chaise* de papelão 185

1 Corte o papelão no molde.

2 Cole em três grupos de quatro.

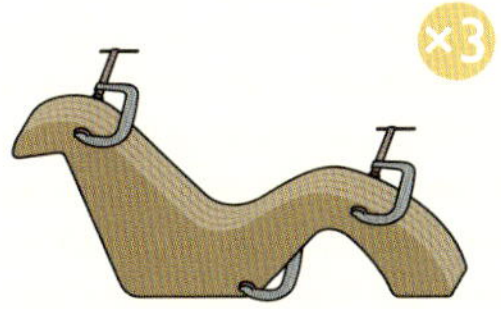

3 Fixe cada grupo; deixe secar.

4 Marque furos e reentrâncias.

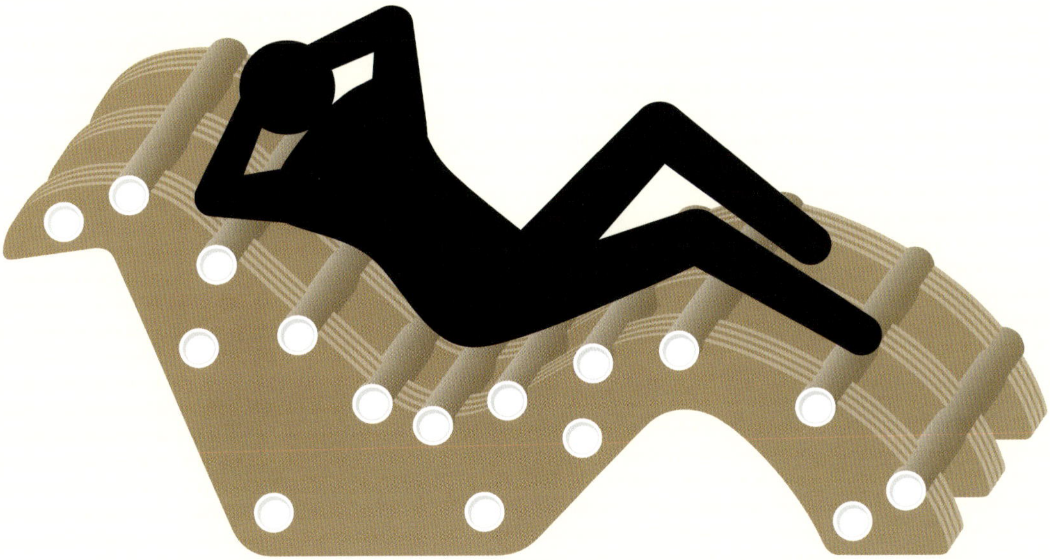

5 Faça os cortes.

6 Alinhe os grupos; cole tubos de papelão.

7 Deixe secar.

trocar o forro de uma cadeira 186

Retire o assento.

Remova o tecido velho.

Use-o como molde; corte.

Grampeie bem o novo tecido.

Recoloque o assento.

187 pintar mural com quadrícula

Desenhe a imagem; faça a quadrícula por cima.

Faça a quadrícula na parede.

Copie cada quadrado na parede.

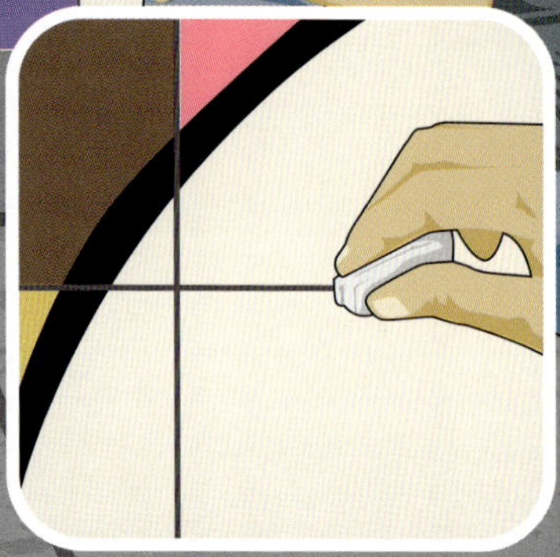
Apague a quadrícula.

198 organizar seu cantinho

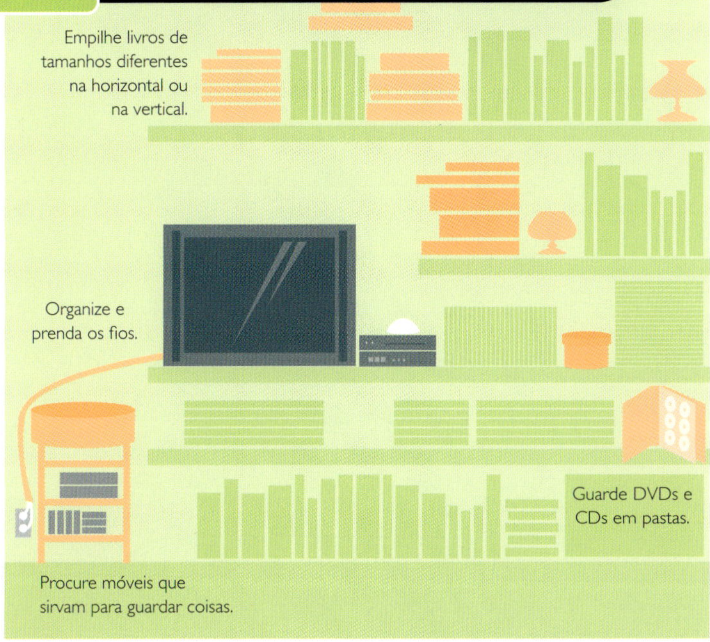

199 arrumar uma despensa

200 ajeitar uma cozinha

201 guardar roupas com eficiência

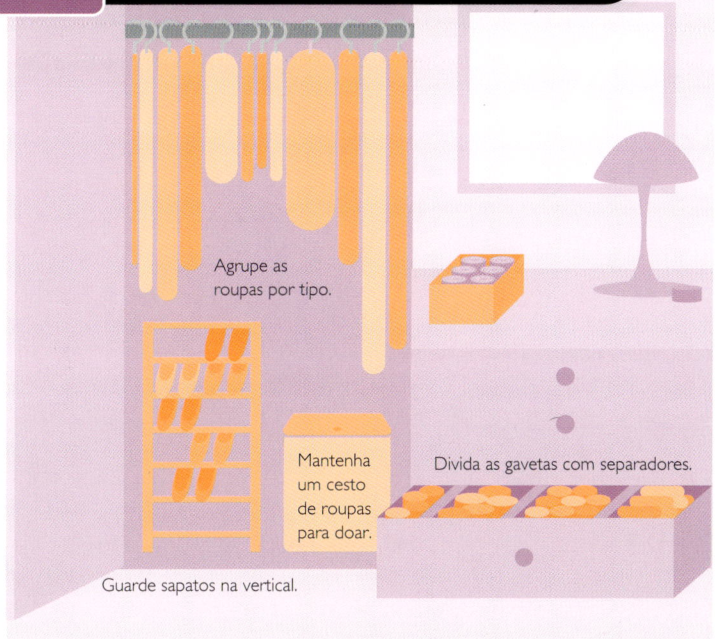

196 escolher almofadas

197 forrar almofadas

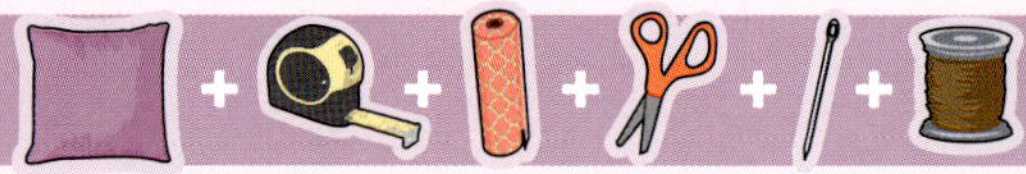

Meça a almofada e inclua a margem. | Dobre o comprimento; corte. | Faça bainha nas pontas. | Sobreponha; costure aberturas. | Vire do avesso; ponha a almofada.

194 fazer papel de parede com tecido

Lave a parede.

Meça.

Meça o tecido deixando sobras.

Ponha amido líquido numa bandeja.

Passe na parede com um rolo.

Alise deixando sobra nas extremidades.

Cubra a parede; deixe secar.

Corte os excessos.

* Quando você quiser redecorar, basta arrancar o tecido – ele não deixará resíduo nem danificará a pintura.

195 fazer vasilha de pano bordado

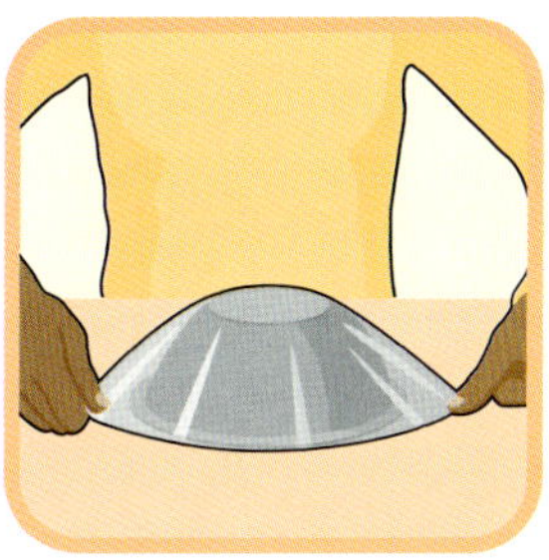

Cubra a vasilha com filme de PVC.

Centralize o pano na vasilha.

Passe amido líquido; deixe secar.

Passe amido por dentro.

Deixe secar. Exiba.

gravar um prato de vidro

Cubra o vidro com papel contact.

Coloque papel carbono por cima.

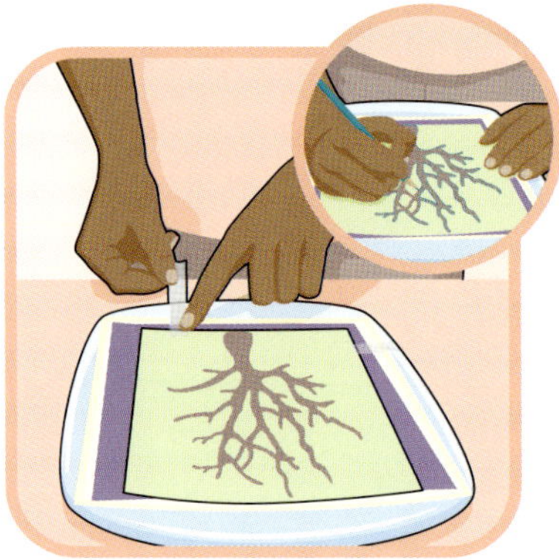

Cole e desenhe a imagem.

Retire o papel carbono.

Recorte a imagem no contact.

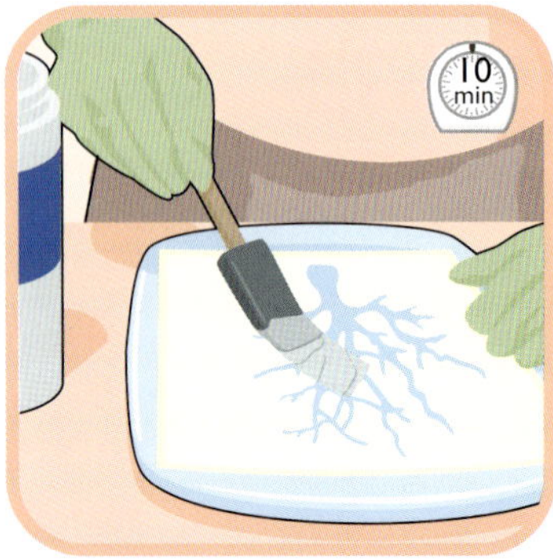

Espalhe água-forte na imagem; espere.

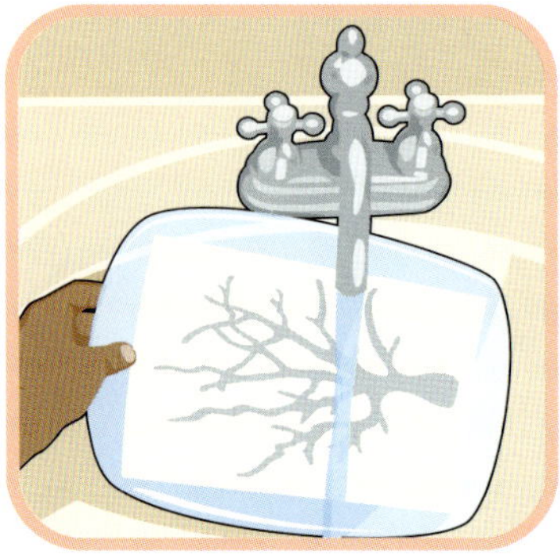

Enxágue.

Remova o contact; enxágue de novo.

dourar uma moldura antiga

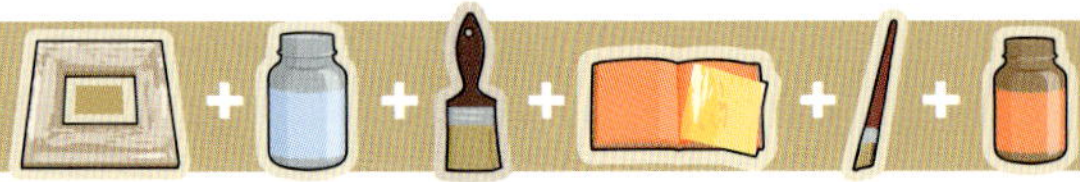

Passe cola; deixe secar.

Distribua as folhas de ouro.

Alise com escova macia.

Sopre o excesso; espere.

Aplique poliuretano.

190 decorar uma mesa com *decoupage*

Limpe a superfície.

Recorte imagens.

Arrume as imagens.

Cole-as na superfície.

Alise; deixe secar.

Envernize; deixe secar.

Lixe o verniz.

Envernize. Quando secar, lixe.

* Continue envernizando e lixando até a superfície ficar totalmente lisa.

191 dar aparência de madeira

Pinte a cor de base.

Adicione água à cor dos detalhes.

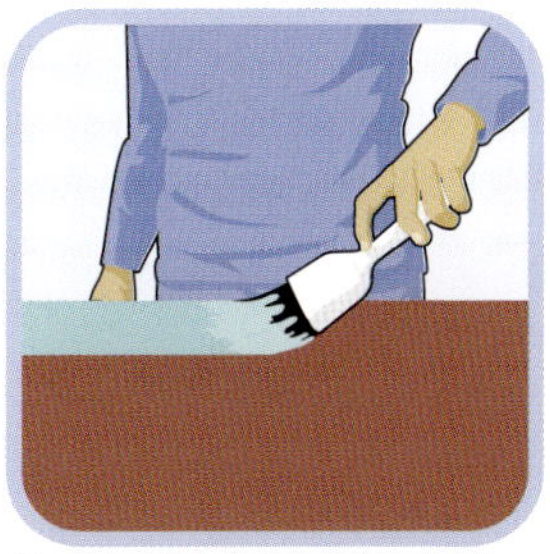

Pinte uma faixa da cor dos detalhes.

Arraste e balance a ferramenta.

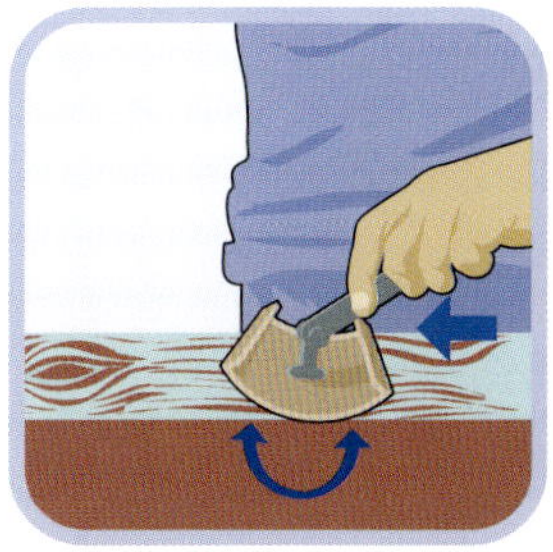

Repita para variar o padrão.

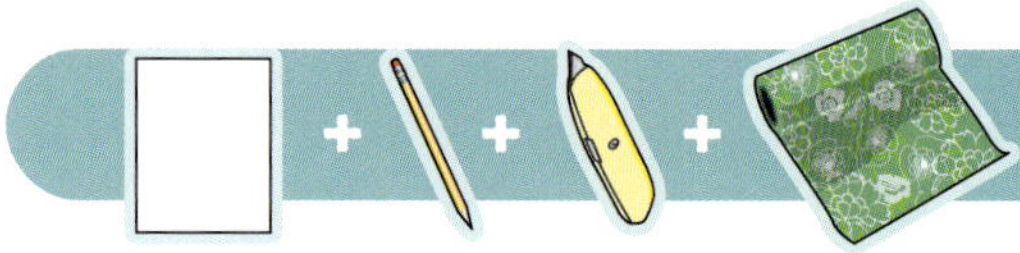

fazer cabeceira de papel de parede

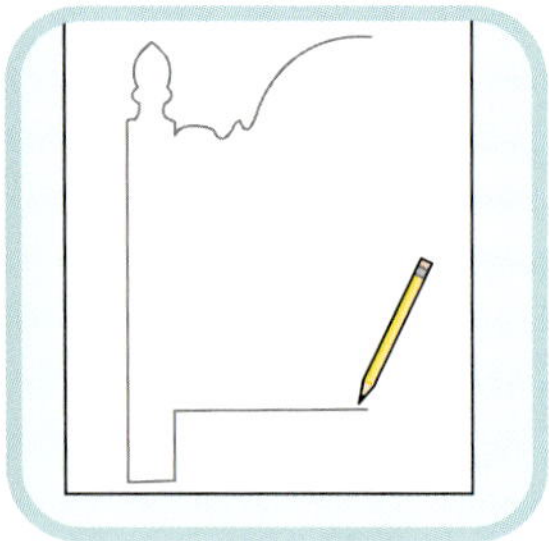

Faça metade do desenho.

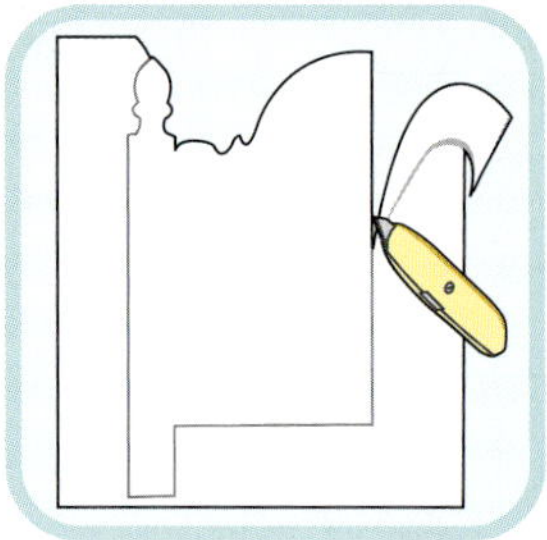

Corte para usar como molde.

Trace as duas metades no papel.

Recorte.

Cole o papel como indicado.

Quer ousar no design da cama?
Eis um pouco de inspiração.

recortar formas em papel de parede

Para fazer arte com papel de parede, desenhe uma quadrícula sobre uma imagem qualquer (pode ser uma dessas aqui). Faça uma quadrícula maior no verso do papel de parede e copie o original quadro a quadro, como em um mural. Depois recorte e aplique como indicado.

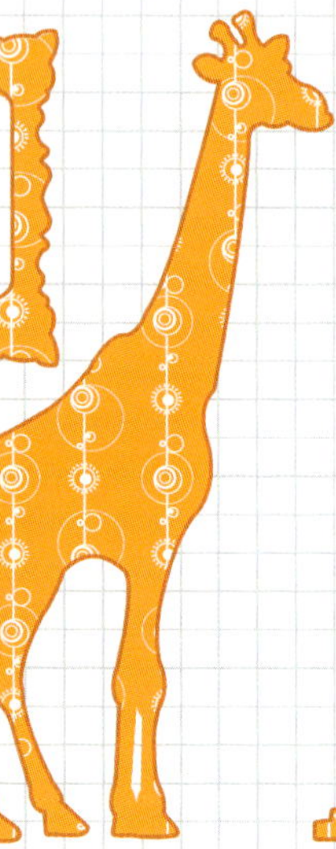

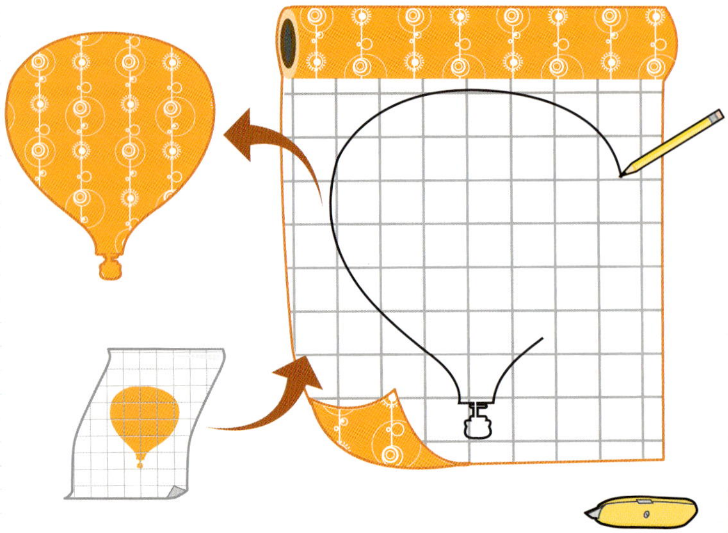

202 caprichar na penteadeira

Prenda a grade de arame a uma moldura; pendure brincos.

Guarde lenços numa corrente de plástico.

Ache uma antiga bandeja de doces para guardar e exibir joias.

Guarde pincéis para cima num copo reto.

102 saber a validade dos cosméticos

203 organizar uma oficina

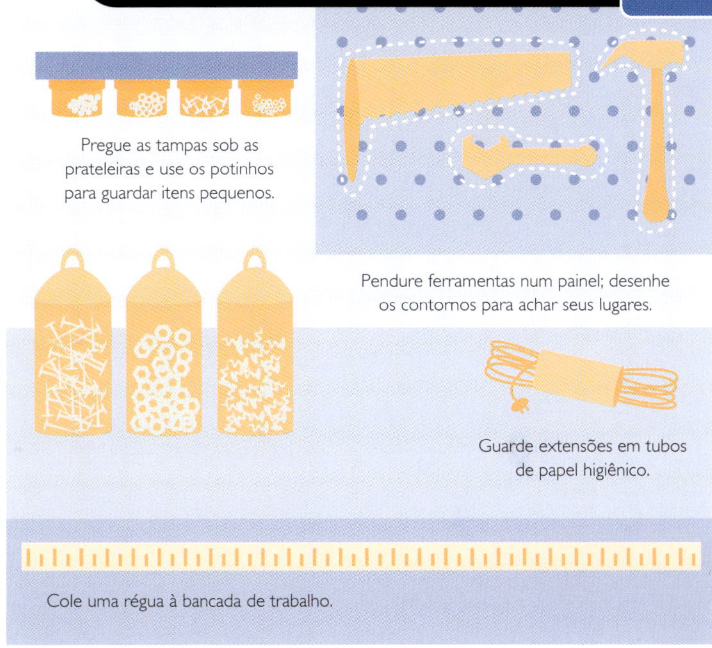

Pregue as tampas sob as prateleiras e use os potinhos para guardar itens pequenos.

Pendure ferramentas num painel; desenhe os contornos para achar seus lugares.

Guarde extensões em tubos de papel higiênico.

Cole uma régua à bancada de trabalho.

204 incrementar o banheiro

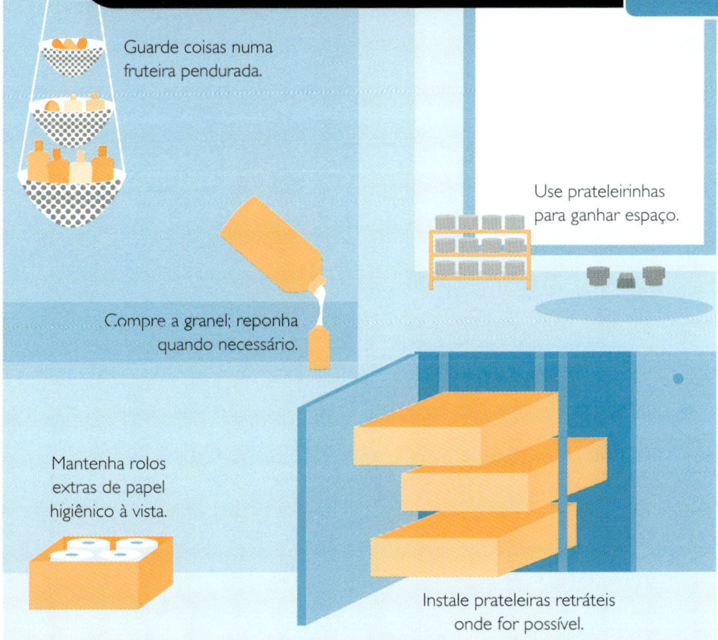

Guarde coisas numa fruteira pendurada.

Use prateleirinhas para ganhar espaço.

Compre a granel; reponha quando necessário.

Mantenha rolos extras de papel higiênico à vista.

Instale prateleiras retráteis onde for possível.

205 melhorar um *home office*

Guarde os equipamentos pouco utilizados.

Armários de cozinha permitem ganhar espaço.

Concentre todos os carregadores.

Combine a luz do teto com uma luminária.

Use uma mesa dobrável para quando precisar de mais espaço.

Use um organizador de fios.

206 dar brilho na madeira

Misture o azeite e o suco.

Molhe um pano macio.

Esfregue na madeira.

Dê brilho com um pano limpo.

207 tirar manchas de copo da mesa

Passe maionese nas manchas.

Deixe secar por uma noite.

Limpe o excesso.

208 remover riscos do chão

Corte um "X" numa bola de tênis.

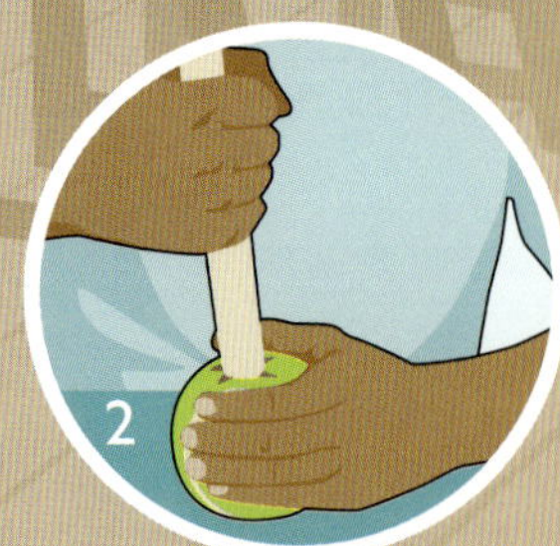

Insira um cabo de vassoura; esfregue.

tirar arranhões do couro 209

Ponha pouco azeite num pano.

Esfregue em círculos.

tirar cera do tapete 210

Ligue o ferro no mínimo.

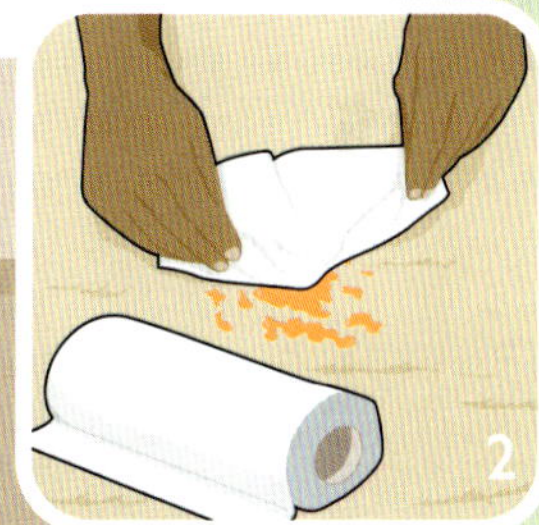

Cubra com papel toalha.

Passe delicadamente.

Repita até tirar toda a cera.

desamassar o tapete 211

Coloque gelo na marca.

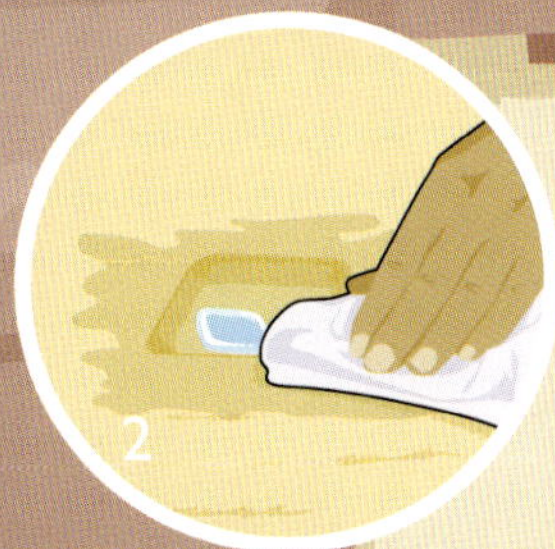

Deixe derreter; absorva a água.

Afofe com um garfo.

212 economizar água em casa

1,5 litro por mês
Ponha corante de comida no tanque. Se aparecer na privada, há um vazamento.

375 litros por mês
Descongele a comida de um dia para o outro – não use água quente.

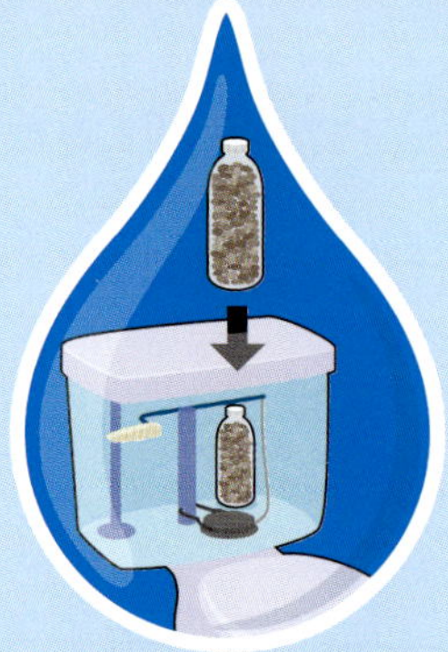

850 litros por mês
Ponha uma garrafa cheia de pedras no reservatório.

222 fazer compostagem caseira

4.000 litros por mês
Cerque plantas e árvores com lascas de madeira ou cascalho.

1.250 litros por mês
Encha uma pia com água e sabão e outra com água limpa, para enxaguar. Não deixe a torneira aberta.

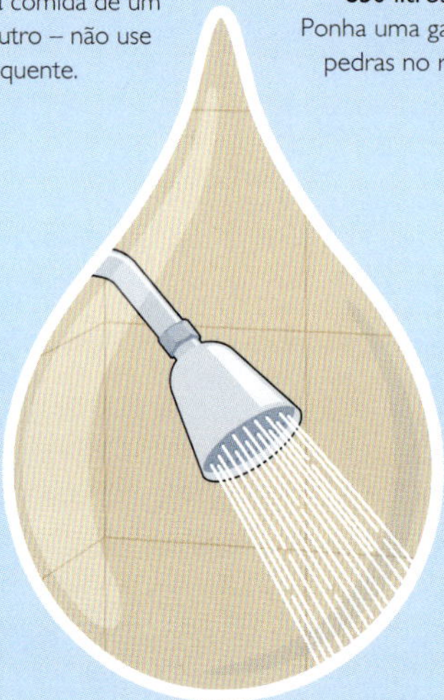

2.500 litros por mês
Instale um chuveiro de pouco fluxo.

500 litros por mês
Feche a água enquanto escova os dentes ou se barbeia.

4.500 litros por mês
Use um balde com água e sabão para ensaboar o carro e a mangueira apenas para um enxágue rápido. Não deixe a mangueira aberta.

750 litros por mês
Lave legumes e verduras numa vasilha com água, não debaixo d'água.

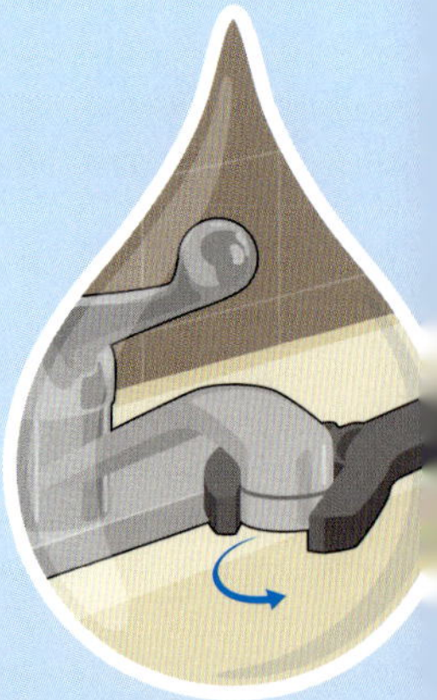

1.750 litros por mês
Conserte qualquer vazamento

2.250 litros por mês
Varra calçadas e pavimentos; não use a mangueira.

3.750 litros por mês
Cubra a piscina para a água não evaporar.

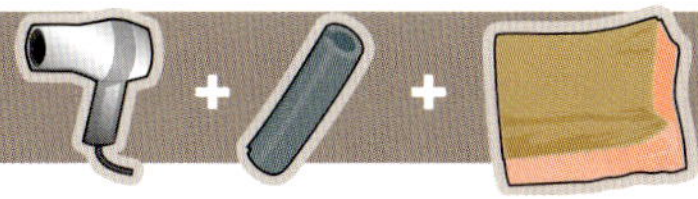

213 descongelar um cano

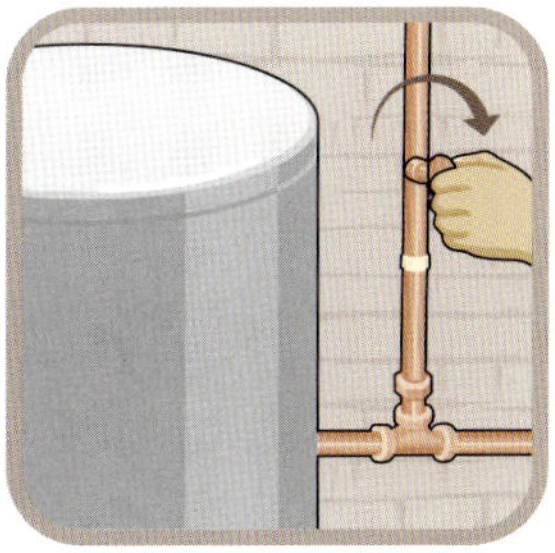

Desligue a água.

Verifique se o cano está intacto.

Descongele com o secador.

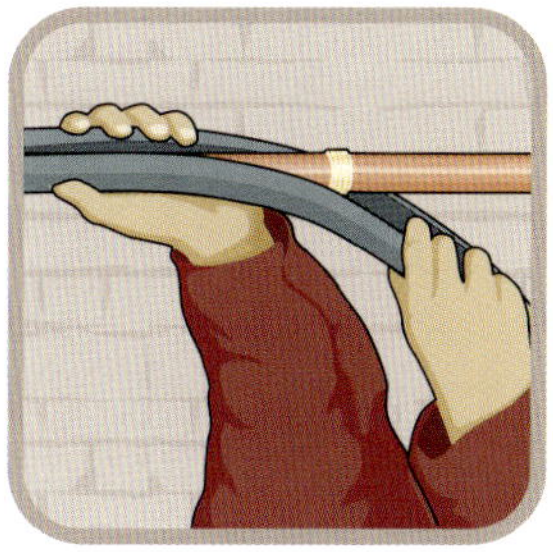

Isole o cano.

Isole as paredes em volta.

* Se o cano estourou, chame um bombeiro imediatamente. Se você o descongelar, seu porão virará uma piscina gelada!

214 trocar uma torneira

Feche o registro.

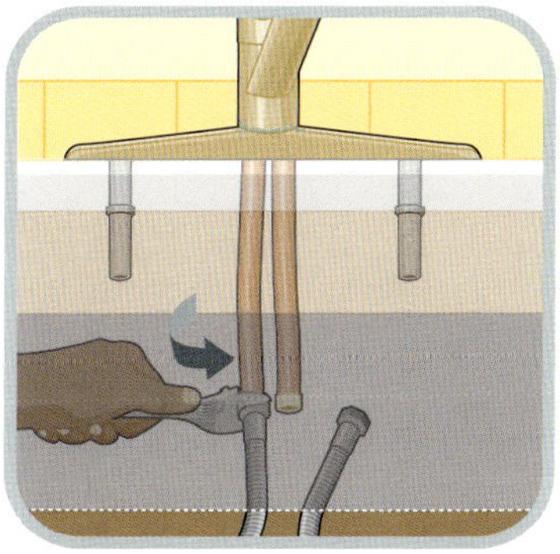

Desconecte a torneira dos canos.

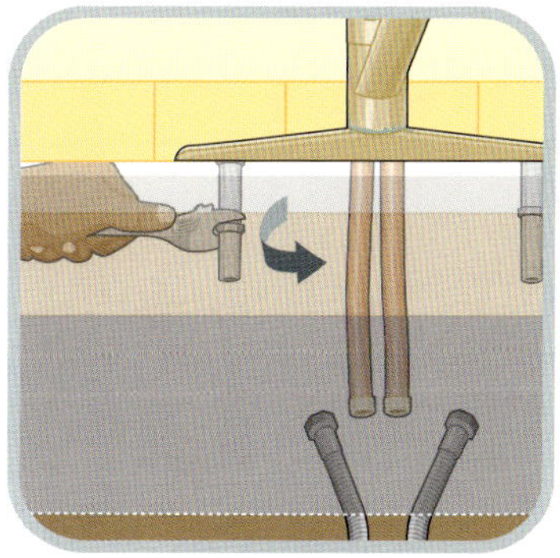

Retire as porcas.

Remova a torneira.

Ponha a torneira nova.

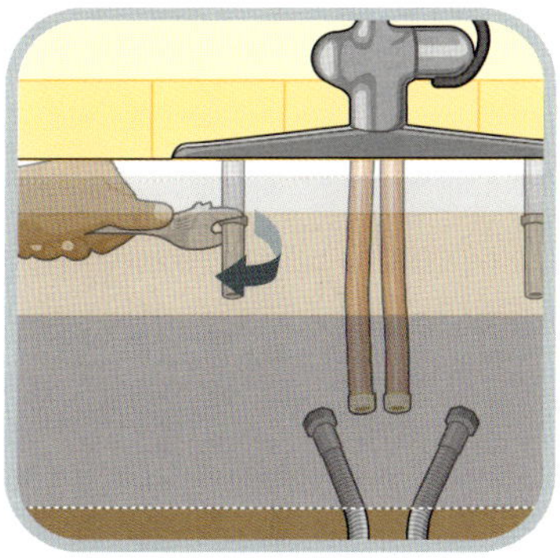

Coloque as porcas novas.

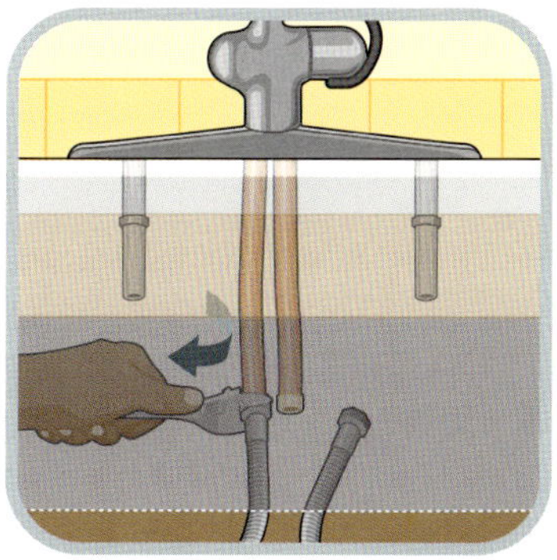

Reconecte os canos.

Vede a base da torneira.

cuidar

215 construir uma jardineira de janela

Meça a janela.

Corte na medida.

Cole o lado 1 à frente.

Fixe com pregos.

Repita nas outras juntas.

Cole e pregue o fundo.

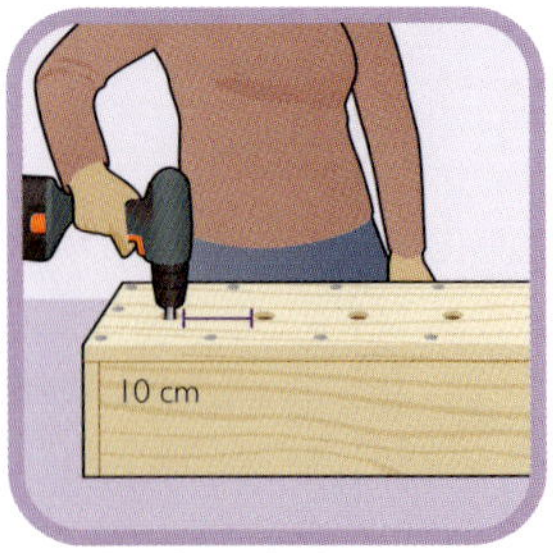

Faça furos de drenagem.

Passe primer; deixe secar.

Pinte; deixe secar.

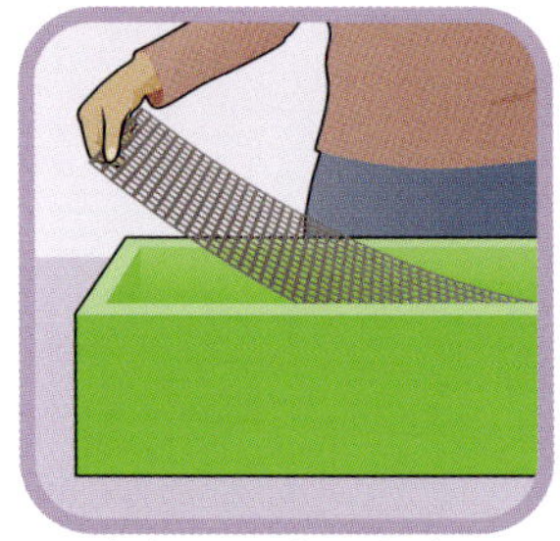

Insira uma tela no fundo.

* Para acertar o comprimento das tábuas da frente e das costas, meça a sua espessura, multiplique por dois e subtraia o resultado do comprimento da tábua do fundo. O comprimento dos lados 1 e 2 deve ser igual à largura da tábua do fundo.

216 fixar a jardineira

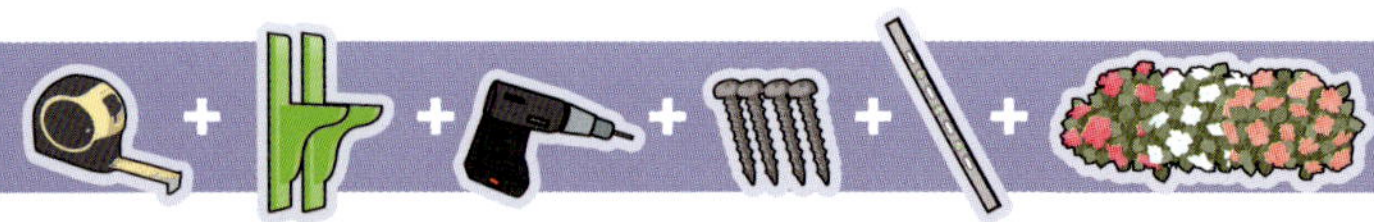

Marque a altura da jardineira.

Fure; aparafuse o suporte.

Nivele o segundo suporte; fixe.

Prenda a jardineira aos suportes.

Plante.

Tomates que crescem no chão ficam sujeitos a bichos e apodrecem. Ajude-os a escapar dessas ameaças colocando-os numa treliça.

cultivar tomates 217

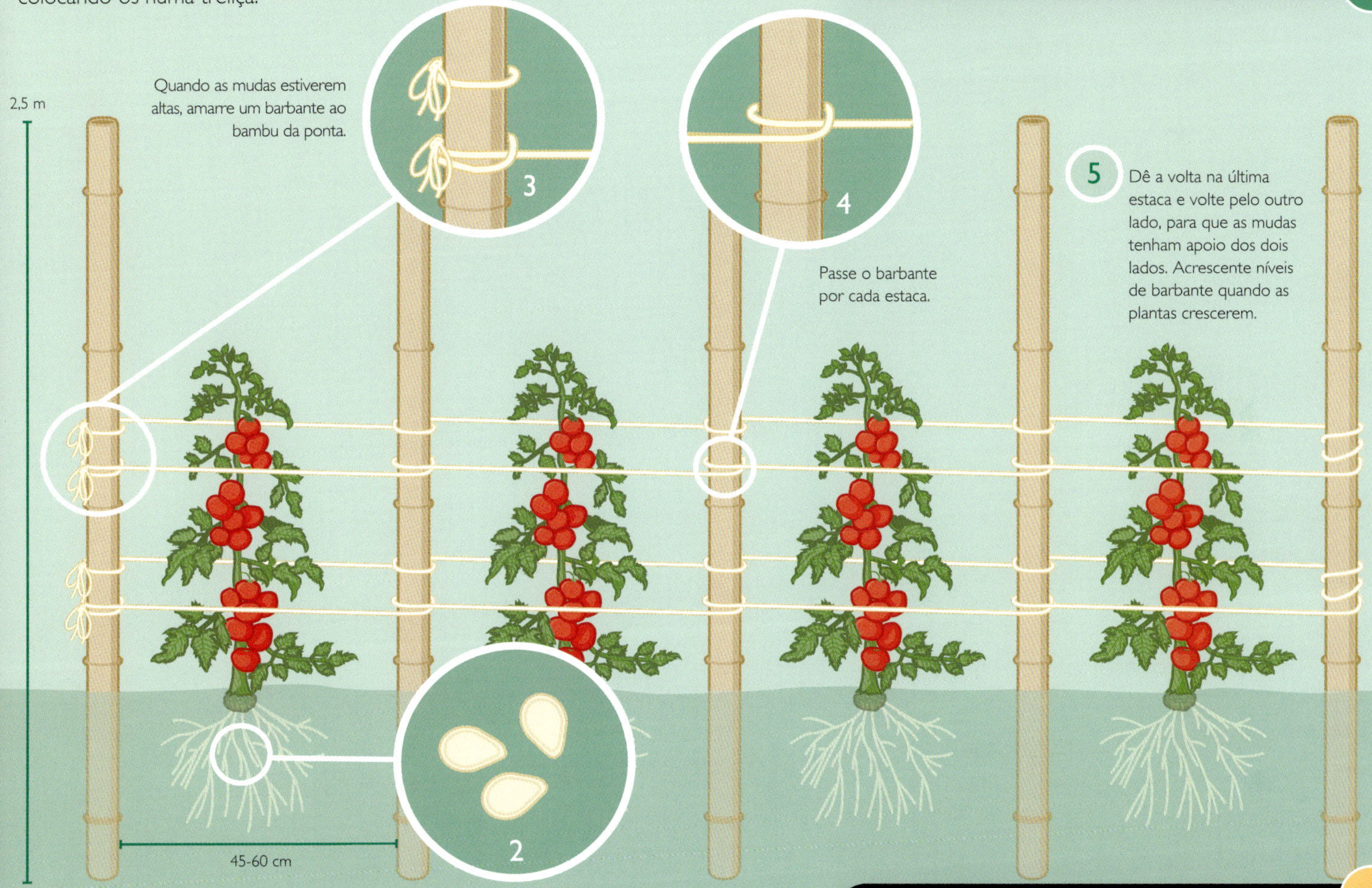

1 Finque estacas de bambu no chão.

2 Plante duas ou três sementes entre cada par de estacas.

3 Quando as mudas estiverem altas, amarre um barbante ao bambu da ponta.

4 Passe o barbante por cada estaca.

5 Dê a volta na última estaca e volte pelo outro lado, para que as mudas tenham apoio dos dois lados. Acrescente níveis de barbante quando as plantas crescerem.

desinsetizar o jardim 218

cortar ervas 343

Espirre água com sabão neutro bem diluído para matar pulgões.

Plante flores amarelas nas redondezas. Elas atrairão os percevejos.

Um pé de endro por perto atrai as lagartas e as torna fáceis de catar.

Papel laminado afasta lagartas cortadeiras.

219 plantar bombas de sementes

Junte as sementes e o composto orgânico.

Misture com argila.

Acrescente água.

Misture.

Enrole as "bombas".

Deixe secar ao sol.

Jogue antes de uma chuva.

Admire seu trabalho.

220 criar papel semente

Pique o papel.

Junte partes iguais de água e papel.

Bata em velocidade baixa até obter polpa.

58 dobrar um cravo de papel

Junte as sementes e mexa.

221 grafitar com limo

Despedace o limo; ponha água.

Adicione gel para plantio.

Junte leite desnatado.

Bata até virar um gel.

Coloque em um balde.

Pinte em madeira ou concreto áspero.

Umedeça semanalmente.

Veja sua arte brotar.

* O gel para plantio, encontrado em lojas de jardinagem, ajuda plantas a crescer em ambientes difíceis – como uma parede.

Espalhe a polpa sobre uma tela.

Use um ventilador para secar.

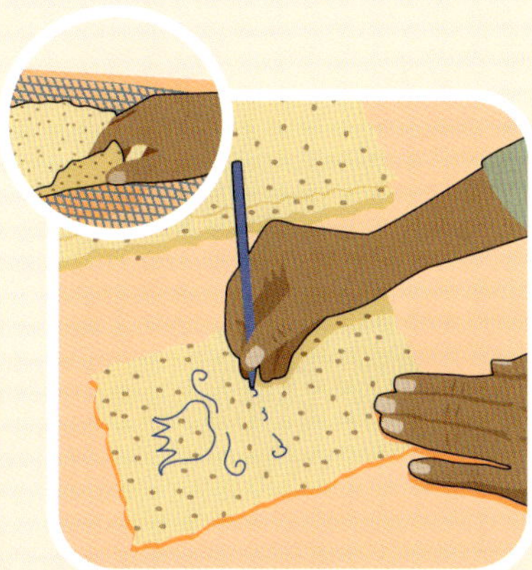

Separe o papel seco; decore.

Veja seu cartão brotar.

222 fazer compostagem caseira

Use a compostagem para manter o seu lixo orgânico fora dos aterros sanitários e oferecer um superalimento às suas plantas. Coloque o lixo em camadas como indicado, molhe e aere. Você saberá que ele virou um alimento delicioso e nutritivo para suas plantas quando não houver mais pedaços visíveis – apenas uma terra rica e preta.

Esses itens atraem bichos; utilize por sua conta e risco!

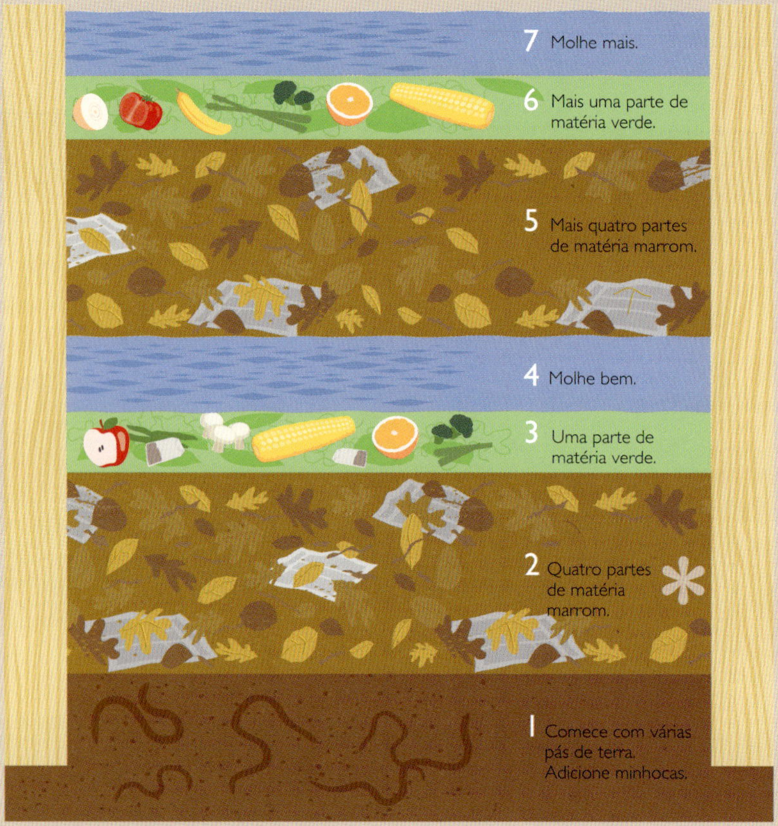

Molhe semanalmente.

Aere quando preciso, virando.

* A matéria marrom ideal é rica em carbono: muitas folhas secas com um pouco de jornal, madeira e serragem. A matéria verde é rica em nitrogênio, como, por exemplo, legumes, ovos, folhas verdes e chá. Delícia!

223 preparar chá de composto

Ponha composto num saco de juta.

Amarre a uma vara.

367 fazer um chá revitalizante

Mergulhe em água.

Encha o regador com o "chá".

Alimente as plantas.

treinar bougainvíllea 224

Finque a estaca junto à treliça.

Plante três mudas.

Trance os caules em torno da estaca.

Apare as ramificações.

Continue trançando e podando.

Una as pontas, deixando três folhas.

Prenda à treliça com barbante.

Apare como quiser quando florir.

Aparar e podar as bougainvílleas estimula o crescimento de um só ramo, fácil de treinar a subir na treliça, em vez de várias ramificações desordenadas.

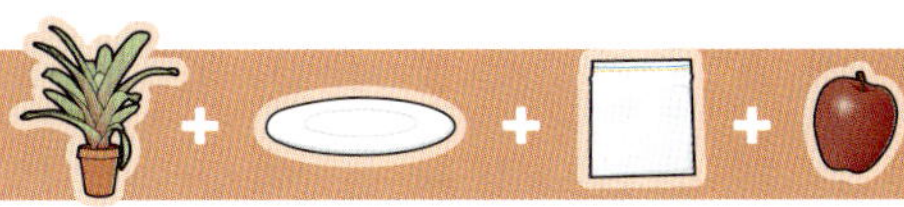

fazer uma bromélia florir 225

Drene a água da planta.

Feche com uma maçã; espere.

Dê calor de dia.

Resfrie à noite.

Espere florir.

226 abrigar morcegos

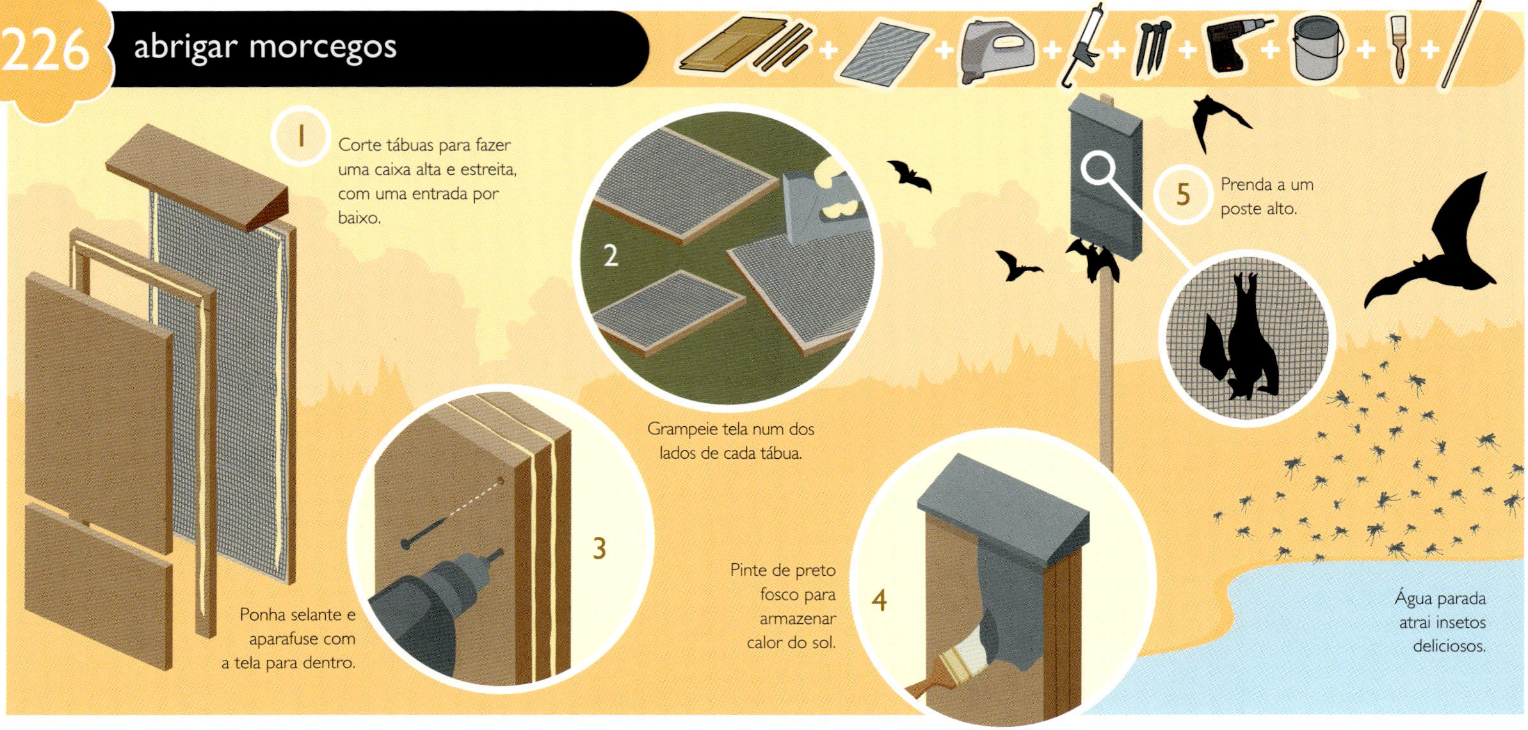

227 receber borboletas

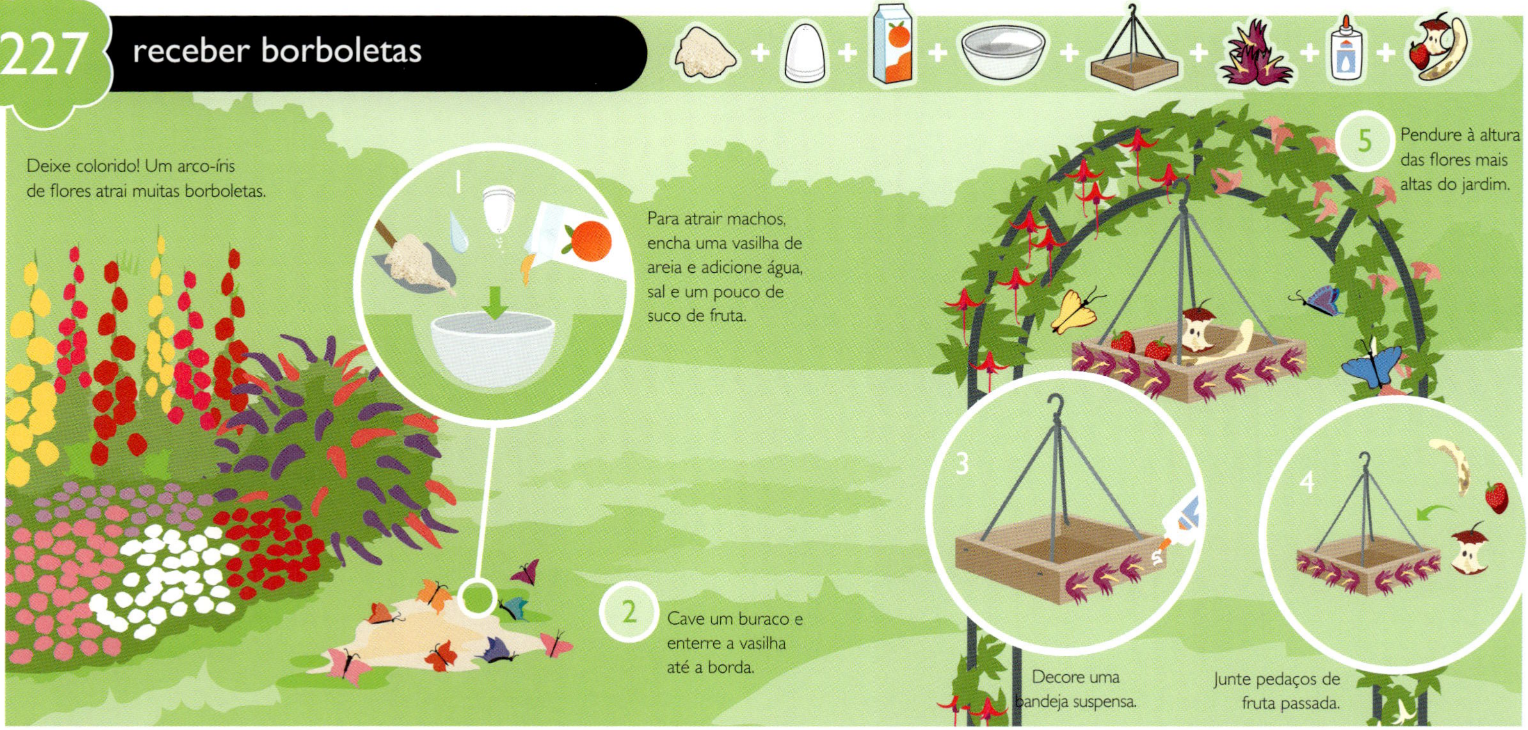

228 fazer uma colmeia

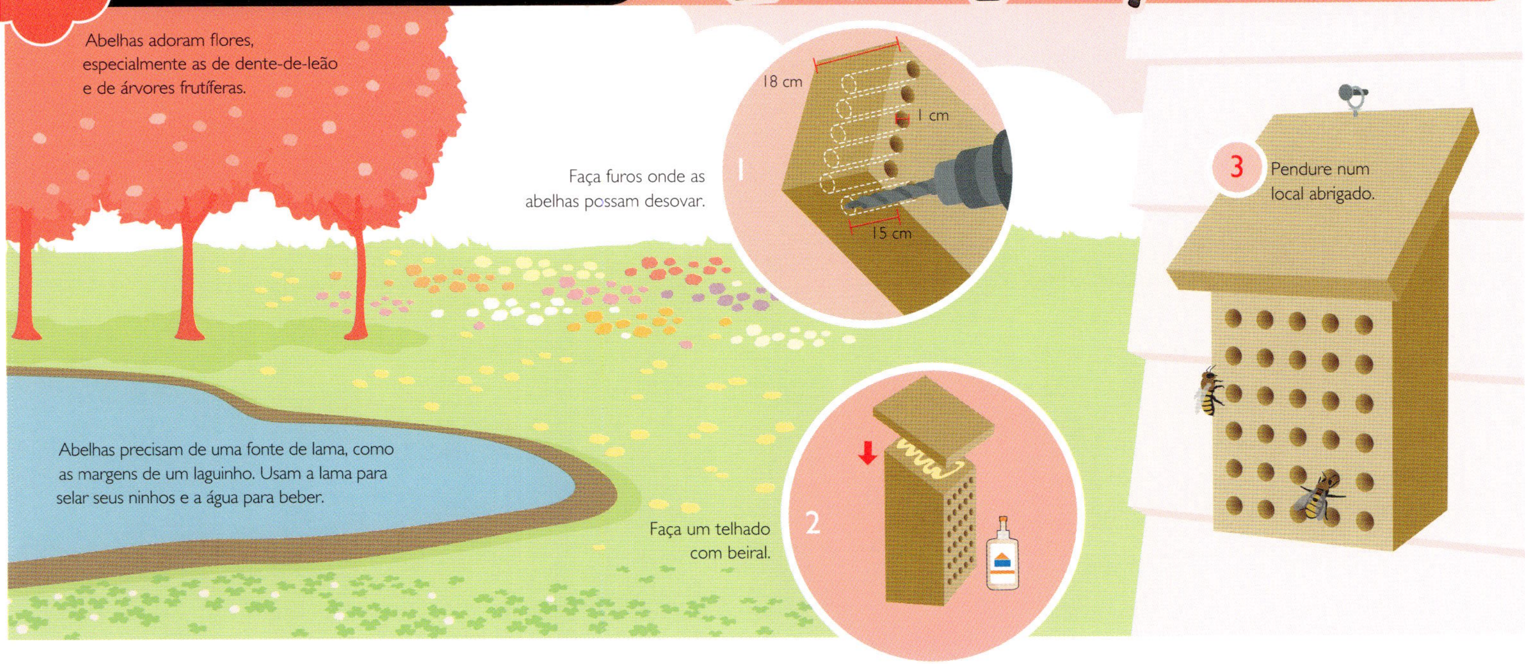

229 atrair lagartos

230 prever a cusparada de uma lhama

Orelhas para trás.

Orelhas abaixam; nariz levanta.

Pescoço estica.

Caroço corre pela garganta.

Abaixe-se!

231 congelar o lanche do polvo

Congele metade do camarão.

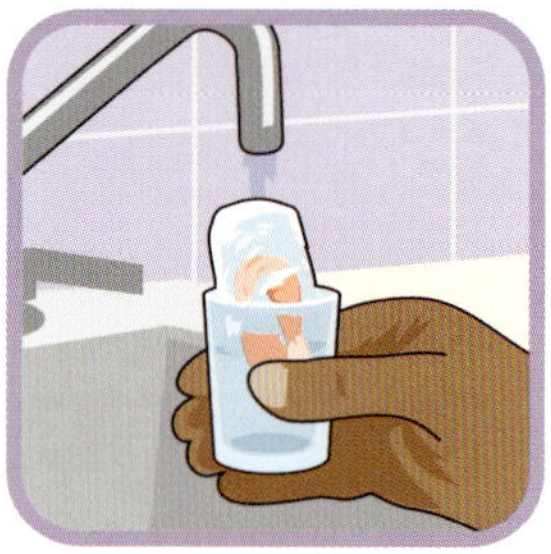
Vire; adicione água.

Congele de novo.

Jogue no aquário.

Horas de diversão!

232 ajudar uma cobra a trocar a pele

* A má escamação indica que a temperatura ou a umidade no tanque está errada. Consulte um especialista antes de ajustar.

Identifique o problema.

Ponha a cobra em água morna.

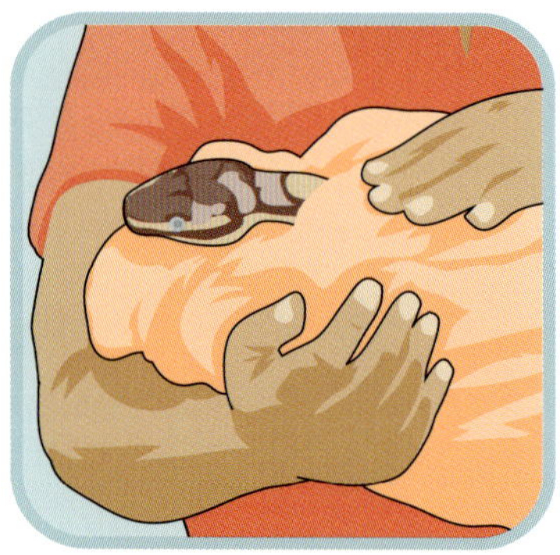
Envolva-a numa toalha úmida.

Deixe a cobra sair.

prever a relação entre coelhos 233

O que é melhor do que um coelhinho? Dois! Mas saiba que nem toda relação entre esses animais é amigável – às vezes eles brigam por território ou ficam indiferentes um ao outro. Eis aqui um guia de compatibilidade entre coelhos.

Para introduzir um novo coelho, melhor escolher um lugar neutro e pouco familiar. Tente a banheira!

apresentar dois coelhos 234

Escolha um lugar neutro.

Deixe-os conviver um pouco.

se banhar para o amor 140

Reprima agressões com água.

Torça pelo melhor.

235 fazer óleo com erva-gato

Misture num vidro limpo; tampe.

Deixe num parapeito ensolarado.

Coe; ponha o óleo num vidro limpo.

Jogue a erva fora.

Pingue um pouco no poste de afiar unhas...

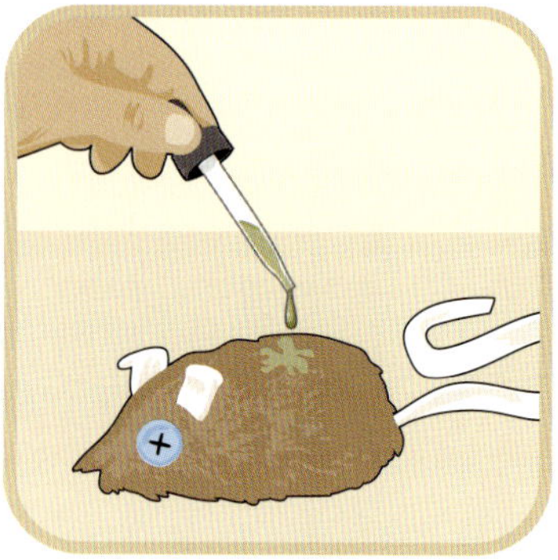
nos brinquedos…

62 soprar imagens de bolhas

… ou em bolhas não tóxicas.

Guarde em local seco e fresco.

236 esconder a caixa de areia

Procurando um lugar discreto e ao mesmo tempo acessível para pôr a caixa de areia do seu gato sem arruinar a decoração? Tente uma destas sugestões nada convencionais.

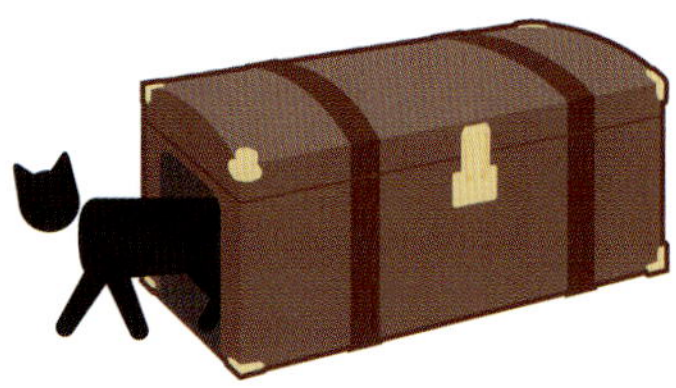
Para um ar vintage, faça um buraco num baú antigo.

Abra uma entrada num vaso grande e coloque plantas artificiais em cima para um visual verde.

Una as obras de arte do seu gato às suas, usando a base de um pedestal como abrigo.

Um armário com portas é bem prático para criar uma caixa de areia com espaço extra.

Para limpar, abra o velcro, retire a espuma e jogue a capa na máquina de lavar roupa.

237 fazer uma cama de cachorro

Tire as medidas do seu cão.

Corte a espuma na medida.

costurar uma colcha "rock" 65

Ponha sobre uma colcha velha.

Dobre por cima; corte na altura.

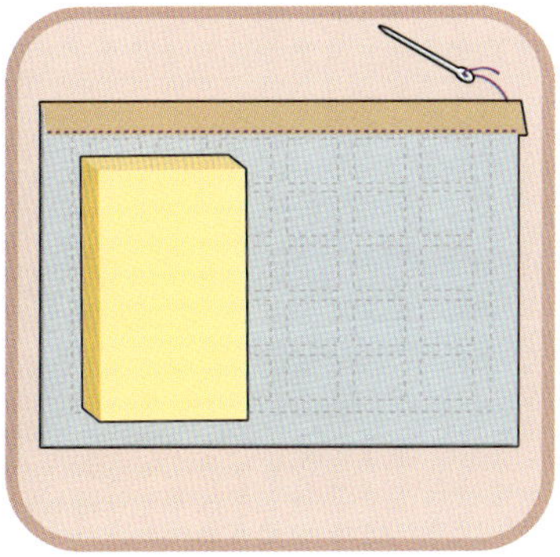

Faça bainha na face cortada.

Prenda pontos de velcro.

Feche os pontos; costure os lados abertos.

Bons sonhos, amigão!

238 dar comida caseira ao totó

Para fazer um banquete nutritivo e balanceado para o seu cão favorito, prepare os itens das colunas abaixo. Adicione ½ colher (chá) de sal iodado e 2 colheres (sopa) de óleo. Bom apetite!

quatro partes de proteína
Cozinhe a carne em água; desosse e corte em pedaços pequenos.

três partes de frutas e legumes
Ferva até amaciar; bata.

três partes de carboidrato
Cozinhe até ficar macio.

239 arrumar o quarto do bebê

pegar um recém-nascido 240

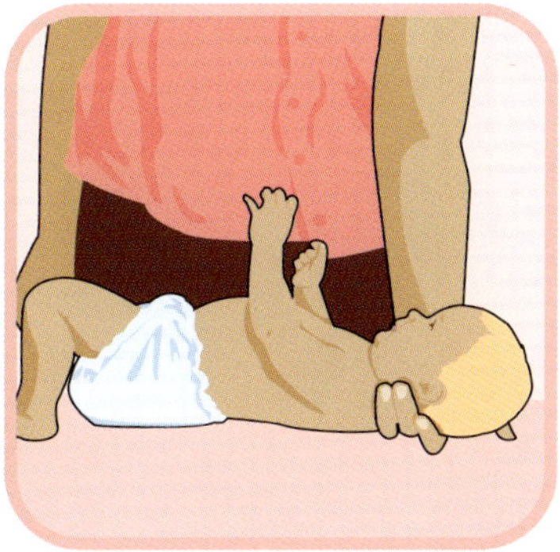
Apoie o pescoço do bebê.

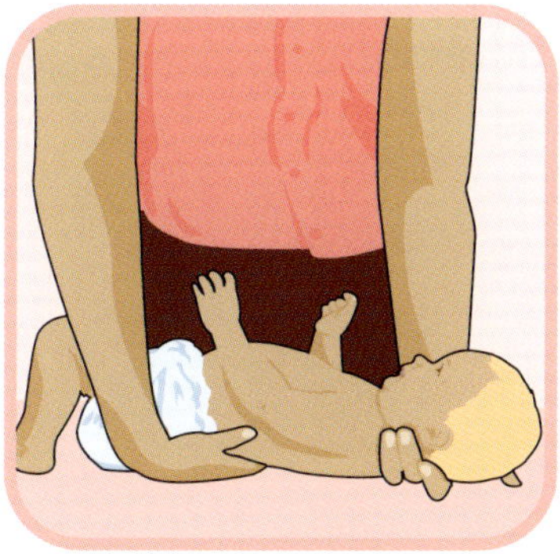
Coloque a outra mão sob o quadril.

Traga delicadamente até o ombro.

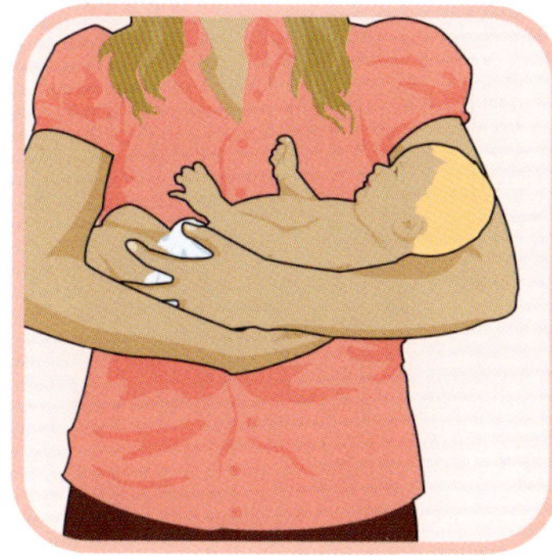
Deite-o no braço.

aliviar dores de dentição 241

fazer picolés de fruta 363

Faça chá de camomila.

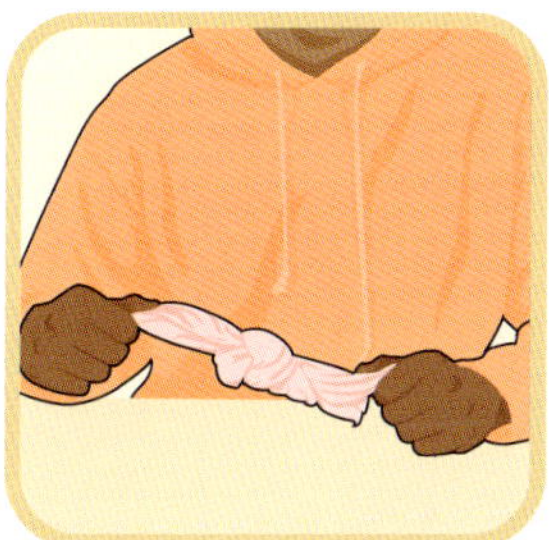
Dê um nó num paninho.

Mergulhe o nó no chá.

Congele.

Dê ao bebê.

prevenir enjoos no carro 242

Pare com frequência para andar.

Mantenha ar fresco circulando.

Ofereça petiscos saudáveis.

Faça a criança olhar para a frente.

Use balas de gengibre ou menta.

243 sarar dodói com um coelho

1 Comece com um pano limpo.

2 Enrole diagonalmente a partir da ponta.

3 Dobre o rolo ao meio.

4 Prenda com um elástico.

244 brincar com um bebê

Realizar estas simples e doces atividades com um bebê não é só diversão – você o está ajudando a desenvolver habilidades vitais para o seu crescimento.

Se sua criança é menor de 6 anos, esqueça os olhos e o rabo para evitar o risco de sufocamento.

5 Abra as "orelhas".

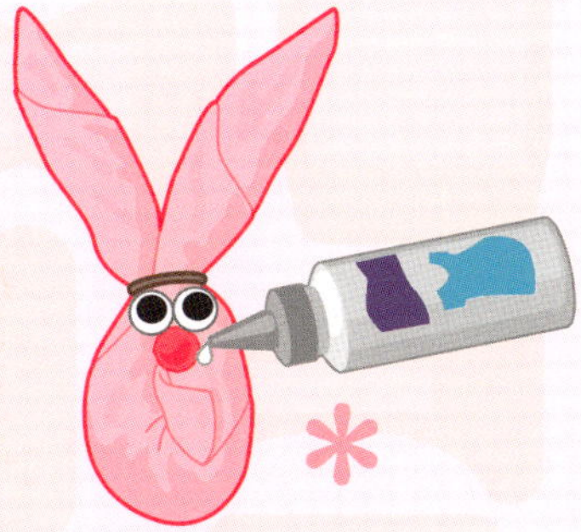

6 Cole uma carinha.

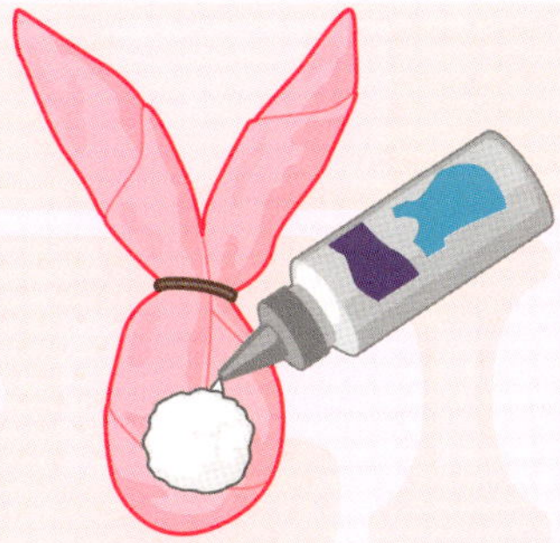

7 Acrescente um rabo.

8 Insira um cubo de gelo; aplique no dodói.

brincar com uma criancinha 245

12+ meses

caçar bolhas
aumenta a coordenação mão/olho; estimula o tato

imitação
encoraja a socialização; aumenta a consciência corporal

18+ meses

brincar na areia
aprimora habilidades motoras finas; estimula o tato

chocalhos
cultiva o ritmo; promove a criatividade de movimento

24+ meses

show de marionetes
estimula a imaginação, o desenvolvimento da linguagem e a socialização

potinhos no banho
ensina a resolver problemas; aprimora habilidades motoras finas

30+ meses

lente de aumento
ensina "causa e efeito"; enriquece a experiência sensorial

fantasias
estimulam a criatividade; desenvolvem a socialização

246 soltar pipa

Vire-se a favor do vento.

Dê a pipa a um amigo.

Dê linha enquanto o amigo se afasta.

O amigo segura a pipa no alto.

O amigo solta a pipa.

Vá contra o vento; braços altos.

Dê linha até a pipa subir o suficiente.

Para descer, recolha a linha devagar.

247 construir um forte de lençóis

Crie o perímetro e o apoio central.

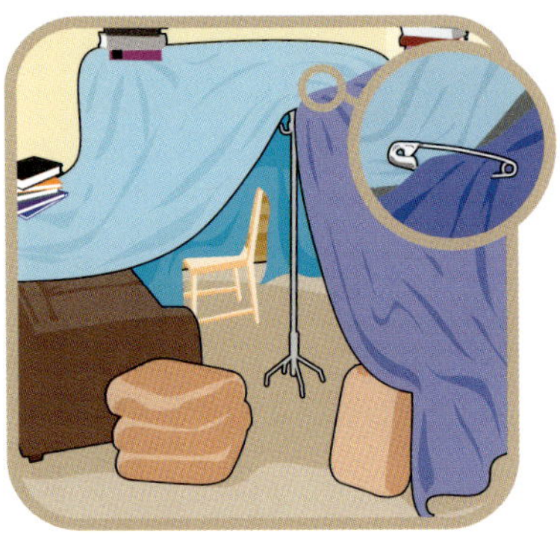

Cubra com lençóis; prenda as bordas.

Crie uma entrada.

Decore e junte mantimentos.

Divida um grupo de crianças em dois times. Faça com que um deles escolha (ou invente) uma civilização perdida e enterre objetos que ela teria utilizado. O outro time escavará os artefatos e tentará descrever, como verdadeiros arqueólogos, a vida na cidade perdida.

falsificar uma antiguidade 47

249 atravessar a adolescência

Ser adolescente pode ser como disputar um jogo frenético – com testes e armadilhas, mas também com truques que facilitam as coisas. Seja você atleta ou músico, artista ou nerd, todo adolescente pode se beneficiar dessas dicas e aproveitar melhor o labirinto fantástico que é a adolescência.

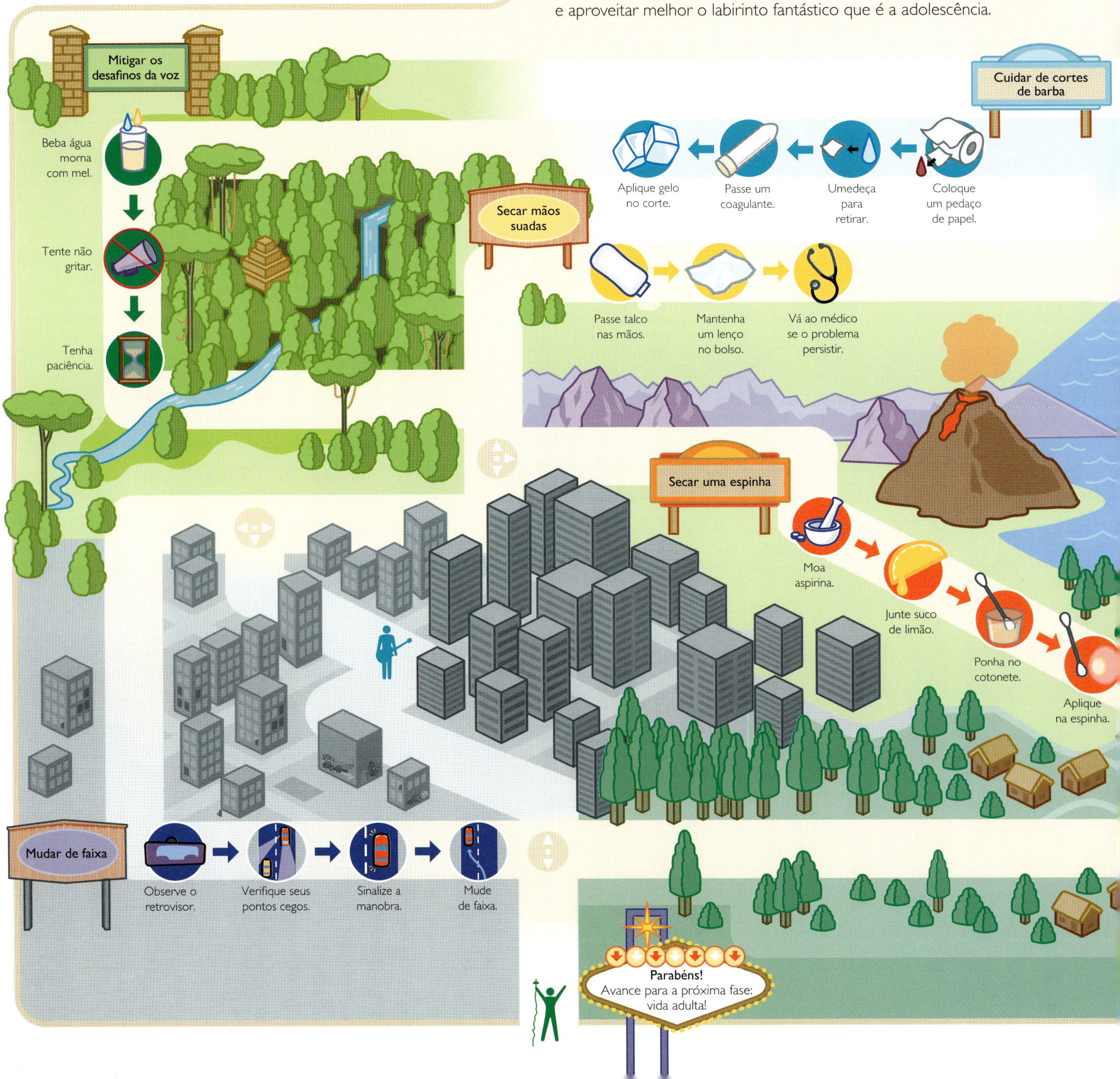

Escolha a sua peça.
Comece aqui!
Furar orelhas em casa
Deixe o lóbulo dormente.
Esterilize a pele.
Esterilize um alfinete.
Insira o alfinete; ponha rolha na ponta.
Feche; troque por um brinco após umas horas.
Tratar cólicas
Deite-se e levante as pernas.
Aplique bolsa de água quente.
Beba chá de gengibre.
Cuidar de um aparelho
Não jogue fora.
Ponha em enxaguante bucal à noite.
Escove duas vezes ao dia.
Tire para comer.
Evitar que a meia-calça desfie
Vista cuidadosamente a meia.
Ponha um papel por baixo do furo.
Passe esmalte incolor; retire o papel.
Dar no pé
Evite os sensores de movimento.
Cuidado com cães que latem.
Atenção aos alarmes.
Solte as telas das janelas.
Não pise nas barreiras de espinhos.

Ajudar

250 se preparar para emergências

Discuta os riscos locais.

Simule emergências.

Escolha um contato de emergência.

Estabeleça um ponto de encontro.

Grave números de emergência.

* Escolha um parente de fora da cidade a quem se reportar caso a família se separe durante uma emergência. Certifique-se de que todos tenham seu número.

251 deixar a casa à prova de ladrão

Promova a vigilância entre os vizinhos.

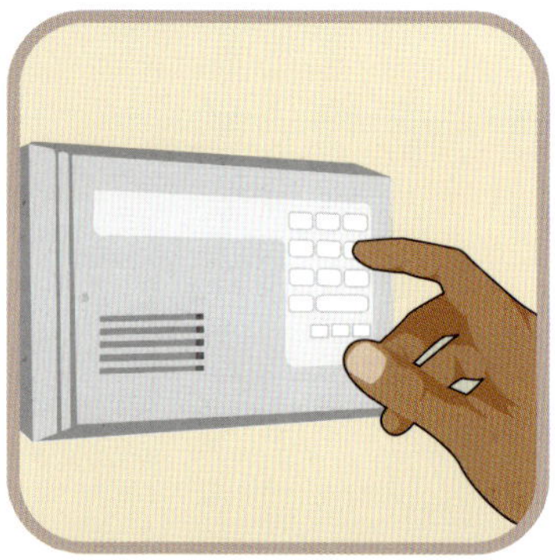

Instale um alarme.

Instale luzes externas com sensor de movimento.

Mantenha os galhos aparados.

203 organizar uma oficina

Ponha escadas e latas de lixo dentro de casa.

Tranque as portas da garagem.

Trave bem janelas de correr.

Sempre olhe antes de abrir a porta.

252 montar um kit de emergência

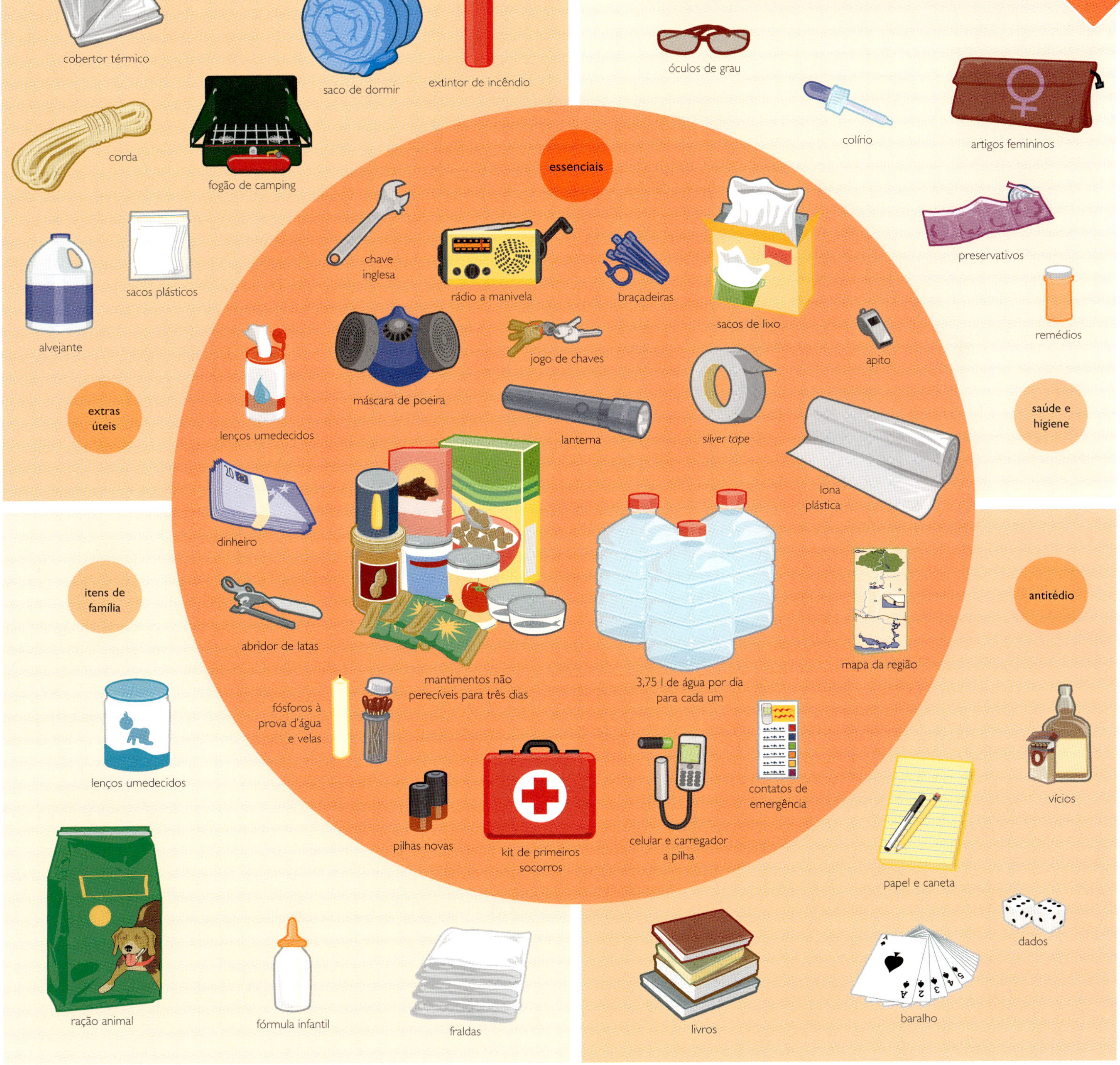

253 proteger o quintal do fogo

Se você vive numa zona seca, deve planejar o espaço e as condições em torno da sua casa tendo em mente a prevenção de incêndios. Aqui vão algumas dicas iniciais.

Remova galhos baixos e qualquer resíduo de madeira morta que esteja a menos de 9 m da sua casa.

Não plante coníferas, que contêm óleos e resinas muito inflamáveis.

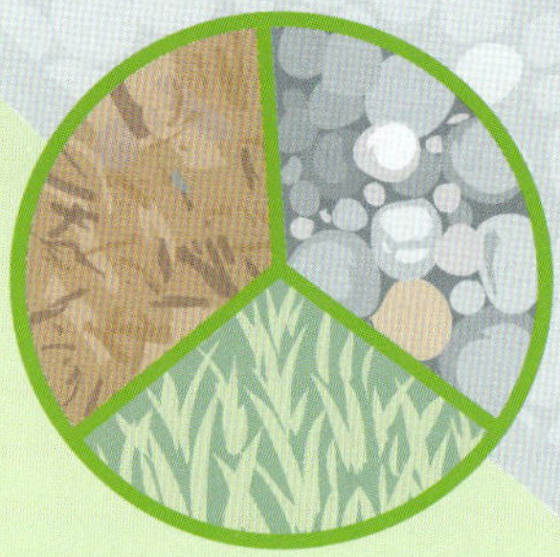

Cubra espaços vazios com pedras, húmus ou plantas que acumulem água.

Coloque apenas plantas resistentes ao fogo a 1 m ou menos das estruturas.

Guarde a lenha a pelo menos 9 m da casa.

Mantenha as plantas úmidas o ano todo gotejando água.

se preparar para incêndios 254

Estar preparado é essencial para ficar calmo durante um incêndio. Treine estas técnicas básicas de segurança para que todos saibam o que fazer numa emergência.

ale uma barreira contra fagulhas na chaminé.

Verifique com frequência se as janelas estão abrindo.

Fique abaixado e cubra a boca com um pano úmido.

Mantenha escadas de fuga à mão, perto das janelas.

pegar um recém-nascido 240

Em caso de fuga pela janela, desça primeiro as crianças.

Mantenha os corredores livres para facilitar a fuga.

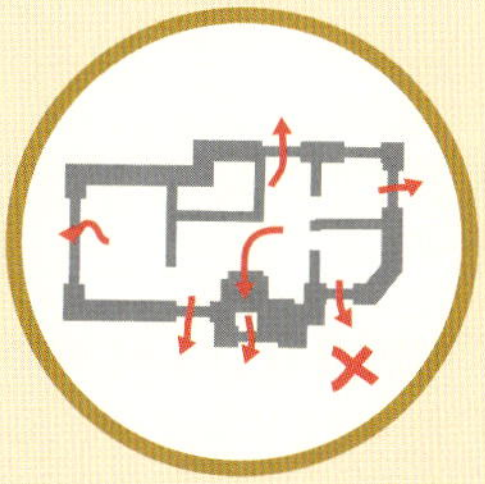

Tenha um plano de fuga prevendo duas rotas de saída para cada cômodo. Pratique-o regularmente em família.

Toque nas portas antes de abri-las. Se estiverem quentes, pegue outro caminho.

Teste os detectores de fumaça duas vezes ao ano.

Não tente apagar o fogo.

Cubra saídas de ventilação com na fina de metal, impedindo a ntrada de brasas.

Defina um ponto de encontro próximo como meta do plano de fuga.

255 sobreviver a um furacão

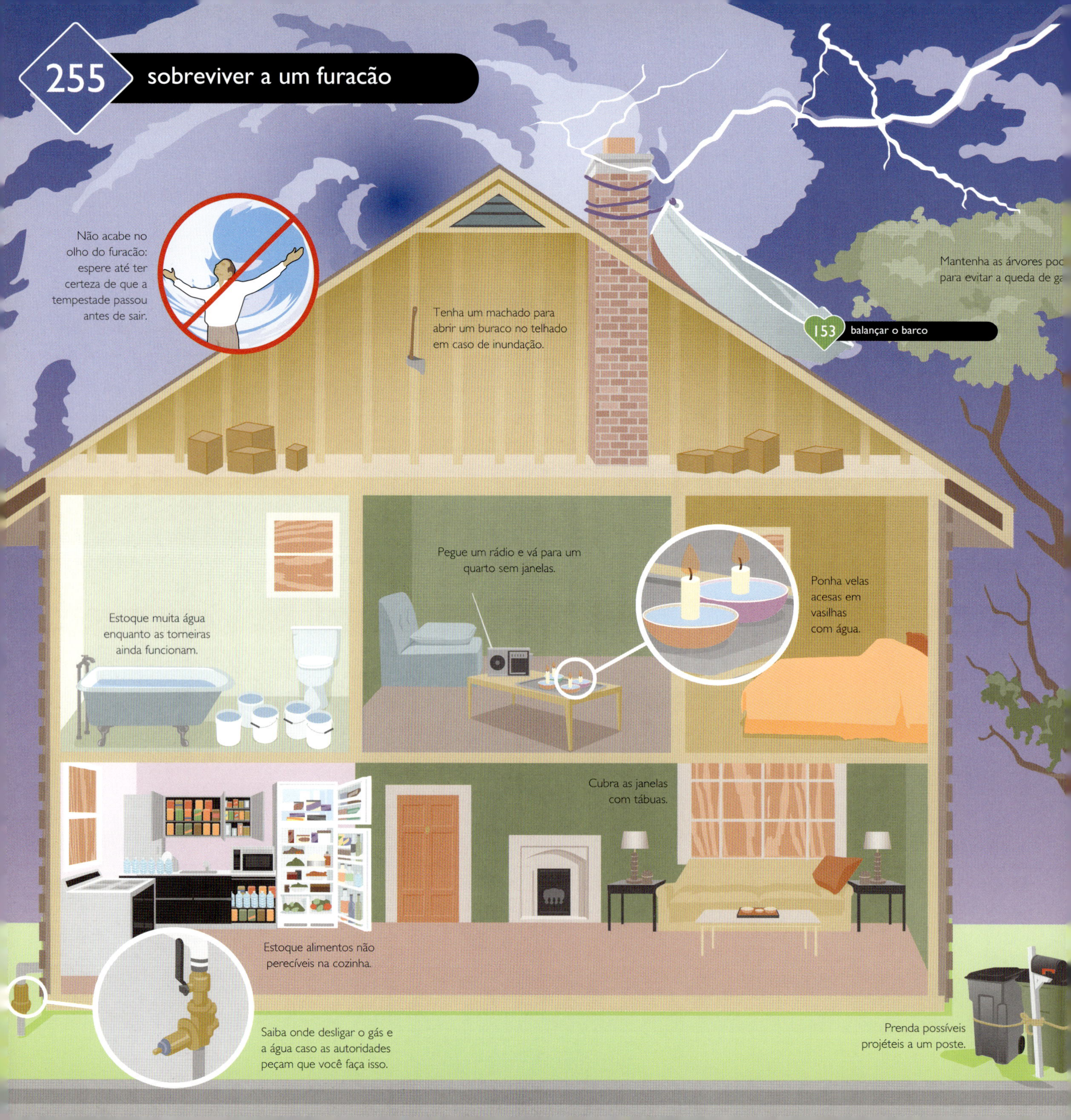

153 balançar o barco

aguentar uma onda de calor 256

Beba muita, muita água.

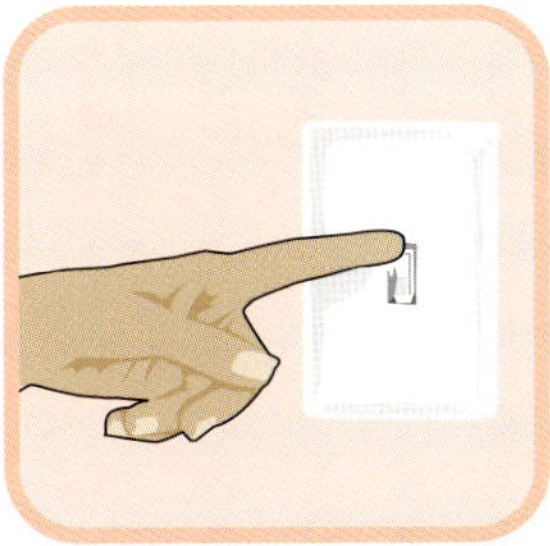

Apague luzes desnecessárias.

Tape as janelas com lençóis.

Deixe o ar circular.

Visite locais refrigerados.

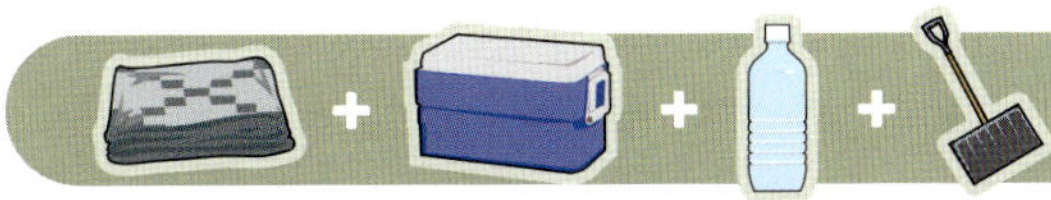

lidar com um blecaute no inverno 257

descongelar um cano 213

Leve crianças e animais para dentro.

Bloqueie correntes de ar.

Durmam juntos perto do fogo.

Feche as persianas à noite.

Deixe o calor do sol entrar.

Guarde perecíveis do lado de fora.

Hidrate-se.

Revezem-se na pá.

258 sobreviver a uma avalanche

Use um localizador.

Tente saltar a linha de fratura.

Fuja perpendicular ao fluxo.

Agarre uma árvore ou pedra firme.

"Nade" sobre a neve.

Se engolido, cubra o rosto.

Abra um bolsão de ar.

Espere o socorro calmamente.

259 evitar o ofuscamento

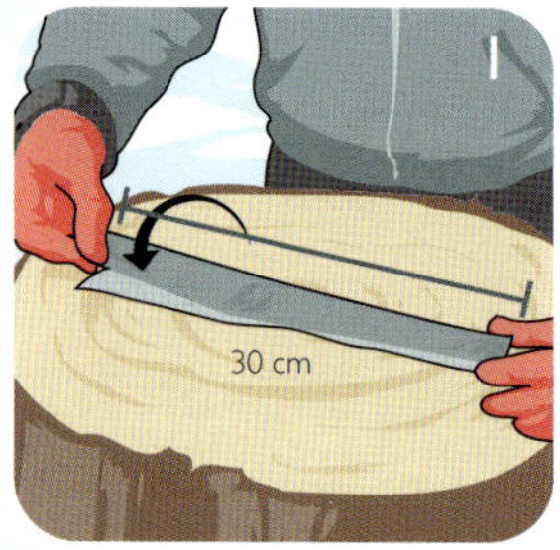

Corte uma tira de *silver tape*; dobre.

Faça um corte longo.

Cole ao redor da cabeça.

Escureça a face com cinzas.

Montes de neve e árvores quebradas indicam avalanches anteriores – atenção a novos deslizamentos.

estar atento às avalanches 260

Evite áreas propensas a avalanches 48 horas após uma nevasca ou onda de calor. Se você tiver que ir, leve uma pá desmontável, uma sonda e um sinalizador.

ncostas entre 30° e 45° são muito pensas a avalanches, mas encostas entre 25° e 60° também podem deslizar em certas condições.

Encostas gramadas, sem árvores ou pedras, são as mais perigosas.

Uma camada pesada de gelo compacto sobre uma camada de neve fofa é muito instável.

* Todos no seu grupo deveriam levar um sinalizador. Se você perder alguém numa avalanche, pode usar o seu sinalizador para captar o sinal da vítima e localizá-la rapidamente.

acampar na neve 300

achar uma vítima de avalanche 261

Vá ao local onde a pessoa foi vista.

Coloque o sinalizador no modo "receber".

Procure ladeira abaixo.

O sinal limita a área de busca.

Procure com a sonda.

Cave abaixo da vítima.

Descubra primeiro a cabeça.

Mande buscar ajuda.

262 carregar alguém inconsciente

* Embora esta seja uma excelente maneira de carregar alguém inconsciente na maioria das situações, ela não é recomendada em caso de incêndio.

Ponha a vítima de pé; levante o braço.

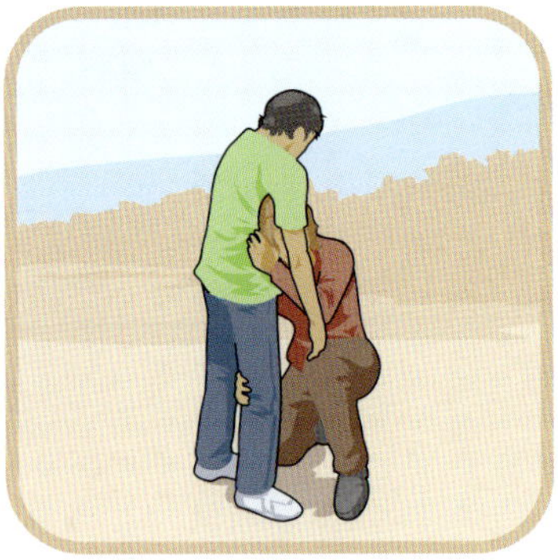

Ajoelhe; apoie a vítima em seu ombro.

Passe a mão entre as pernas; pegue pelo braço.

Levante-se apoiando-se nas pernas.

263 tratar a hiperventilação

Cuide da origem da ansiedade.

Diga à vítima para se acalmar.

Dobre as pernas; eleve a cabeça.

Cubra nariz e boca; respire.

Caso não passe, chame ajuda.

264 ajudar após um acidente

Reaja com calma.

Chame ajuda.

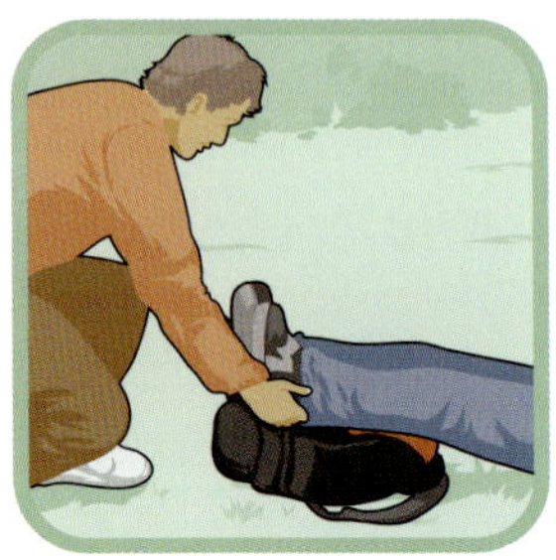

Eleve as pernas da vítima.

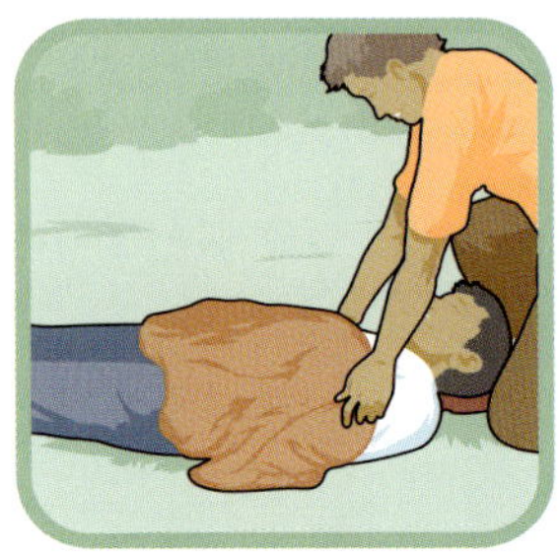

Estabilize a temperatura.

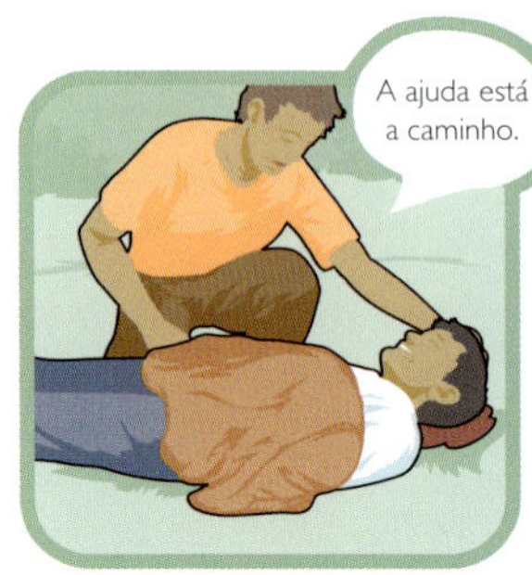

Acalme a vítima.

Correntezas junto à praia podem arrastar rapidamente um banhista para o mar aberto, mas é raro que elas tenham mais de 30 m de largura. Por isso, nadar em paralelo à praia é a melhor maneira de escapar.

escapar de uma correnteza 265

Evite águas turbulentas.

Se for pego na correnteza, fique calmo.

Nade em paralelo à praia.

Fora da corrente, nade para a praia.

resgatar um banhista 266

Pegue uma roupa ou toalha.

Nade até lá.

Pare longe; jogue a toalha.

Deixe a vítima pegar a ponta.

Volte, puxando a vítima.

Se a temperatura da vítima ultrapassar os 40°C, chame ajuda imediatamente.

tratar uma insolação 267

Cheque a temperatura da vítima.

Leve-a para a sombra.

Remova o excesso de roupas.

Molhe-a com água fresca.

Faça-a beber muita água.

268 escapar de um gorila raivoso

Agache para mostrar submissão.

Se possível, acaricie o gorila.

Se não der, olhe para o outro lado.

Evite contato visual.

380 golpear como um guerreiro

Se atacado, encolha-se.

269 tratar queimaduras de água-viva

Lave com água salgada.

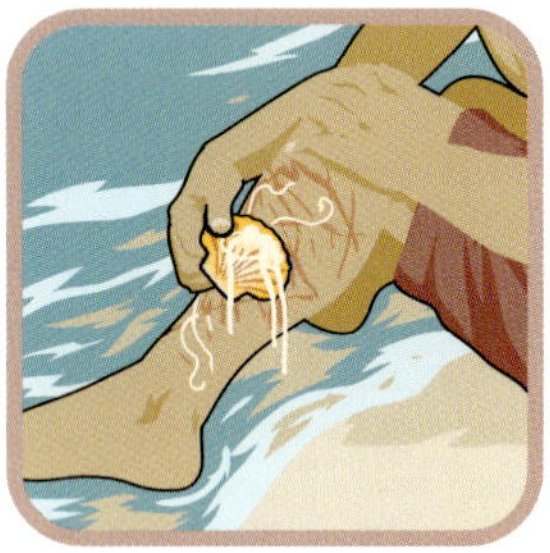

Remova os tentáculos.

Tome ibuprofeno.

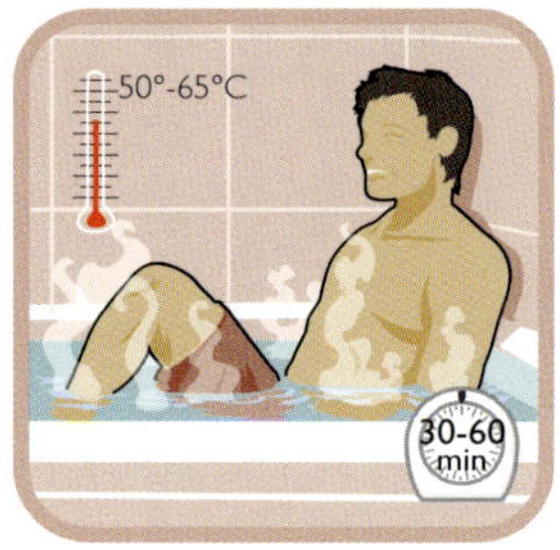

Entre na água quente.

Observe reações alérgicas.

270 se livrar de uma sucuri

Fique atento em águas rasas.

Se atacado, respire fundo e retenha.

Morda o rabo da sucuri bem forte.

Com uma pedra, golpeie a cabeça repetidamente.

271 tomar cuidado com ursos

272 diferenciar ursos-negros e cinzentos

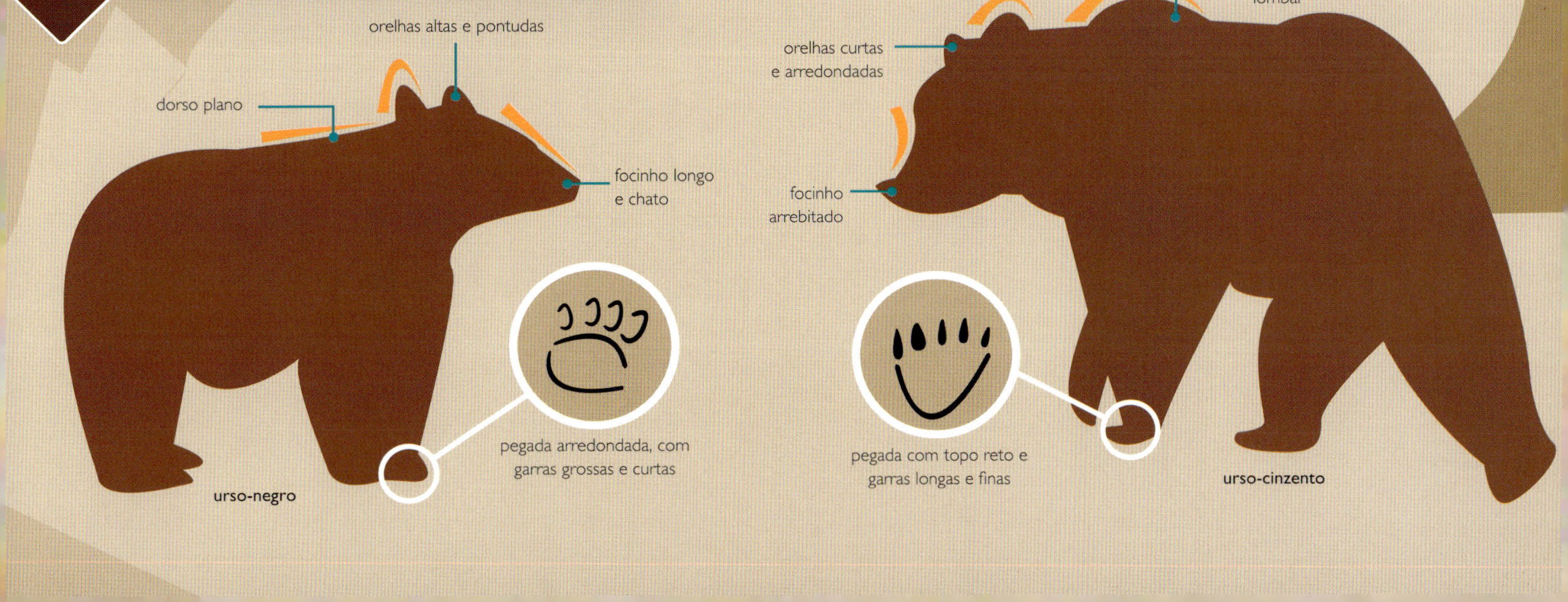

273 comer um escorpião

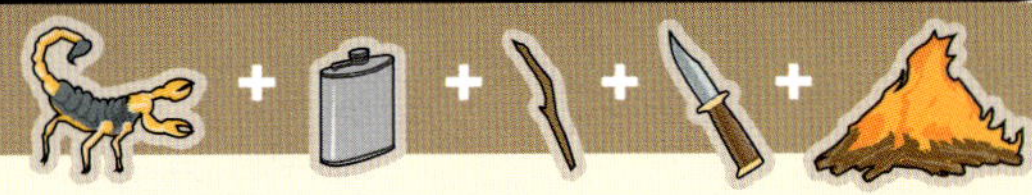

Se você ficar perdido num deserto sem nada para comer, os escorpiões podem ser uma fonte importante e crocante de proteína. E não se esqueça de todos os outros insetos comestíveis!

Encontre um escorpião saboroso.

Atordoe-o com bebida.

Espete para segurar.

218 desinsetizar o jardim

Retire o ferrão.

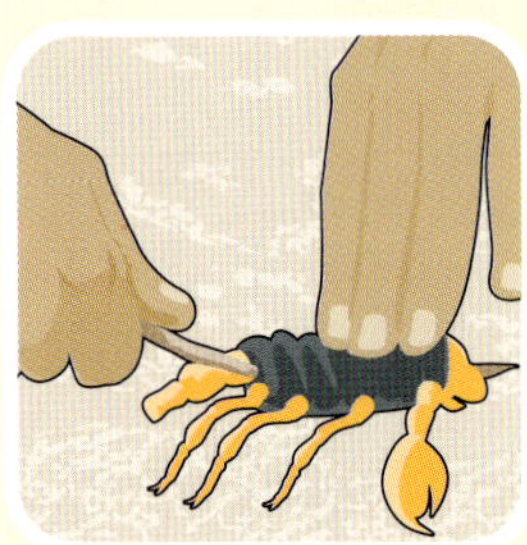

Ponha no espeto.

Asse até ficar marrom; crocante.

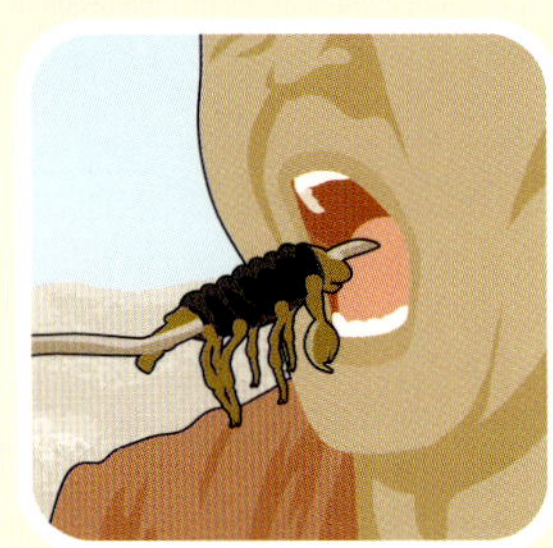

Coma de uma só vez.

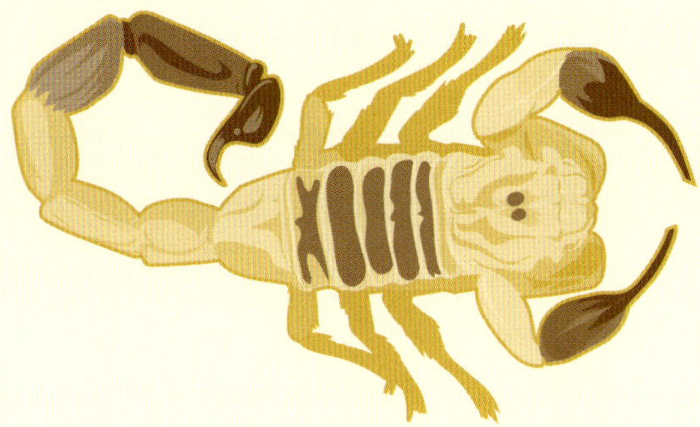

escorpião de pedra

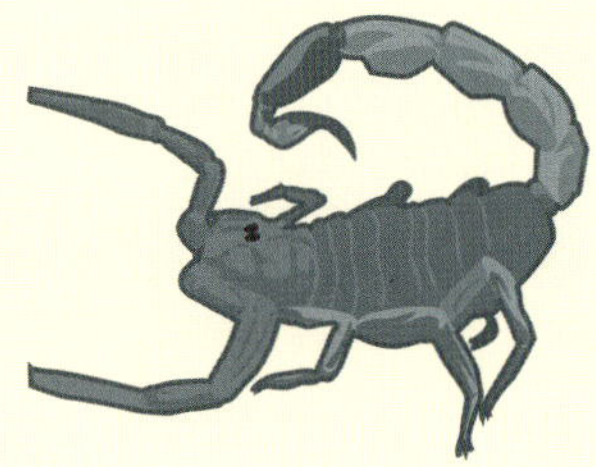

escorpião árabe

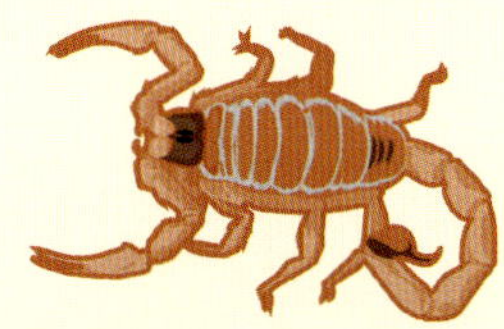

escorpião vermelho da Índia

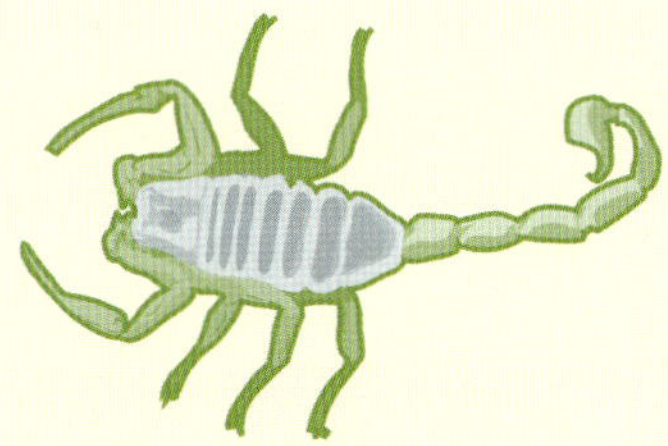

escorpião amarelo da Palestina

escorpião dourado de Israel

escorpião imperador

coletar água de um galho 274

economizar água em casa 212

Ponha peso num saco plástico.

Cubra a ponta do galho; amarre.

Espere.

Colete a água; ferva antes de beber.

dormir quentinho na fogueira 275

Faça uma camada de pedras.

Faça uma fogueira grande em cima.

Espere o fogo "morrer".

Espalhe o carvão sobre as pedras.

Cubra tudo com terra.

Ponha troncos por cima da terra.

Cubra com folhas e gravetos.

Bons sonhos!

276 se livrar de um agressor

Recolha o braço livre.

Mire na mão do agressor.

Bata no meio.

Corra.

277 ficar seguro num estacionamento

Evite parar entre duas vans.

Encontre um lugar amplo e bem iluminado.

Pare perto da saída.

Use o elevador, não as escadas.

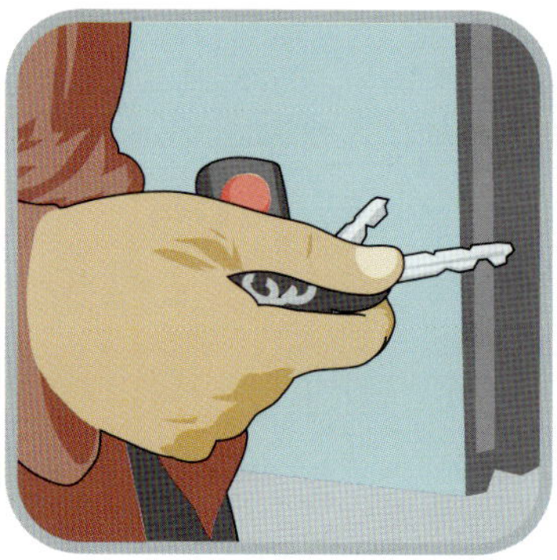
Quando voltar, tenha as chaves em mãos.

Olhe para dentro antes de entrar.

Tranque as portas imediatamente.

Saia com o carro imediatamente.

278 escapar de um tumulto na boate

Procure saídas alternativas.

Mova-se em diagonal na multidão.

Continue mesmo se perder o sapato.

Abrigue-se atrás de objetos fixos.

279 evitar uma briga de bar

Tente evitar o conflito.

Se não der, aja como louco.

Faça algo inesperado.

Pareça maior do que é.

Grite muito alto.

brindar em qualquer língua 288

Jogue uma bebida.

Ameace com uma cadeira.

Fuja.

partir

280 escolher um destino

Seja para viciados em adrenalina ou recém-casados, um casal com crianças ou um solitário convicto, existem inúmeros destinos incríveis para suas próximas férias.

Europa

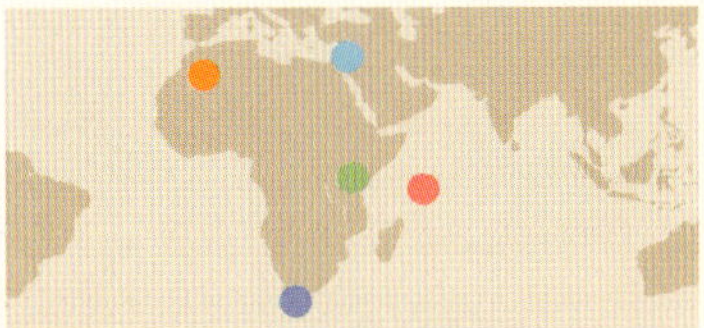

África e Oriente Médio

Ásia

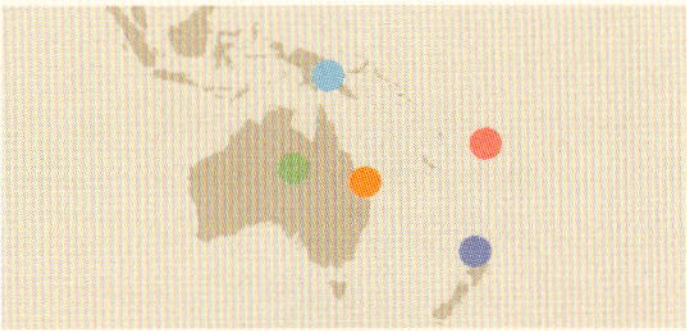

Oceania

Veneza, Itália

Ilhas Seychelles

Pulau Pangkor, Malásia

Ilha Vatulele, Fiji

Billund, Dinamarca

Merzouga, Marrocos

Chiang Mai, Tailândia

Gold Coast, Austrália

Southwest Coast, Islândia

Serengeti, Quênia

Arrecifes de Tubbataha, Filipinas

Parque Nacional Purnululu, Austrália

Haute Route, Suíça

Gansbaai, África do Sul

Sopé do Himalaia, Mianmar

Cavernas Waitomo, Nova Zelândia

Caminho de Santiago, Espanha

Petra, Jordânia

Almaty, Cazaquistão

Goroka, Papua-Nova Guiné

281 preparar a casa antes de viajar

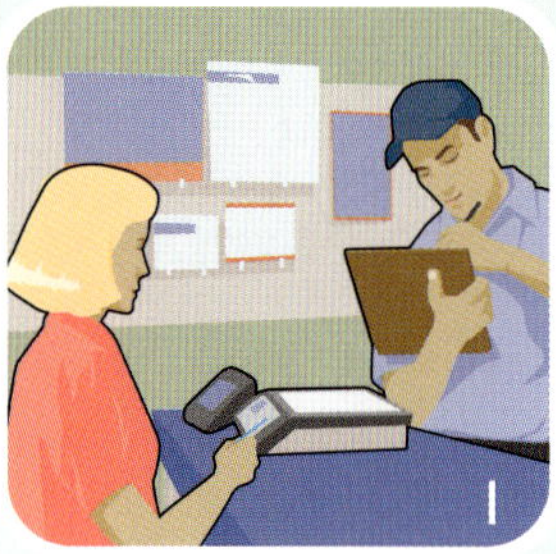

Retenha a correspondência.

Coloque timers nas luzes.

Tire os perecíveis da geladeira.

251 deixar a casa à prova de ladrão

Tranque as janelas.

Deixe informações com um vizinho.

Tire os aparelhos da tomada.

Conserte qualquer vazamento.

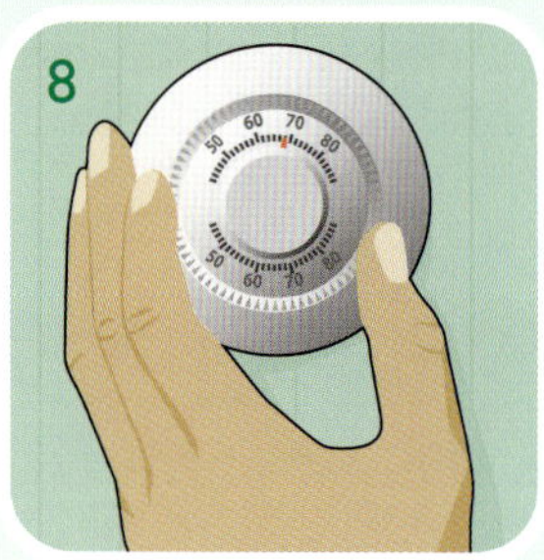

Ajuste o termostato.

282 voar com um bebê

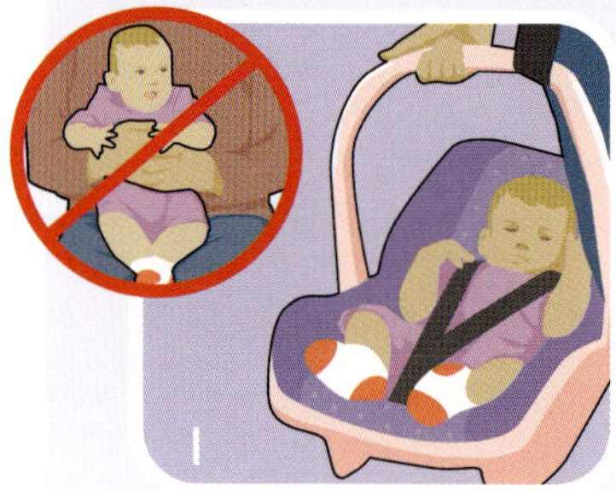

Use a cadeirinha do carro.

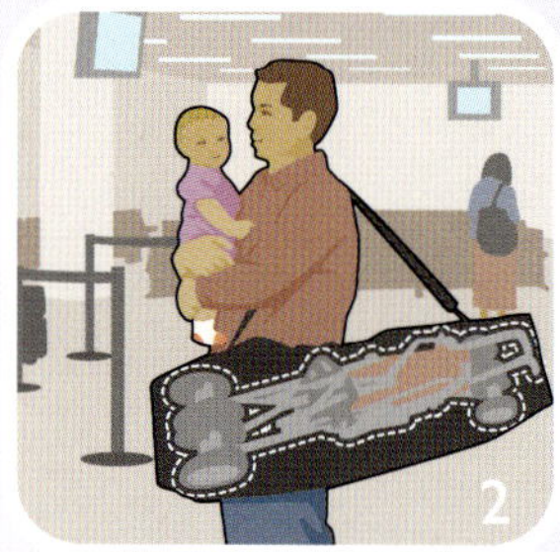

Traga uma bolsa para o carrinho.

Leve mais do que o necessário.

Dê mamadeira na decolagem.

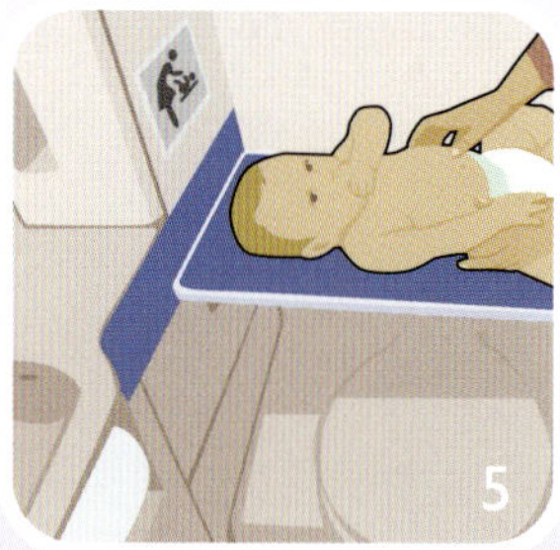

Troque fraldas no banheiro.

242 prevenir enjoos no carro

Distraia com brinquedos novos.

Ande pelos corredores para acalmar.

Dê mamadeira na aterrissagem.

voar com um cachorro grande 283

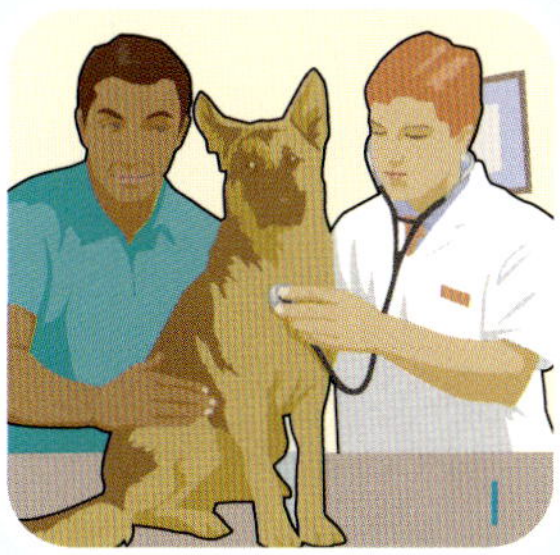

Consulte o veterinário.

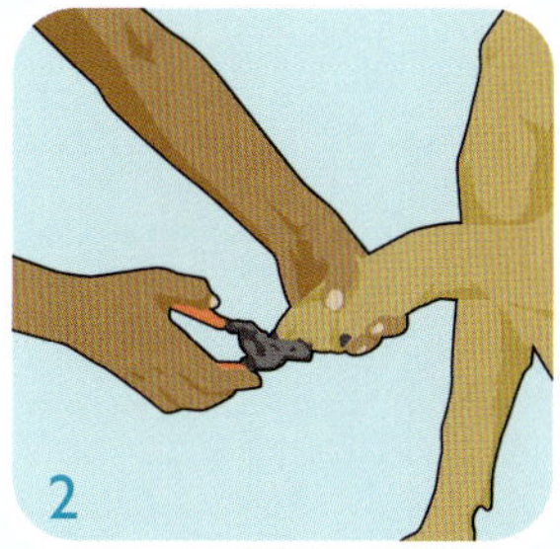

Apare as unhas.

Escolha um voo direto.

Congele uma vasilha d'água.

Alimente-o bem antes do voo.

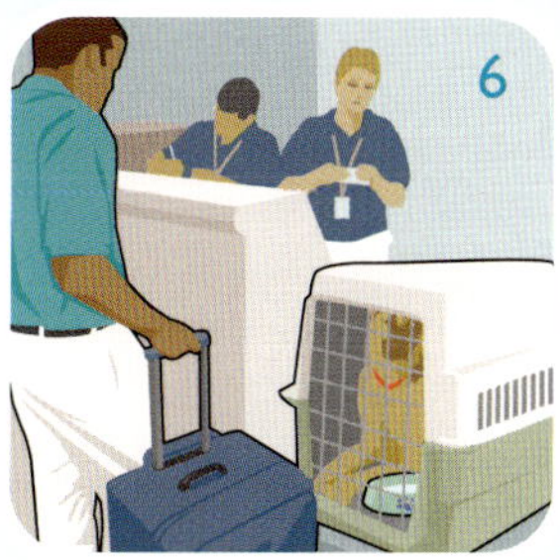

Despache-o com a vasilha de gelo.

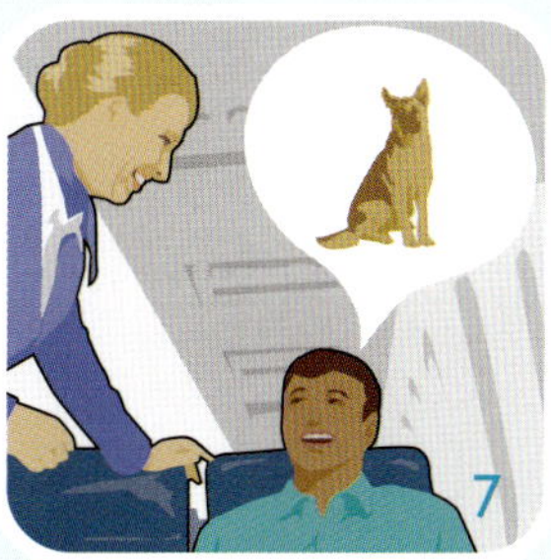

Peça que vejam se ele está bem.

Dê comida ao chegar.

preparar uma viagem 284

seis meses	Verifique vistos e passaportes.
seis meses	Tome as vacinas necessárias.
três semanas	Compre os remédios necessários para toda a viagem. Faça cópias de suas receitas médicas – inclusive do oftalmologista – para levar.
três semanas	Pesquise e compre transformadores elétricos para os lugares a serem visitados.
duas semanas	Informe seu itinerário ao seu cartão de crédito.
duas semanas	Compre mapas e guias de conversação; pratique frases importantes.
uma semana	Arranque as páginas relevantes dos seus guias e grampeie-as por assunto.
uma semana	Prepare o dinheiro e os *traveler's checks*.
uma semana	Peça a amigos ou parentes que sejam seus contatos de emergência. Anote os contatos deles.
uma semana	Tire cópias de passaportes, passagens, reservas e da frente e do verso dos cartões de crédito.
três dias	Ponha cópias dos seus documentos e contatos na sua mala, compartilhe-os com seu companheiro de viagem e deixe cópias com alguém em casa.
dois dias	Etiquete a bagagem com seus contatos do lado de fora e de dentro.

285 pedir sem palavras

Você já se viu numa cidade estranha, precisando desesperadamente de um camelo e sem saber como pedir? Claro que sim. Com esta prática tabela, seus problemas acabaram. Simplesmente ache um empregado de hotel ou morador simpático e aponte o que você precisa.

amenidades do hotel

entretenimento

comida

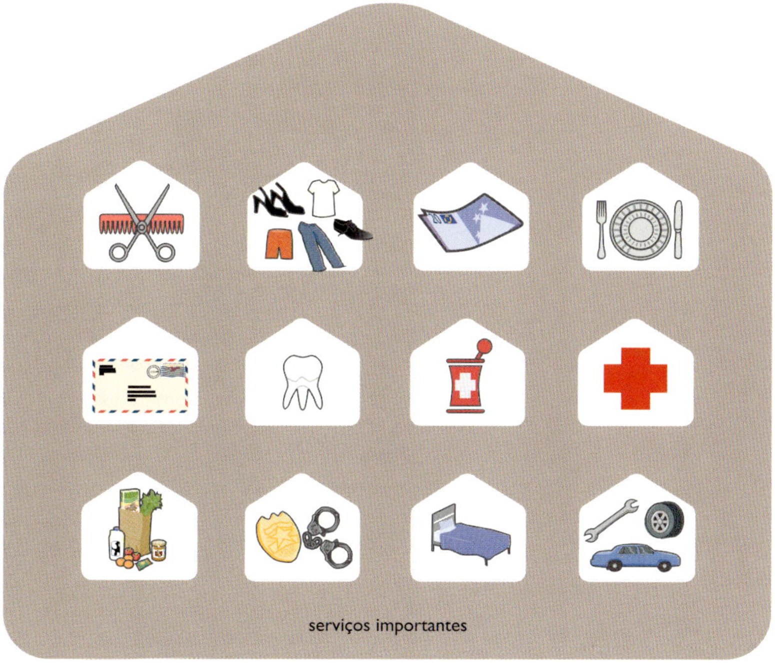

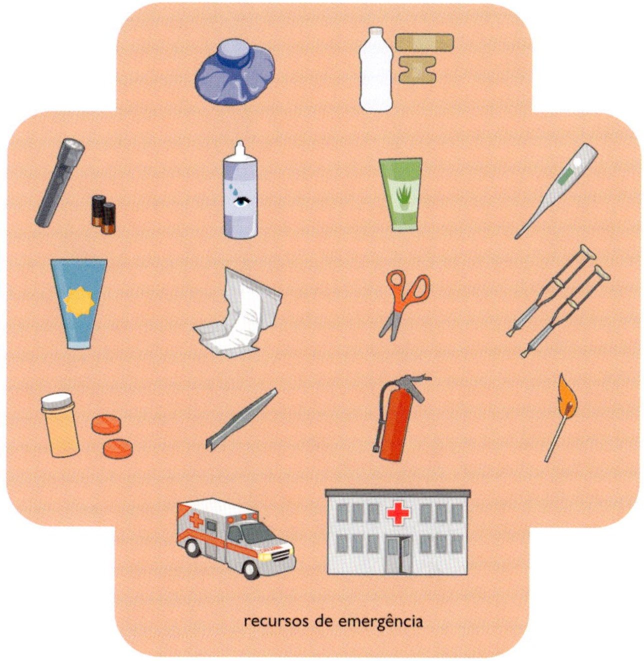

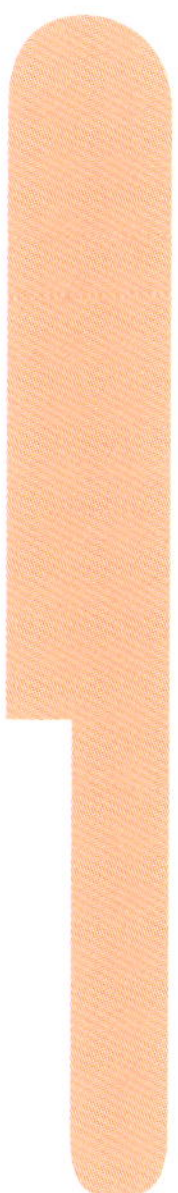

Copie-me!

286 cumprimentar ao redor do mundo

287 evitar gestos ofensivos

288 brindar em qualquer língua

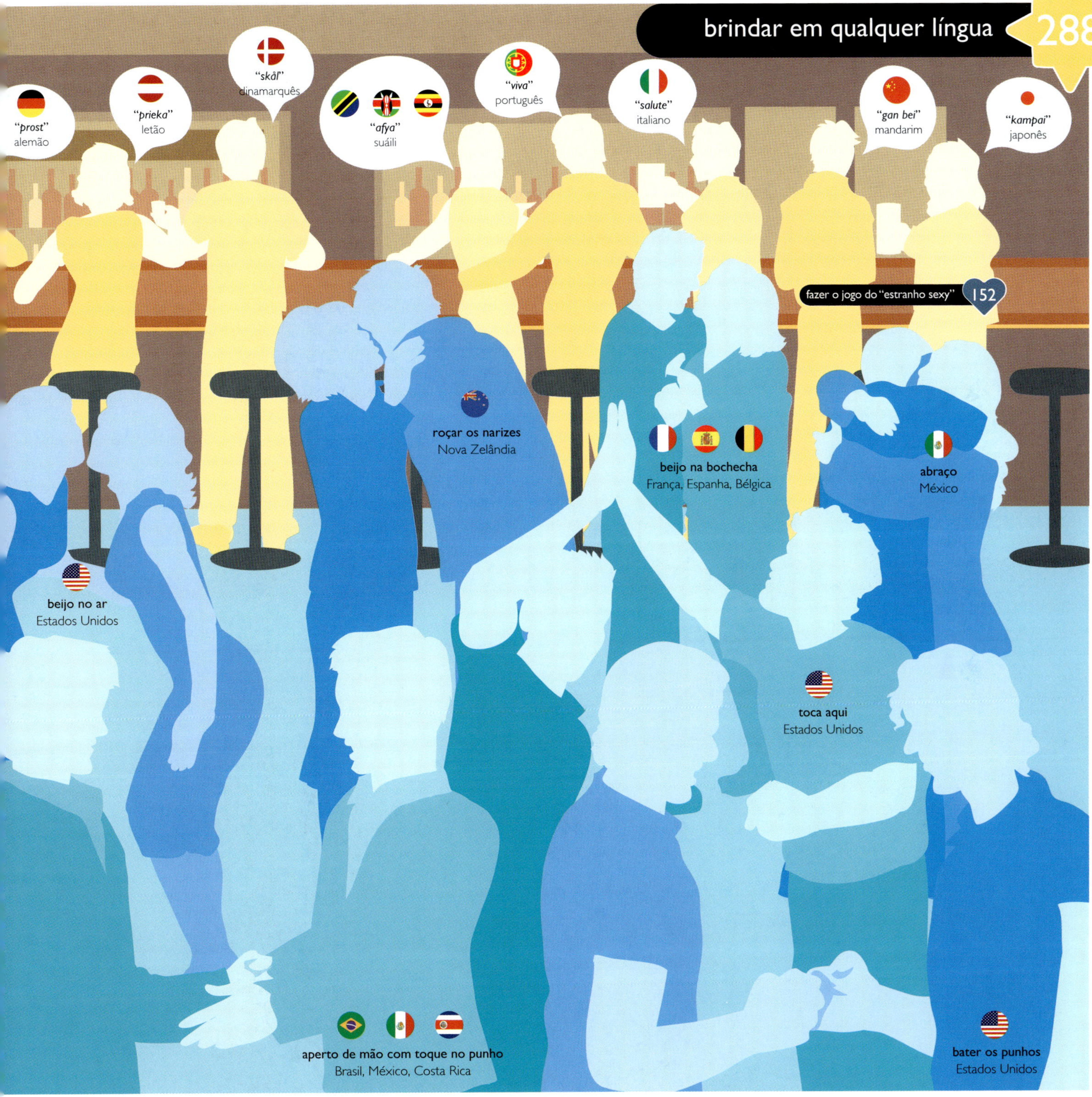

289 ser recebido com pão e sal

Essa cerimônia eslava acolhe os hóspedes com símbolos de hospitalidade e amizade.

É uma tradição tão importante que os cosmonautas a realizam nas estações espaciais.

1 O anfitrião oferece pão e sal sobre um pano cerimonial.

2 O visitante parte um pedaço de pão…

3 … e o mergulha no pote de sal.

4 O visitante come e é recebido na comunidade.

290 receber fiapos de *baci*

Esta cerimônia lao unifica o espírito e a comunidade.

1 O líder chama espíritos de volta ao corpo do visitante.

2 O visitante recebe uma fruta simbólica do centro de mesa.

3 O líder amarra um fiapo branco no pulso do visitante.

4 As testemunhas fazem o mesmo.

5 Espere três dias para desatar ou deixe que caiam sozinhos.

291 beber *kava* num *sevusevu*

A kava é compartilhada após um chefe taitiano aceitar o pedido de um estrangeiro para visitar a sua ilha.

1 A pessoa entrega a raiz de *kava* e pede permissão para visitar.

2 O chefe bebe primeiro, seguido pelas testemunhas ilustres.

3 O visitante agradece na língua local e bate palmas uma vez.

4 Depois ele aceita a bebida com as mãos.

5 O visitante devolve a concha, bate palmas três vezes e agradece.

292 aceitar um desafio *powhiri*

Após o desafio simbólico de um anfitrião maori, o visitante pode se aproximar da *longhouse*.

1 Um guerreiro desafia o visitante com uma dança ameaçadora.

2 O guerreiro põe um ramo simbólico diante do visitante.

3 O visitante o pega, demonstrando vir em paz.

4 As anfitriãs cantam.

5 O visitante pode cruzar o espaço sagrado da *longhouse*.

Chicha é uma cerveja indígena andina servida em festivais e eventos comunitários.

beber *chicha* como um local 293

Aceite a tigela de *chicha*.

Derrame um pouco.

Beba o restante.

Vire de cabeça para baixo, agite.

Passe adiante.

A *attaya* é uma cerimônia de chá senegalesa que acolhe os visitantes e celebra a amizade.

realizar uma cerimônia *attaya* 294

Ferva água num fogareiro a carvão.

Acrescente à água fervente.

Espere.

Ponha no copo.

Troque de copo, fazendo espuma.

Repita várias vezes, fazendo espuma.

Requente.

preparar chá de composto 223

Sirva numa bandeja.

295 viajar de *skijöring*

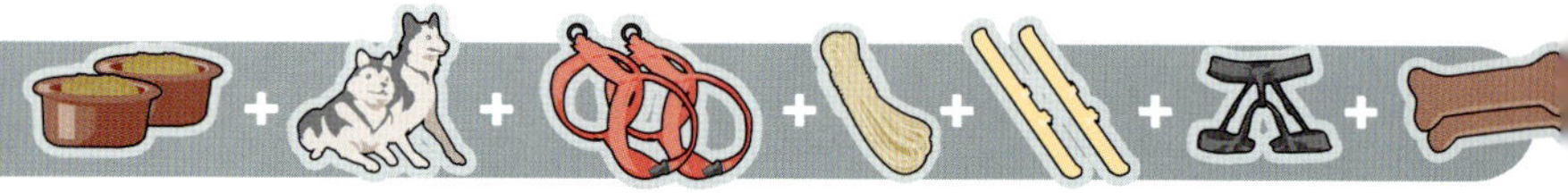

Alimente os cães antes do passeio.

Arreie os cães; prenda a rédea.

Ponha o seu arreio e os esquis.

Incline-se para a frente e grite.

Comande os cães nas curvas.

238 dar comida caseira ao totó

Recompense-os no final.

296 surfar de caiaque

Embarque no raso.

Espere uma marola; reme.

Fure a arrebentação.

Vire; reme nas ondas.

Use o remo como leme.

cambar um veleiro

Vire a haste do leme em direção à vela.

Agache-se.

Libere a retranca.

Vá para lado oposto.

Cace a retranca.

Divirta-se.

recolocar a corrente pedalando

Note que a corrente saiu.

Pedale em ritmo constante.

Mude para a marcha mais pesada.

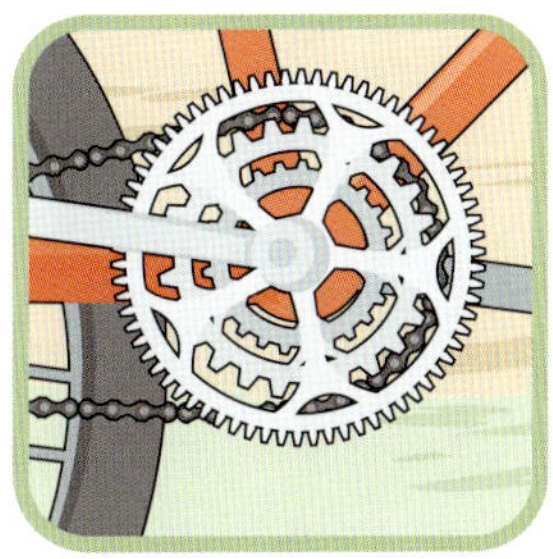

A coroa do meio pega a corrente.

Siga em frente.

299 montar uma barraca na praia

300 acampar na neve

301 dormir na selva

302 acampar no deserto

303 pegar carona num trem

É melhor deixar as viagens clandestinas para os sem-teto de verdade. Se você for tentar, escolha bem o vagão e nunca embarque num trem em movimento. Procure sinais úteis deixados pelos seus companheiros viajantes!

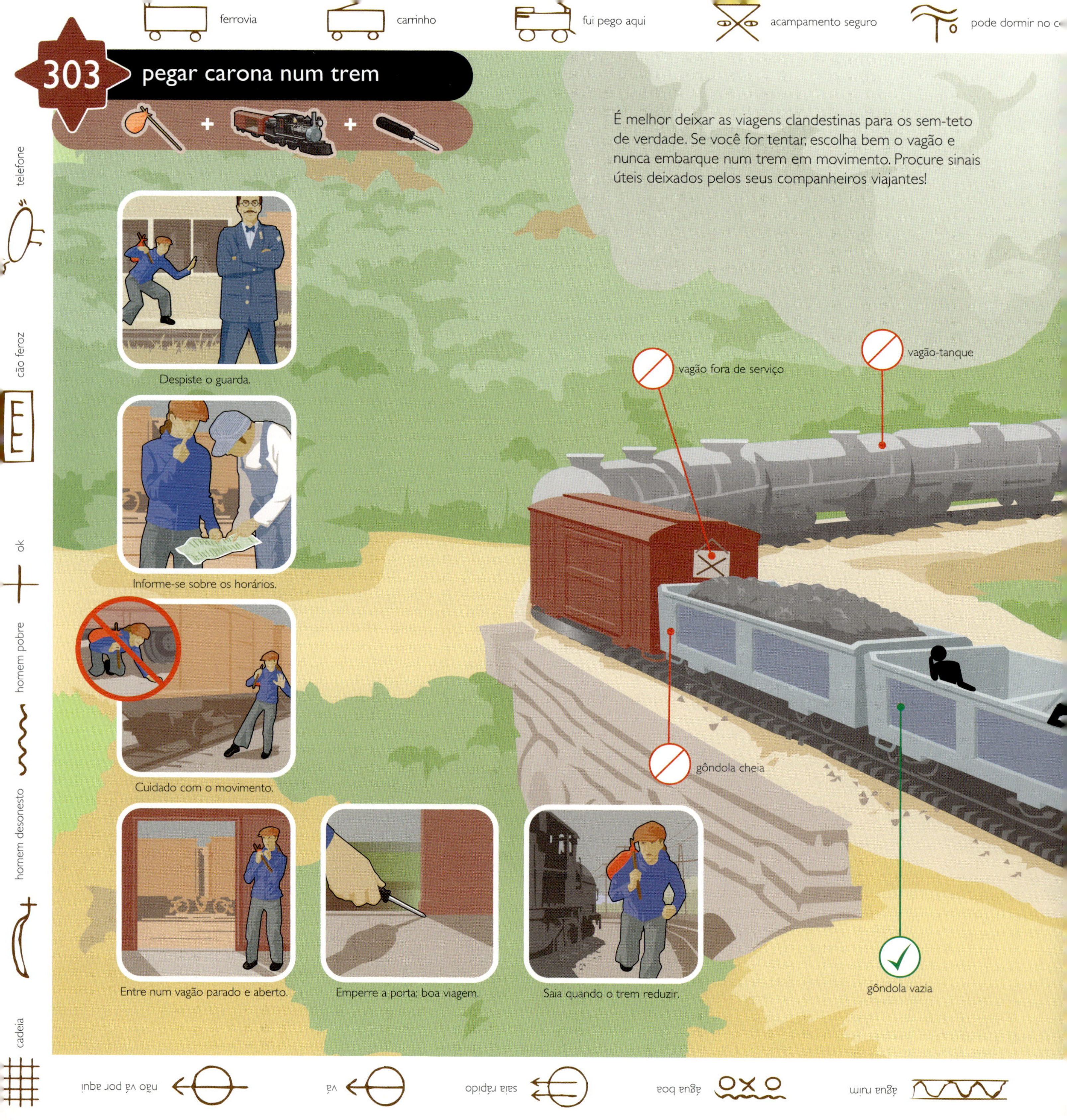

Despiste o guarda.

Informe-se sobre os horários.

Cuidado com o movimento.

Entre num vagão parado e aberto.

Emperre a porta; boa viagem.

Saia quando o trem reduzir.

homem armado · proprietário em casa · proprietário fora · trabalho · mendigos aqui

fazer a mala para uma aventura

Seja pelos trilhos ou pelas trilhas, sua viagem exige uma boa mochila contendo apenas o essencial. Comece com estes itens básicos e depois adapte ao seu itinerário.

sobreviver a um furacão 255

pão · mulher · mulher gentil · cavalheiro · médico

parada · área perigosa · não entre · vizinhança perigosa · perigo · faça silêncio

celebrar

305 se preparar para o ano-novo chinês

Ao final de cada ano, o Deus da Cozinha sobe ao céu para relatar o comportamento de cada família. Comece as preparações de ano-novo honrando-o (e subornando-o)!

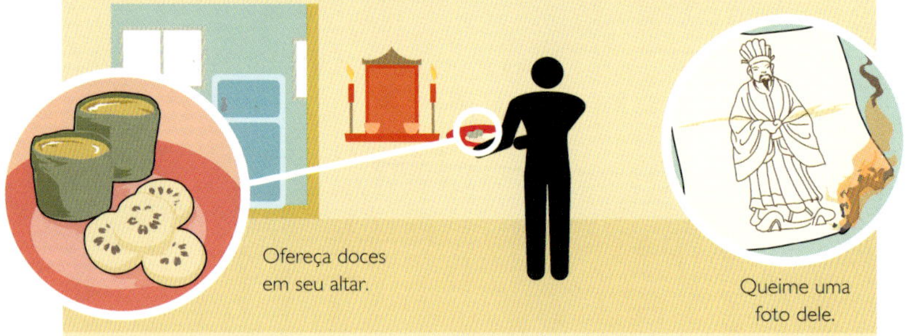

Após cuidar do Deus da Cozinha, prepare a casa (e a si mesmo) para as festividades.

Finalmente é a noite de ano-novo. Envelopes vermelhos, bombinhas e comidas especiais são as marcas registradas da grande noite.

celebrar o ano-novo chinês 306

No ano-novo chinês, milhares de pessoas saem às ruas para trocar votos de prosperidade. As atrações incluem leões dançarinos da sorte, tambores e um monte de bombinhas.

Uma barulhenta banda de percussão afugenta os maus espíritos.

Não varra os papéis de bombinha durante os 14 dias de celebração.

alimentar um leão dançarino 307

1. Pendure alface e um envelope de dinheiro sobre a sua porta.
2. O leão "comerá" a oferenda.
3. Ele fica com o envelope e cospe a alface.
4. Pegue um pedaço de alface para ter boa sorte no ano-novo.

308 fazer um boneco *daruma*

Dê forma a uma bola de espuma.

Faça a base em papel.

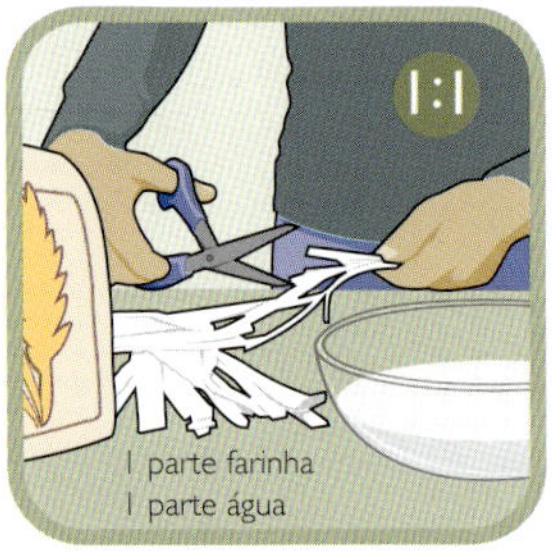

Misture; corte e mergulhe as tiras.

Cubra com papel machê; deixe secar.

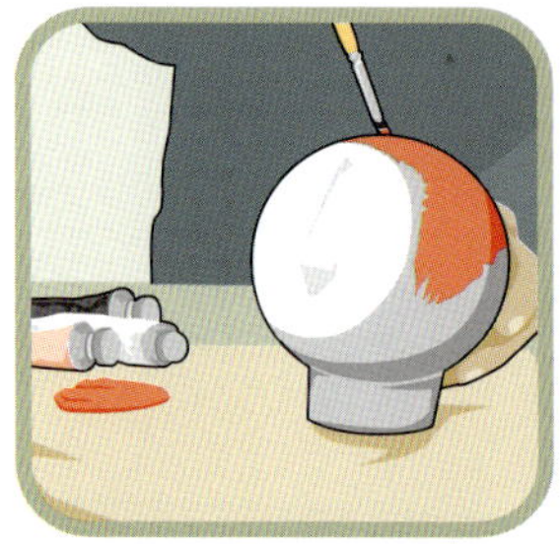

Pinte; o rosto é sempre branco.

Pinte as feições.

Decore o corpo.

Faça a pupila esquerda; fixe uma meta.

Deixe num lugar alto.

Atinja a meta; faça a outra pupila.

vermelho
sorte

branco
amor e harmonia

roxo
saúde e longevidade

amarelo
segurança e proteção

* Bonecos *daruma* feitos em casa são uma tradição milenar japonesa que visa à realização de uma nova meta ou um desejo. Após fazer o boneco, o dono o decora na cor relativa à área da vida em que precisa de sorte e pinta uma das pupilas enquanto estabelece para si uma meta. Quando a meta é atingida, ele pinta a outra pupila.

309 começar um ano-novo mongol

Ceie com sua família mais próxima.

Dê boas-vindas ao sol.

Dê os primeiros passos cerimoniais.

Faça a saudação aos anciãos.

Ceie com os familiares.

310 celebrar o ano-novo suázi

Colete espuma do mar.

Faça um caramanchão de acácia.

O rei come a primeira abóbora.

Todos comem abóboras.

Faça oferendas.

311 ler a sorte do novo ano

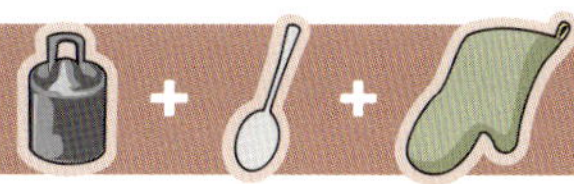

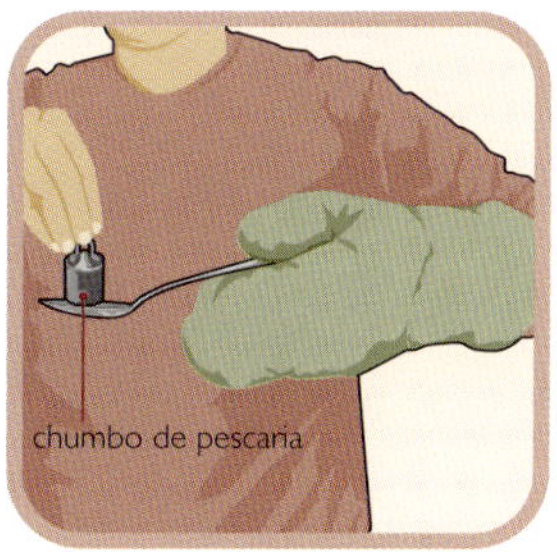

Coloque o peso na colher.

Derreta o chumbo.

Jogue-o na água.

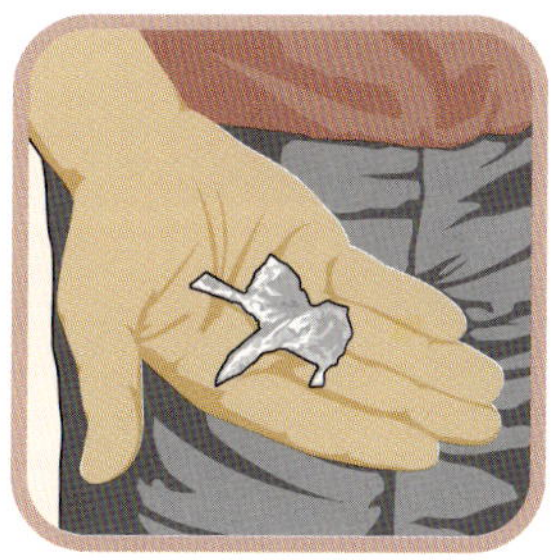

Retire; analise sua forma.

Preveja a "forma" do ano-novo.

312 inflamar o ano-novo espanhol

Escolha roupas velhas.

fazer bainha numa calça 122

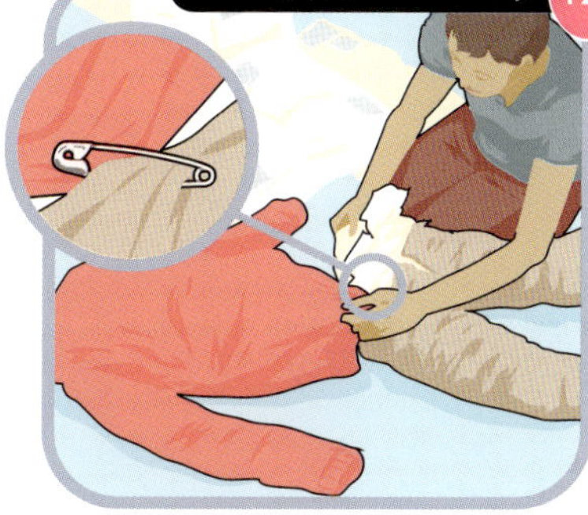

Recheie; faça um boneco.

Leve para a rua à meia-noite.

Queime para pôr fim ao velho "eu".

313 fazer *hamentaschen* para o Purim

Bata juntos.

Adicione farinha.

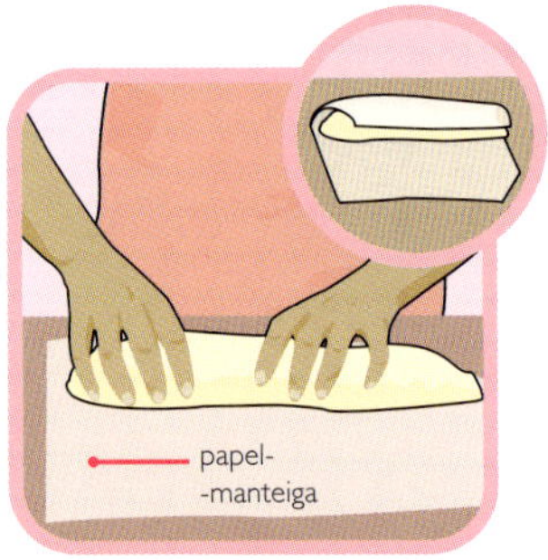

Enrole a massa; embrulhe.

Congele durante a noite.

Deixe descongelar.

Fatie.

Adicione geleia no meio.

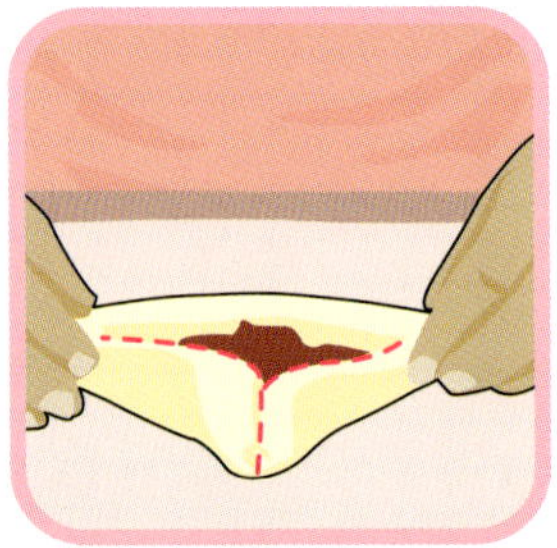

Dobre em triângulos e aperte.

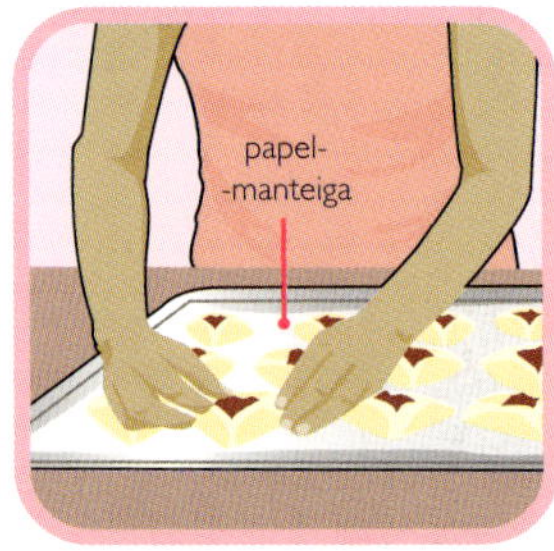

Coloque na bandeja forrada.

Asse até dourar.

* O Purim é uma barulhenta festa judaica, comemorada com fantasias, jogos e prendas especiais. Os *hamentaschen* simbolizam o vilão da festa, *Haman*.

314 enviar uma cesta de Purim

Encha de coisas para comer.

Apenas uma unidade de cada.

Embrulhe e coloque um cartão.

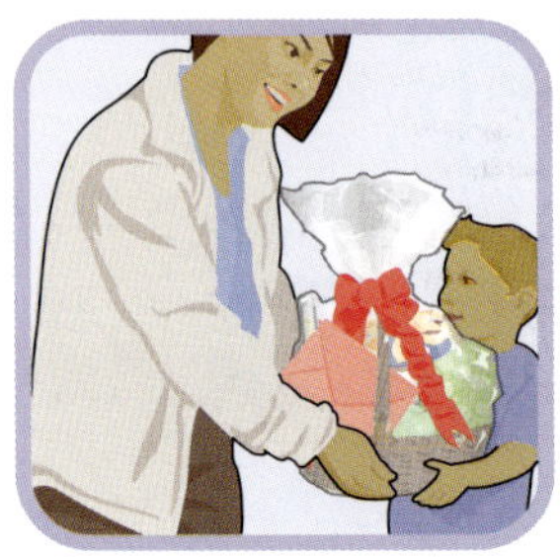

Dê a um jovem mensageiro.

Entregue antes do pôr do sol.

decorar com pão de mel 315

Receba o Natal à moda antiga com uma festiva casa de pão de mel. Use bastante glacê para grudar a decoração natalina – você fará uma casa tão doce de ver quanto de comer.

86 decorar lajotas com mosaico

fazer "cola" de confeitar 316

Abra os ovos; guarde as claras.

Misture com as claras.

Bata até ficar firme.

Adicione água se endurecer.

317 fazer uma coroa de Santa Luzia

Escolha uma coroa de espuma.

Insira os castiçais.

Ponha as folhas e a fita.

Ponha as velas; acenda.

Lidere a procissão.

Antes de pôr sua coroa de Santa Luzia, lembre-se de cobrir a cabeça com um pano úmido. Ele protegerá contra a cera e a chama das velas.

318 acender luminárias estilo Santa Fé

Dobre o quarto superior.

Decore com um furador.

Cubra o fundo com areia.

Ponha uma vela num vaso pequeno.

Pouse-o sobre a areia.

Enfileire do lado de fora.

Acenda com fósforos longos.

Deleite-se com o brilho das festas.

soltar uma lanterna taiwanesa 319

1. Prenda a bucha à lanterna.
2. Desdobre a lanterna.
3. Balance para abrir.
4. Acenda a bucha.
5. Solte, fazendo um pedido.

navegar uma lanterna *krathong* 320

1. Dobre folhas de bananeira.
2. Prenda a um toco de bananeira.
3. Arrume flores em cima.
4. Ponha incenso e velas.
5. Encoste a *krathong* na testa; faça um pedido.
6. Acenda as velas e os incensos e solte no rio. Sua má sorte irá embora junto com a lanterna!

321 confeccionar um colar havaiano

Junte flores de plumeria.

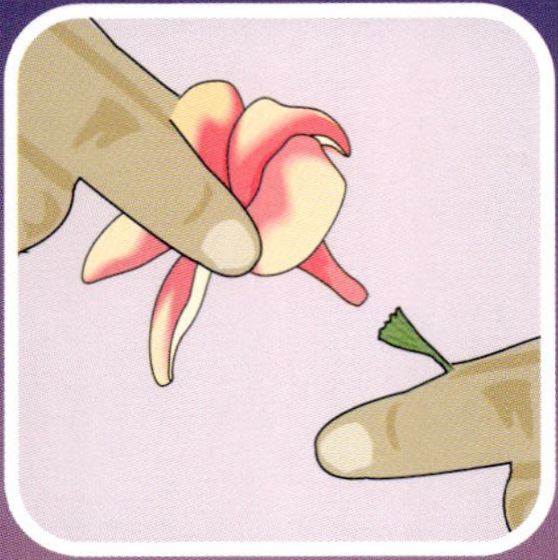

Arranque as hastes.

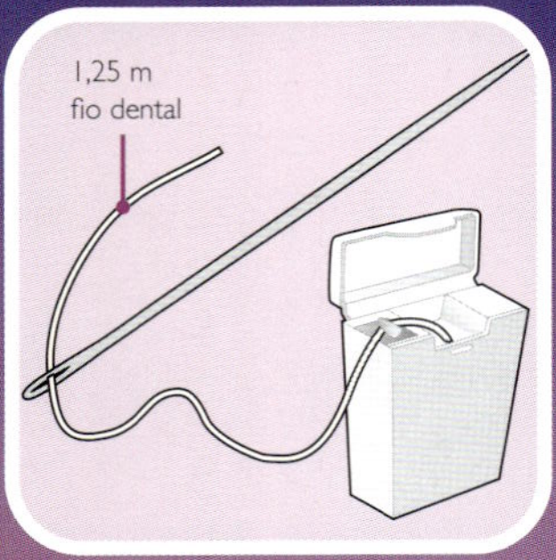

Passe fio dental pela agulha.

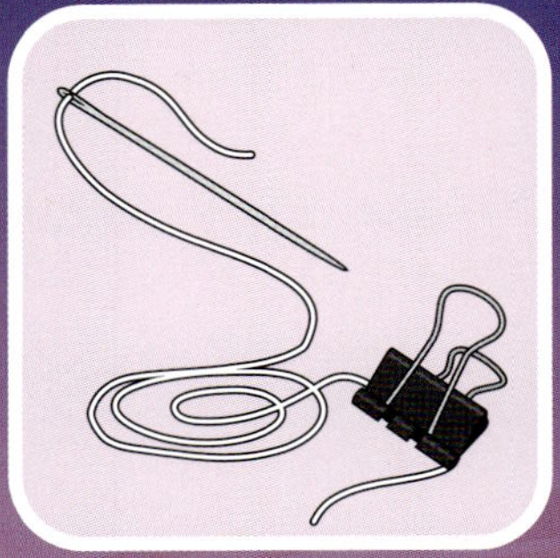

Prenda um clipe na ponta.

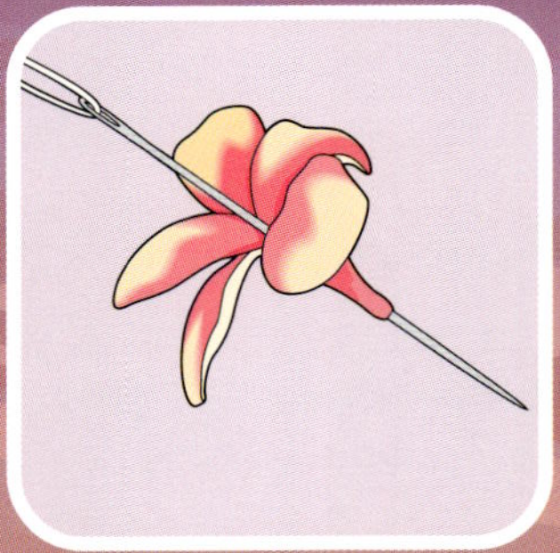

Passe a agulha pelo centro.

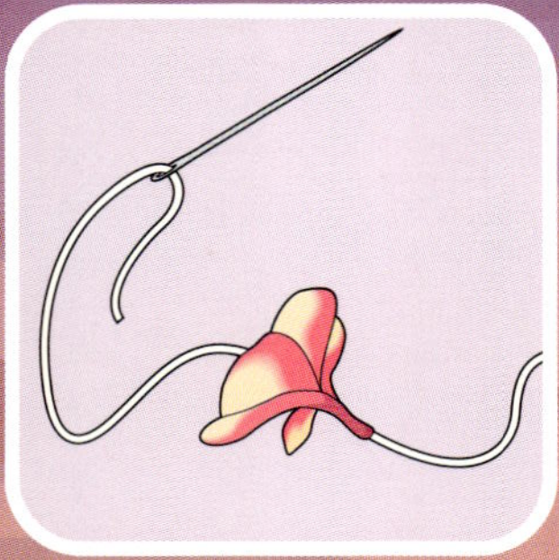

Deslize a flor pelo fio.

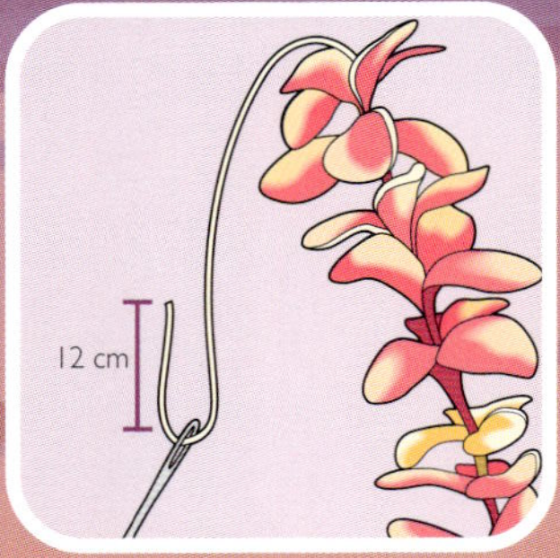

Repita, deixando uma ponta.

224 treinar bougainvíllea

Tire o clipe; dê um nó.

322 arrasar na hula

A hula é mais do que uma dança – é uma linda e antiga linguagem. Eis alguns belos movimentos que as dançarinas usam para contar uma história.

323 cozinhar num poço havaiano

Um poço *imu* é a peça central do luau, o tradicional banquete havaiano. Espere três horas para o poço esquentar e mais seis para cozinhar todo o porco *kalua*.

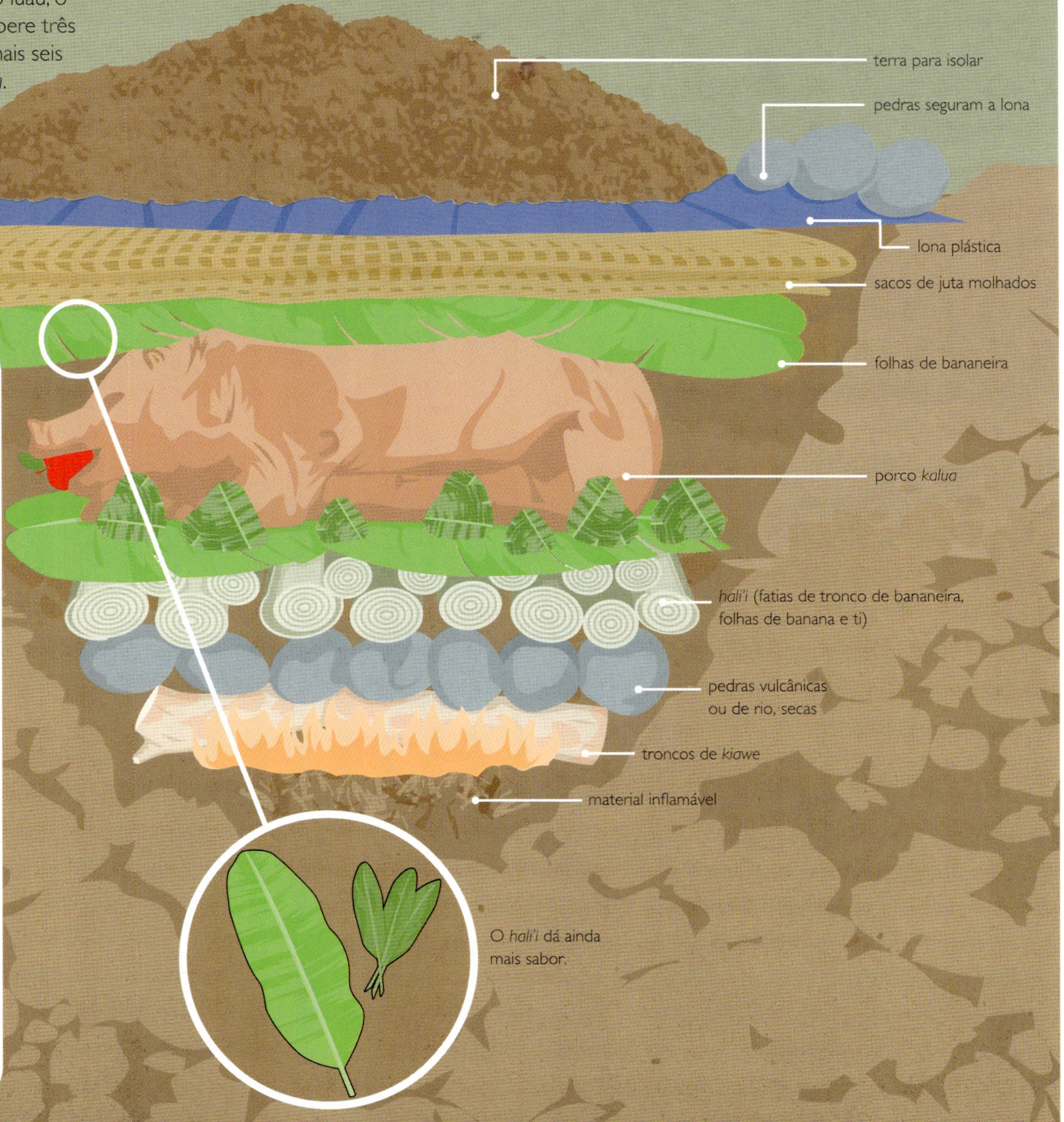

Eis outras comidas tradicionalmente encontradas nos luaus.

324 fazer papel picado festivo

Dobre os papéis ao meio duas vezes.

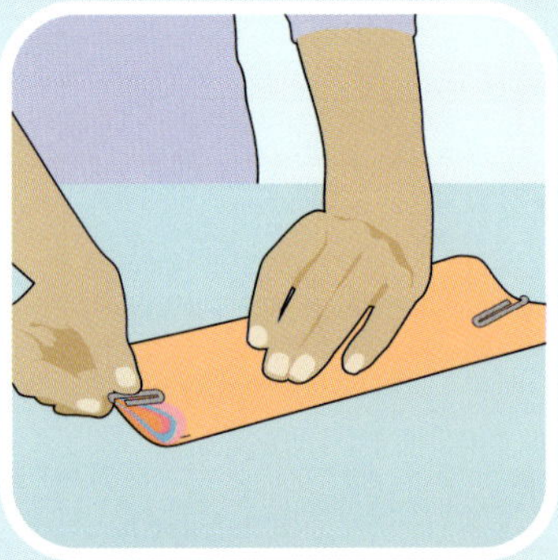

Prenda as extremidades.

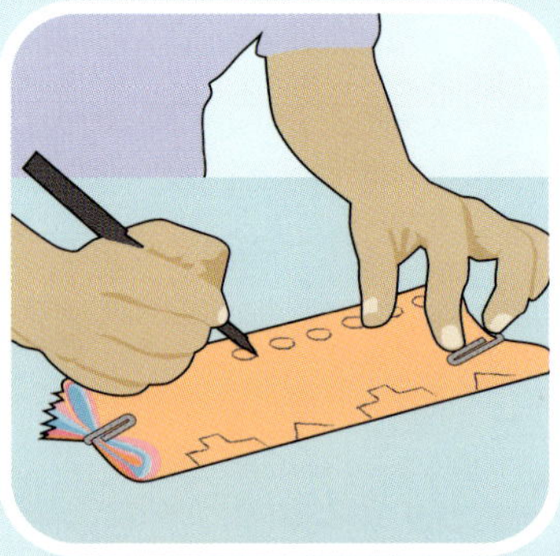

Desenhe a estampa.

Recorte a estampa.

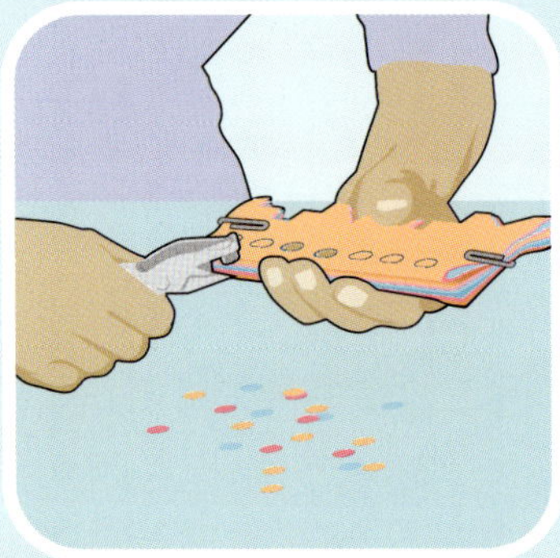

Use um furador.

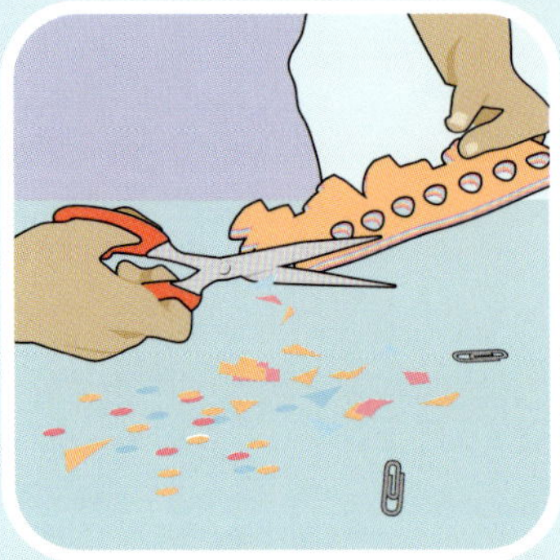

Corte as margens.

Desdobre e separe.

Cole o barbante; dobre por cima.

fazer uma guirlanda de cartão 325

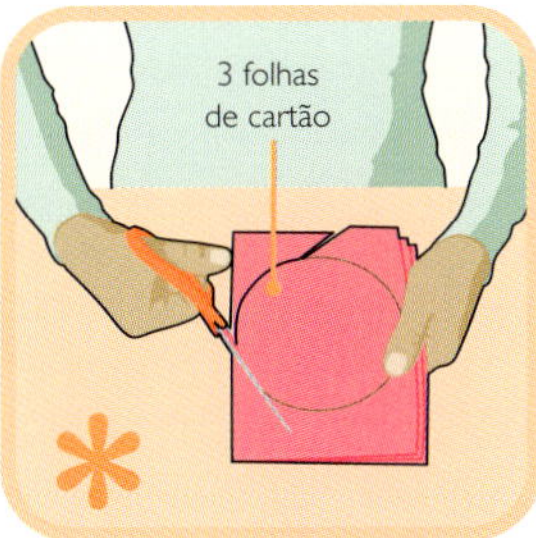

Corte círculos de cartão.

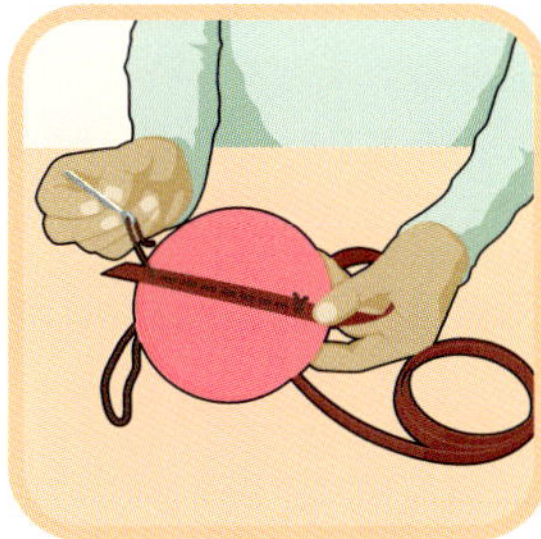

Costure uma fita ao montinho.

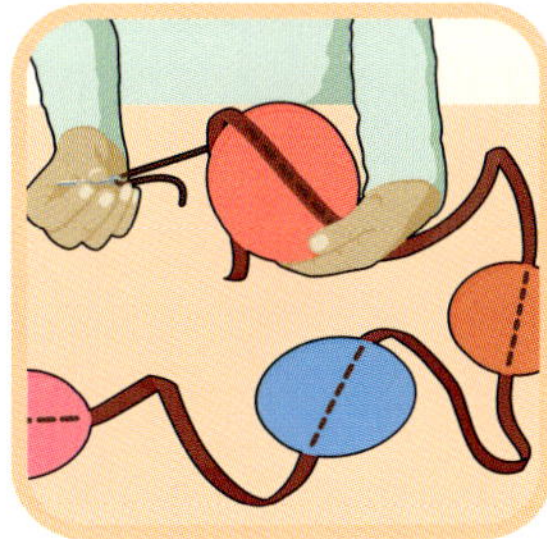

Repita com outros montinhos.

Abra como uma esfera.

Pendure as fitas.

* Use cartões de Natal em vez de papel cartão comum para um projeto de reciclagem festivo.

dobrar estrelas de papel 326

Dobre papel ao meio; corte na dobra.

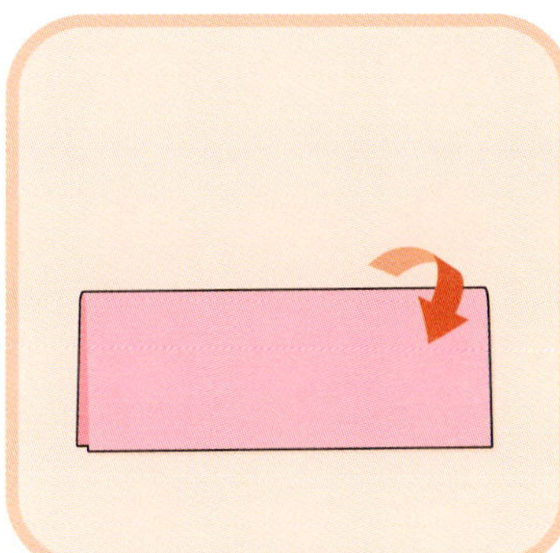

Dobre ao meio.

Abra.

Dobre cada canto até o meio.

Dobre dois cantos até o meio.

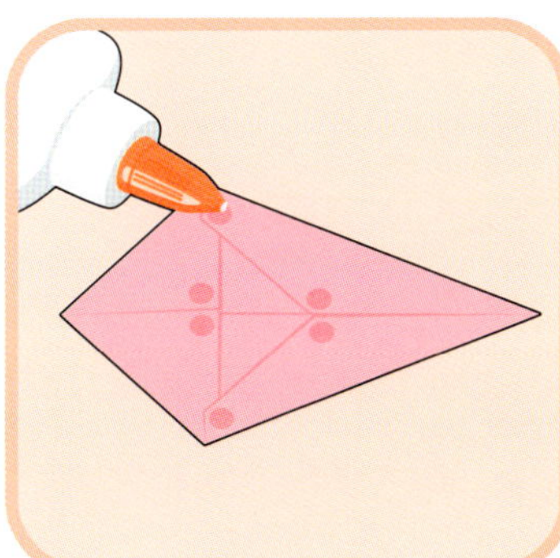

Cole cada canto.

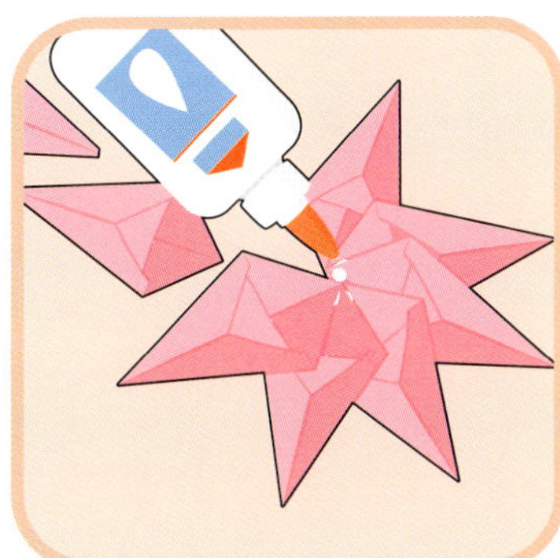

Repita oito vezes; monte a estrela.

Pendure.

327 escolher um nome *hopi*

Escolha o primeiro nome do bebê e apresente-o à natureza e à sociedade.

328 celebrar um batismo ortodoxo

Este ritual acolhe o bebê em sua comunidade religiosa.

329 festejar com gengibre e ovos

Esta festa chinesa marca o primeiro mês do bebê.

330 realizar uma bênção iorubá

Abençoe o bebê dando-lhe pequenas provas de comidas simbólicas.

nomear um bebê hindu 331

O *sindoor* afasta as más influências.

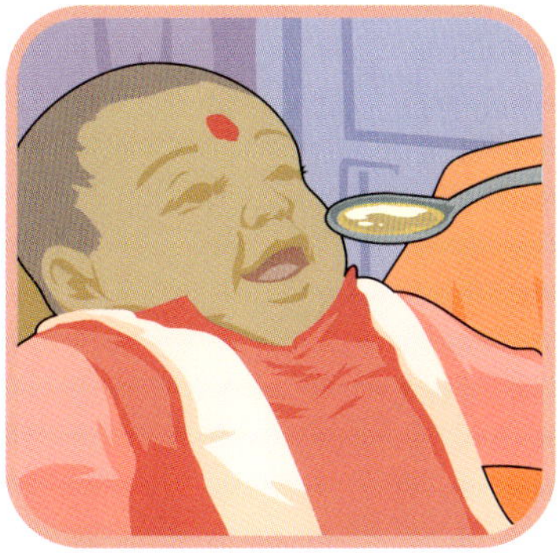

Dê mel para promover uma fala doce.

Mostre a alvorada ao bebê.

Deite-o no chão para honrar a Mãe Terra.

Revele o nome do bebê.

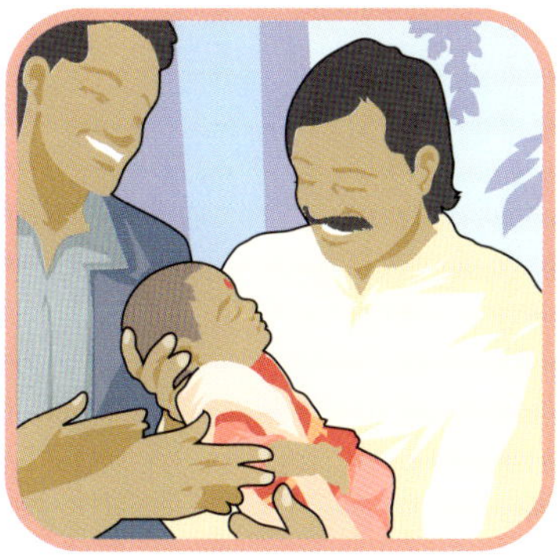

Cada parente saúda o bebê.

Apresente o bebê à natureza.

O pai revela ao bebê seu nome.

escolher nomes à moda egípcia 332

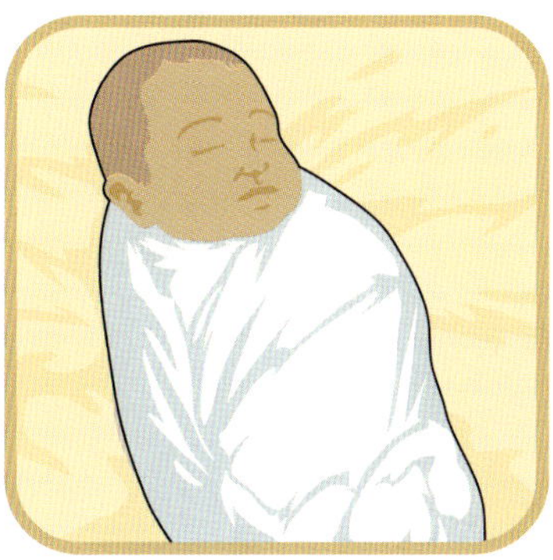

Vista o bebê de branco.

Crie pares de velas e nomes.

Acenda as velas; espere.

A última vela acesa indica o nome.

333 espantar o inverno húngaro

Os moradores de Mohács, na Hungria, fazem o festival Busójárás para afugentar o inverno e dar início à Quaresma.

Fantasia de busó.

Cubra seu carro de palha de milho.

170 se comprometer na Hungria

Brinque com o público.

Acenda uma fogueira.

Queime um caixão, e dê fim ao frio.

334 colorir rio no dia de São Patrício

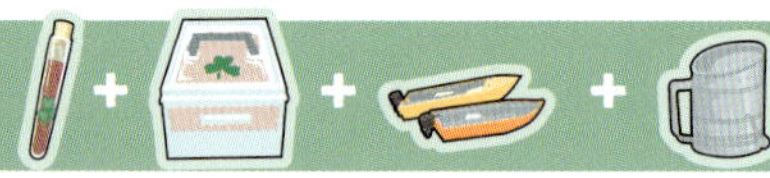

A fórmula exata da tinta de rio de Chicago é um segredo bem guardado desde 1961.

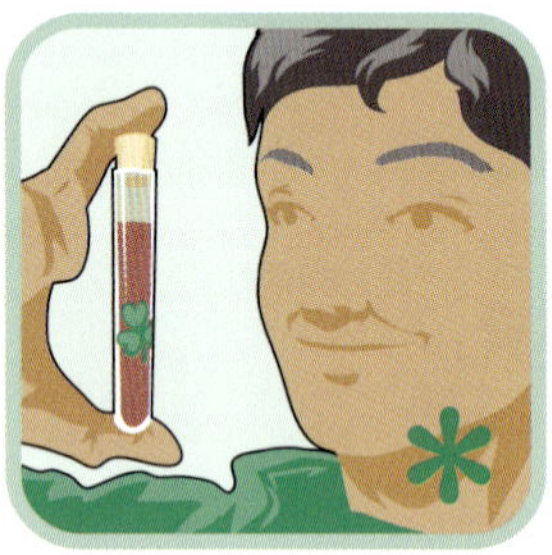

Obtenha tinta de rio secreta.

Coloque a tinta num barco.

Espalhe com uma peneira.

Use os barcos para misturar.

Éirinn go Brách!

335 fazer a dança *morris*

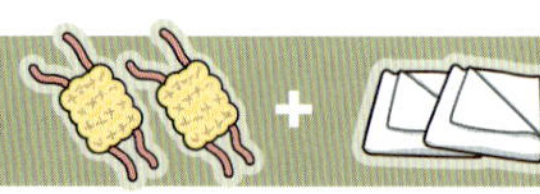

Há séculos os aldeões ingleses dão as boas-vindas à primavera com essa dança festiva.

Lenços ao lado; erga a perna esquerda.

Levante o joelho; gire 90 graus.

Continue girando ao abaixar a perna.

Salte; leve os lenços acima da cabeça.

336 dançar na festa do mastro

O Mastro de Maio é uma antiga tradição das festas do verão europeu. A dança que colore o mastro acontece em 1º de maio ou, em algumas áreas, próximo ao solstício de verão.

Separe um número par de fitas, cortando-as com uma vez e meia o comprimento do mastro.

Forme grupos de dançarinos.

Ache seu lugar, segure a fita.

Dancem em direções opostas.

Passe por baixo de uma fita.

E por cima da fita seguinte.

Amarre ou prenda as fitas no final.

saborear

337 escolher produtos da estação

Frutas, legumes e verduras são mais saborosos quando florescem naturalmente. O esquema de cores indica o tempo certo para a sua colheita.

217 cultivar tomates

338 preparar um *bouquet garni*

Corte o morim. | Acrescente as ervas. | Dobre e amarre. | Ponha na sopa no início do cozimento.

339 tirar a casca do alho com azeite

Separe os dentes; ponha num jarro. | Aqueça o azeite. | Derrame sobre os dentes de alho. | Deixe esfriar; descarte as cascas. | Coe; guarde o azeite temperado.

340 fazer manteiga de ervas

Pique o alho e as ervas. | Misture as ervas à manteiga. | Espalhe sobre papel-manteiga. | Enrole; congele. | Sirva em fatias sobre carne ou pão.

341 picar como um chef

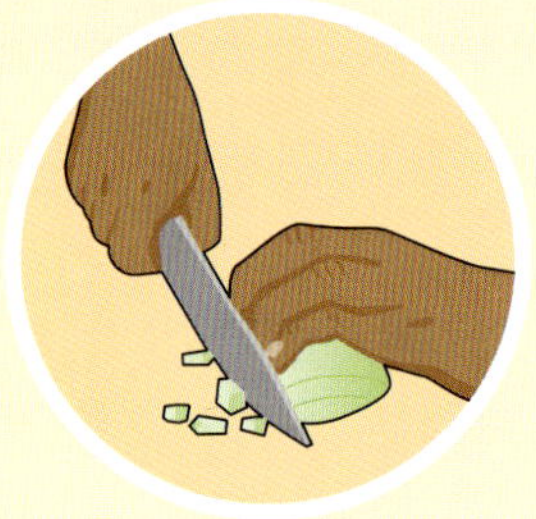

dedos curvos
Para cortar em cubos, apoie a lateral da lâmina nos dedos da mão livre.

cubinhos

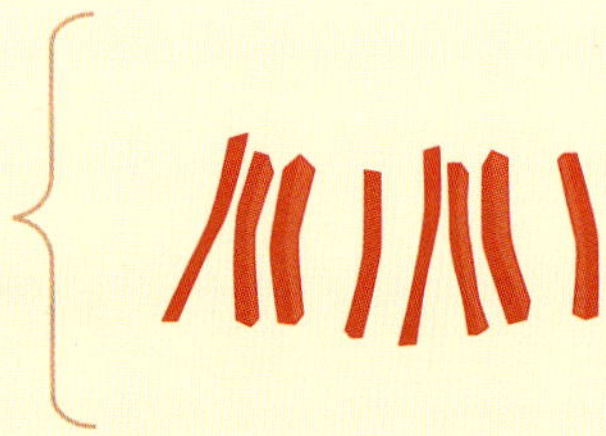

corte e puxe
Para fazer tiras, comece pela ponta da faca e puxe-a para trás.

julienne

moer
Para moer, movimente a faca como uma gangorra.

moído

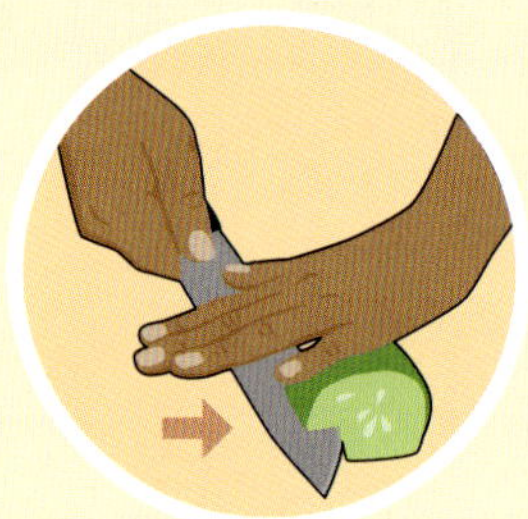

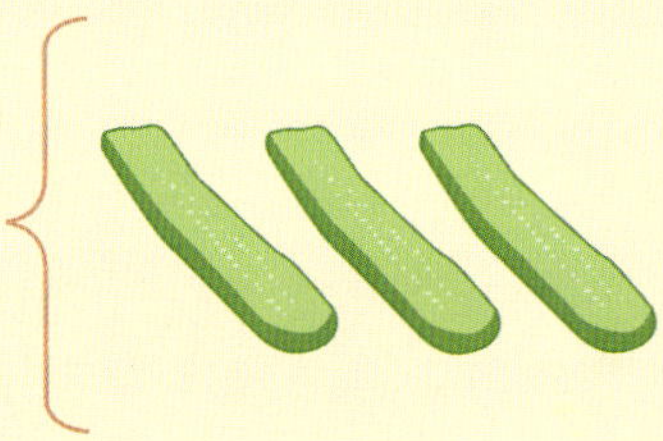

fatiar
Para um corte seguro, apoie a mão livre por cima.

fatiado

342 cortar cebola

1 Corte a cebola ao meio, da ponta à raiz.

2 Descasque.

3 Remova a ponta.

4 Faça cortes longitudinais paralelos.

5 Corte fatias na horizontal.

6 Corte reto para baixo.

343 cortar ervas

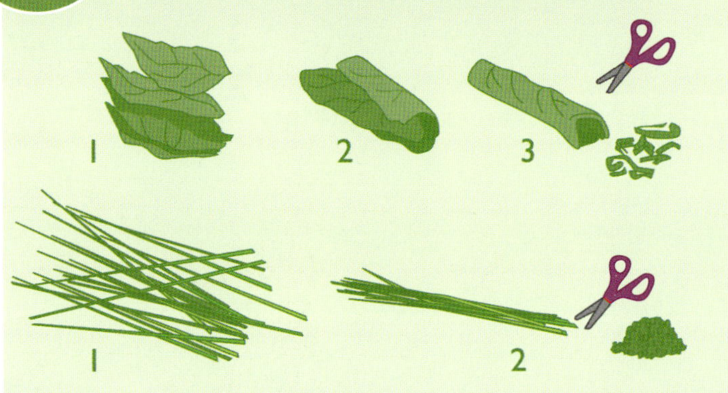

preparar um baiacu 344

Obtenha a licença necessária.

Coloque o peixe numa tábua limpa.

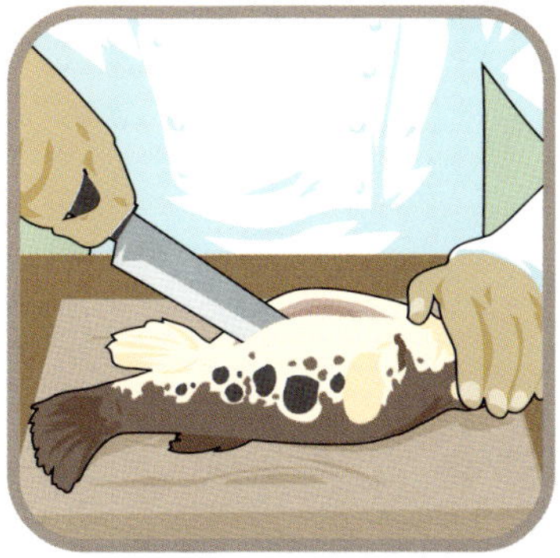

Abra no meio.

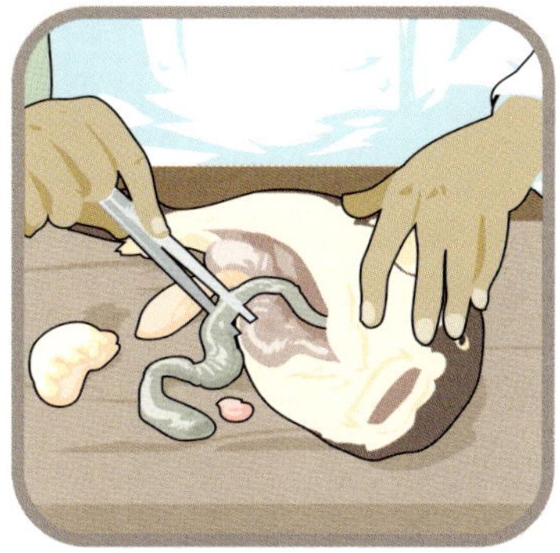

Remova as tripas cuidadosamente.

Retire as escamas.

Os resíduos são tóxicos!

Corte em fatias finas.

Sirva a pessoas corajosas.

* Fato não tão divertido: o baiacu é extremamente venenoso e sua venda é ilegal em muitos países. Mesmo chefs certificados devem obter licença e treinamento especiais antes de vendê-lo.

criar uma rosa de sashimi 345

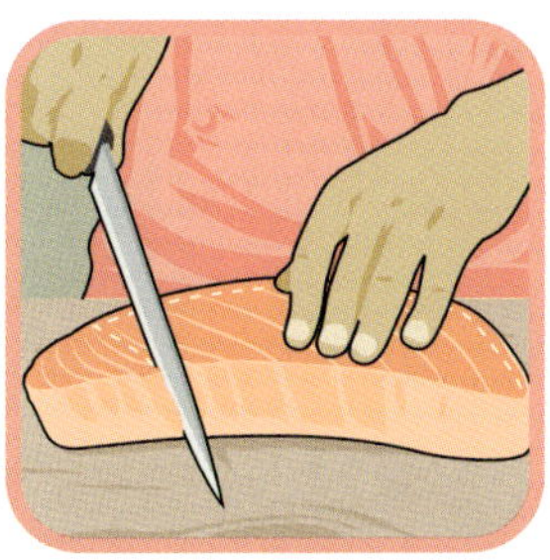

Faça um quadrado com o atum.

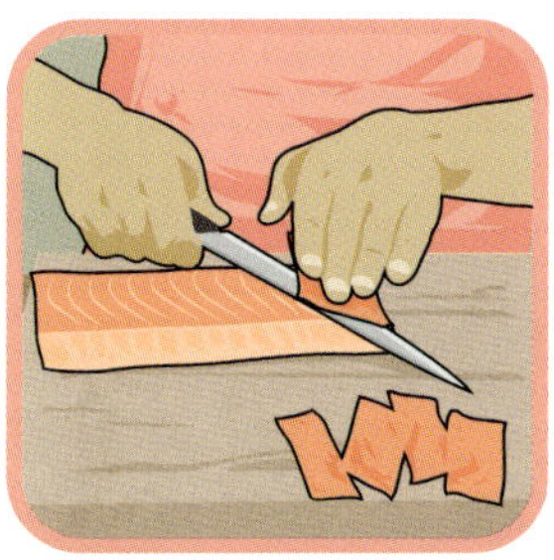

Corte em fatias finas.

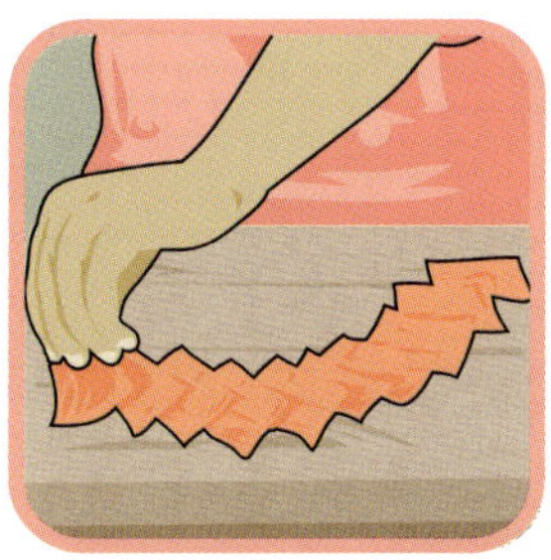

Disponha-as em leque.

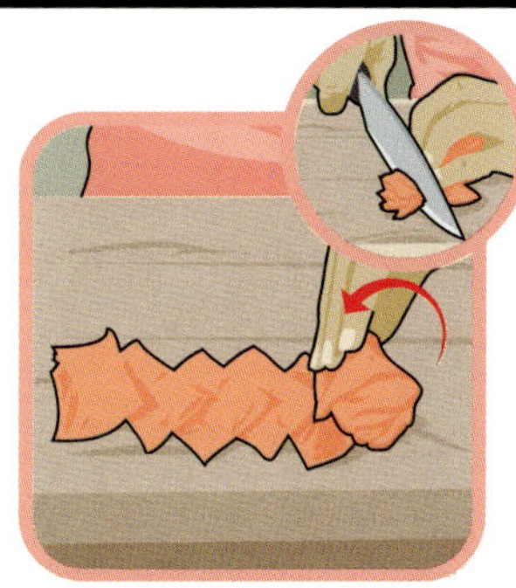

Enrole num cone; corte as pontas.

servir sushi nu e cru 158

Sirva.

346 fazer picles de geladeira

Descaroce o pimentão; corte os ingredientes.

Ponha num pote limpo.

Misture em fogo baixo.

Acrescente temperos. Dissolva o açúcar.

Tire do fogo; deixe descansar.

Cubra tudo com a marinada.

Feche, depois agite para misturar.

Deixe marinar na geladeira.

Esta receita não é só para pepinos. Experimente-a com outros legumes ou mesmo com ovos duros.

347 fermentar ovos centenários

Misture em partes iguais.

Encha o vaso até a metade com terra.

Envolva os ovos com a mistura.

Enterre-os no vaso; guarde.

329 festejar com gengibre e ovos

Descasque e sirva.

fazer compota de morango 348

Lave potes com sabão.

Ferva as tampas.

Lave e limpe as frutas.

Amasse-as com um garfo.

Misture em um pote grande.

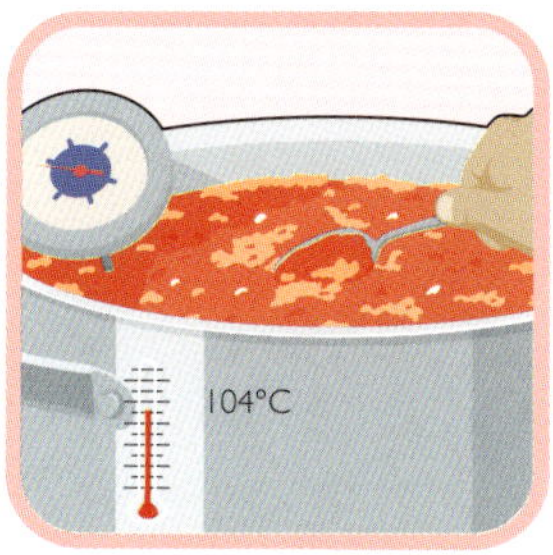

Ferva, retirando a espuma.

Deixe engrossar um pouco.

Encha quase até a boca.

Feche sem tocar as bordas.

Mergulhe em água fervendo.

framboesa

jalapeño

tangerina

figo

fazer iogurte em casa 349

Aqueça o leite.

Deixe esfriar; adicione iogurte.

Ponha num pote limpo.

Ponha no forno.

Esfrie antes de servir.

350 grelhar costelas suculentas

Lave com água fria; seque.

Tempere generosamente.

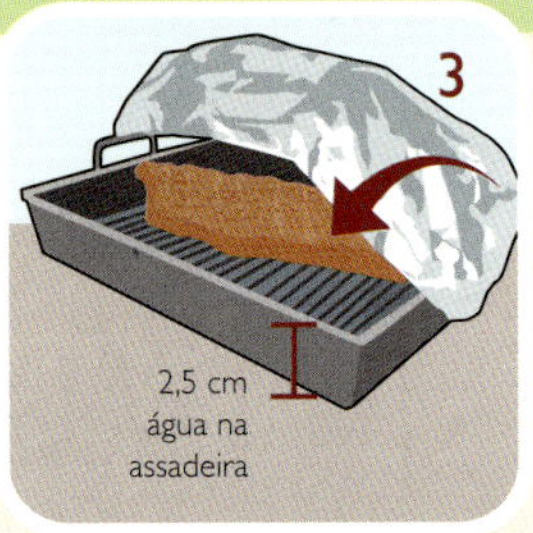

Coloque numa grelha; cubra.

Asse no forno.

Grelhe e regue até ficar crocante.

Fatie e sirva.

351 assar legumes com laminado

Ponha os legumes no laminado.
Regue com azeite; tempere.

Embrulhe.

Coloque sobre as brasas.

352 degustar salmão na tábua de cedro

1 Mergulhe a tábua de cedro em água com peso para mantê-la submersa.

2 Pincele com azeite.

3 Ponha o salmão na tábua; tempere.

4 Asse numa grelha fechada e quente.

5 Regue com limão periodicamente.

353 saborear frutas grelhadas

Molhe os espetos; corte as frutas.

Ponha em espetos duplos.

Acrescente rum e açúcar mascavo.

Grelhe até estarem doces e meladas.

354 assar pão num vaso de barro

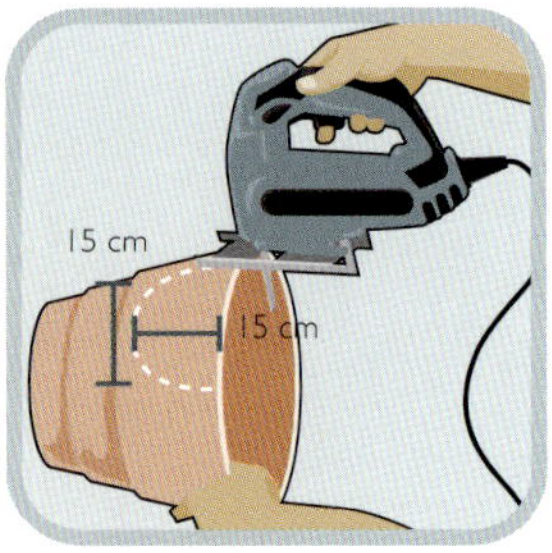

Corte o vaso com uma serra.

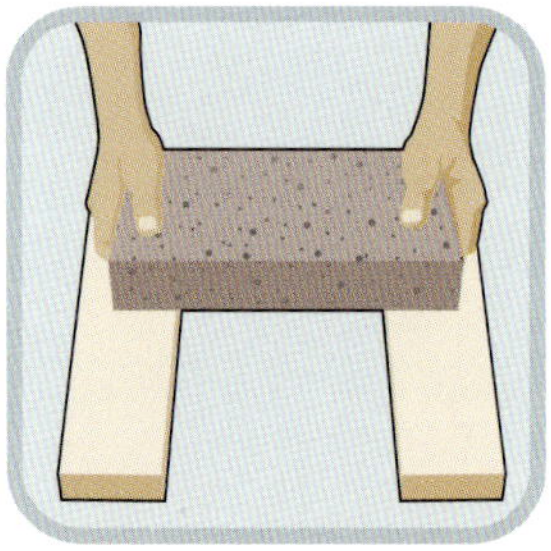
Coloque lajotas sobre as tábuas.

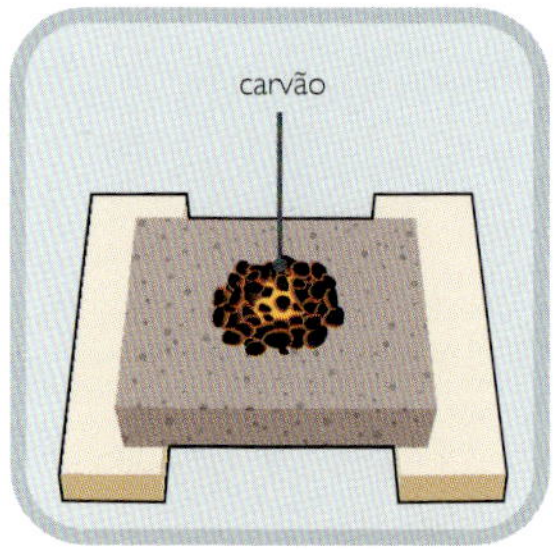

Queime até as chamas apagarem.

Ponha o vaso; instale o termômetro.

Ponha espaçadores de cerâmica.

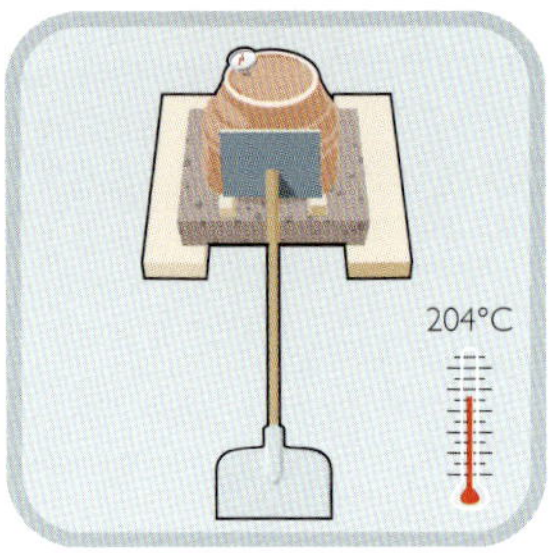

Feche com azulejo; preaquecer.

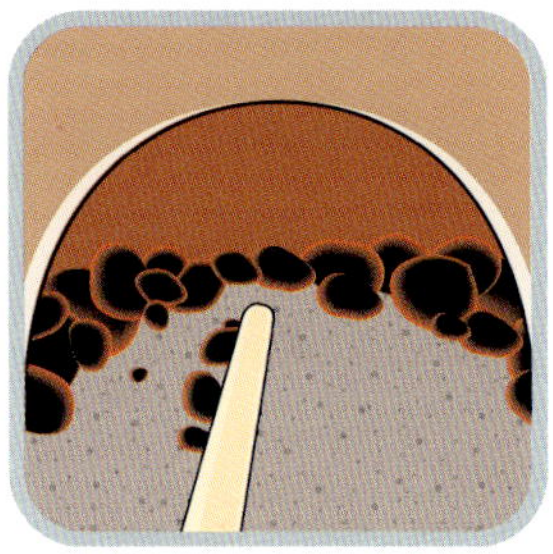
Abra espaço no carvão.

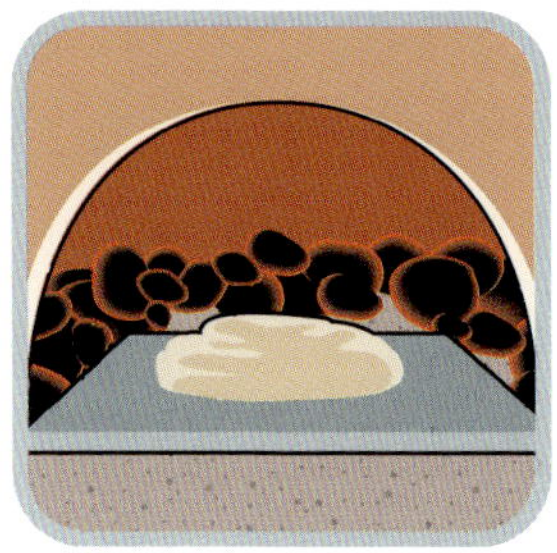
Insira azulejo com a massa.

Recoloque a porta; asse.

289 ser recebido com pão e sal

Retire o pão.

Personalize o seu pão caseiro incluindo estes ingredientes na massa crua.

azeitonas, amêndoas e sementes de papoula

cebola e tomate

parmesão e gergelim

aveia e mel

355 cozinhar arroz de coco no bambu

Enrole as folhas; insira.

Mergulhe o arroz na água.

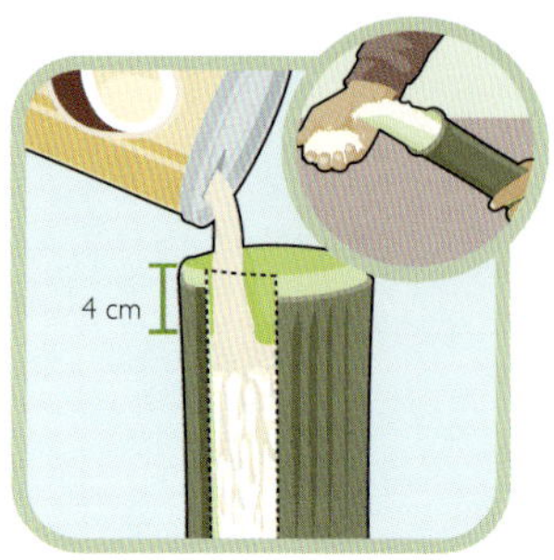

Encha de arroz e leite de coco.

Cozinhe; virando regularmente.

Abra o bambu; corte as folhas.

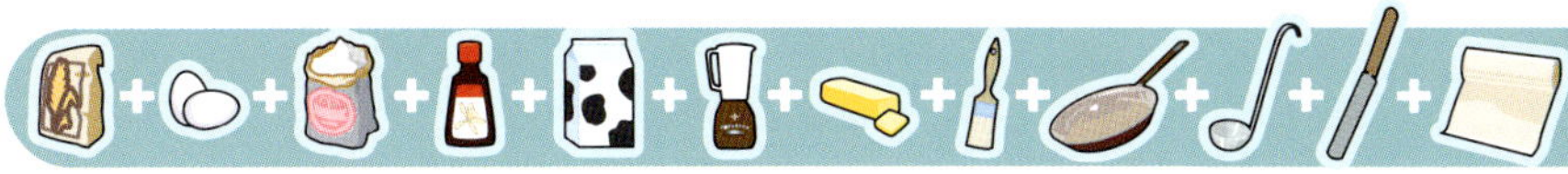

fazer crepes 356

Bata no liquidificador.

Acrescente; bata bem.

Refrigere a massa.

Pincele manteiga derretida.

Incline a frigideira; verta.

Gire rápido para cobrir.

Cozinhe até a massa soltar.

Vire; cozinhe o outro lado.

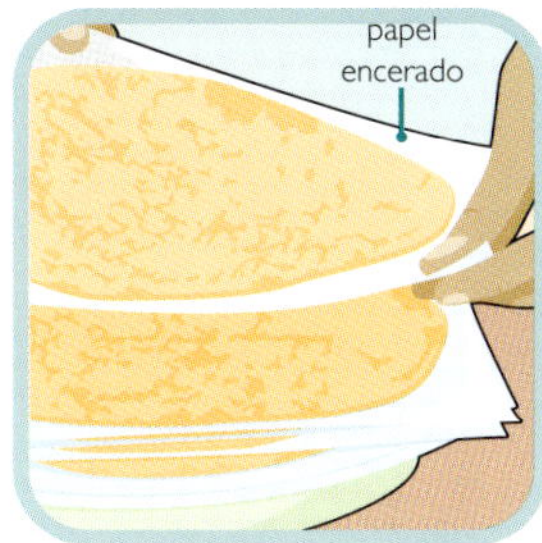

Retire o crepe; empilhe.

Recheie e sirva.

Um crepe não é um crepe sem um bom recheio – eis algumas ideias doces e salgadas.

mel e limão

chocolate e banana

cheddar, frango assado e ovos

aspargos, cogumelos e *gruyère*

fritar donuts 357

Fure no meio.

Ferva o óleo.

Mergulhe o donut.

Vire para fritar o outro lado.

Confeite com açúcar a canela; sirva.

358 servir um bolo lisinho

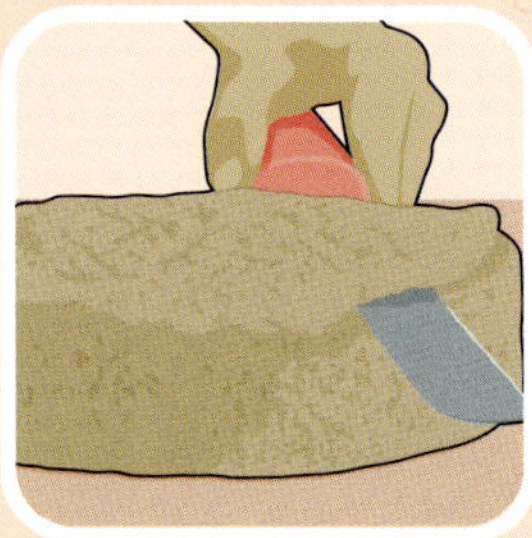

Nivele um bolo já frio.

Coloque sobre papelão numa boleira.

Faça uma camada fina de cobertura.

Deixe secar na geladeira.

Ponha mais cobertura; espalhe.

Sirva seu bolo perfeitamente liso como está ou expresse-se através de floreios de cobertura. Use um saco de confeitar cheio de cobertura e bicos específicos para criar cada um destes efeitos.

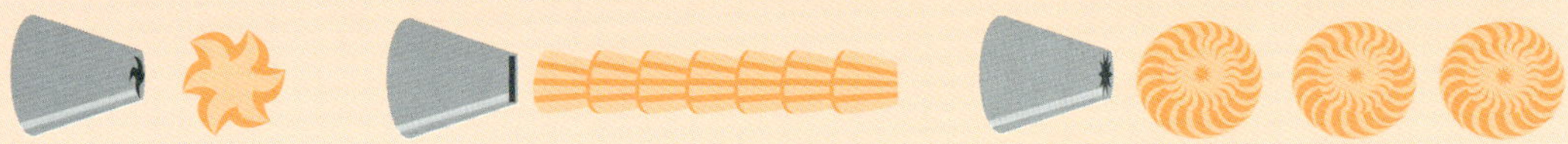

359 fazer folhas de menta de chocolate

1 Derreta chocolate em banho-maria.

2 Pinte as folhas com chocolate; deixe esfriar.

3 Remova a folha, deixando seu formato no chocolate.

4

360 desenhar rendas de chocolate

1 Derreta chocolate em banho-maria.

2 Verta num recipiente de bico fino; desenhe sobre papel encerado.

3 Ponha no freezer.

4

Alise da borda para o meio.

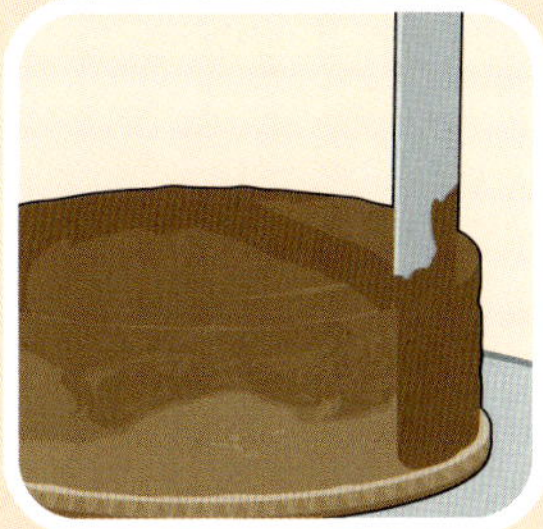

Cubra os lados.

Alise com a lateral da faca.

Deixe a faca sob água quente.

Encoste a borda no bolo; gire.

decorar com formas de *fondant* 361

1 Amasse a cobertura de *fondant*.

2 Corte com cortadores de biscoito.

3

fazer estêncil com açúcar 362

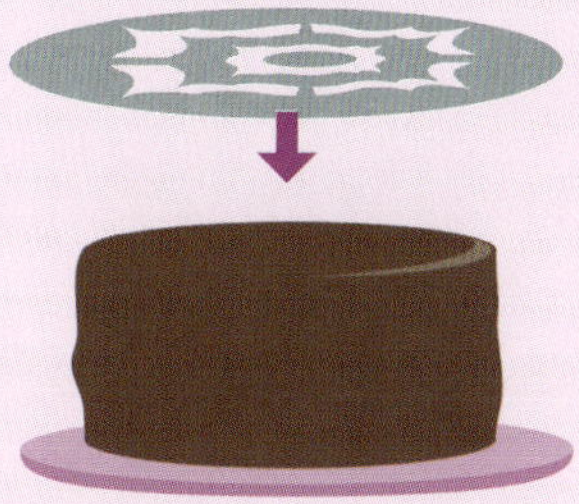

1 Ponha o estêncil sobre o bolo já frio.

2 Peneire açúcar de confeiteiro sobre o estêncil.

3

150 g de
qualquer combinação de frutas
Lave; descasque e pique.
120 ml de leite
2 colheres (sopa) de
manteiga de amendoim
Acrescente.
120 ml de água
15 min
Ponha a água, tampe e
deixe ferver.
Destampe e mexa.
Acrescente açúcar e
limão a gosto.

363 fazer picolés de fruta

364 bater um *smoothie*

365 fazer tiras de fruta

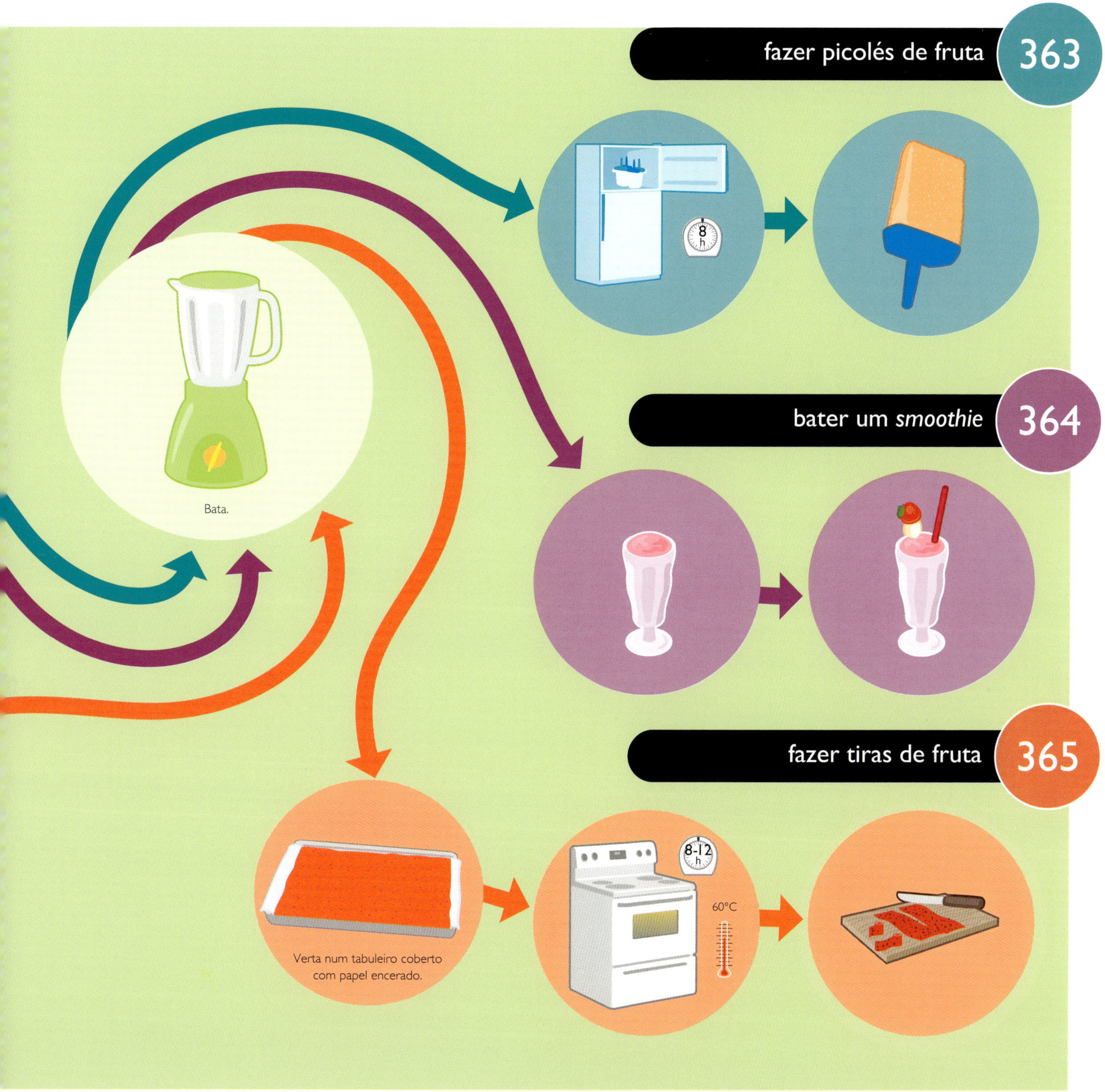

366 fazer vinho de dente-de-leão

Colha as flores; arranque as pétalas.

Jogue sobre as pétalas.

Cubra com um pano; deixe.

Ferva.

Acrescente casca de laranja.

Coe numa jarra.

Mexa com açúcar

Misture com levedura e suco de laranja.

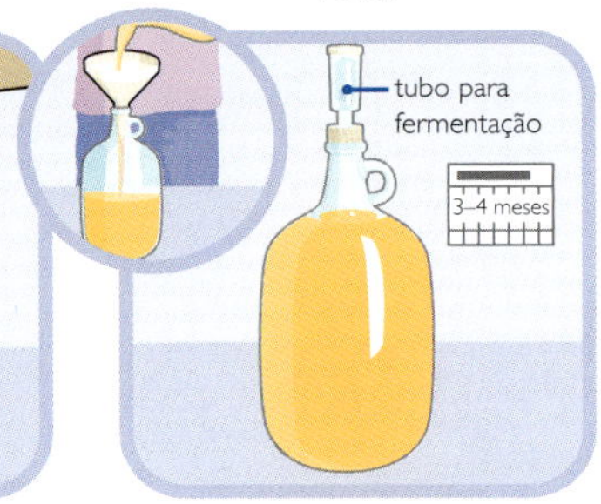

Verta no galão; deixe fermentar.

Ponha em garrafas; deixe envelhecer.

* Para obter uma bebida saborosa, assegure-se de usar apenas pétalas – outras partes da planta vão arruinar seu vinho!

367 fazer um chá revitalizante

1 Use 3 colheres (chá) de erva para cada 249 ml de água.

2 Ponha as ervas num pote; acrescente água fervendo.

3 Tampe; deixe.

4 Coe e sirva.

calmante

flor de camomila

scutellaria lateriflora

salva

erva-cidreira

digestivo

lúcia-lima

flor do cravo

menta

folha do morango

preparar uma bebida frutada 368

Misture em fogo baixo.

Cozinhe até o açúcar dissolver.

Coe e deixe esfriar.

Acrescente suco de limão a gosto.

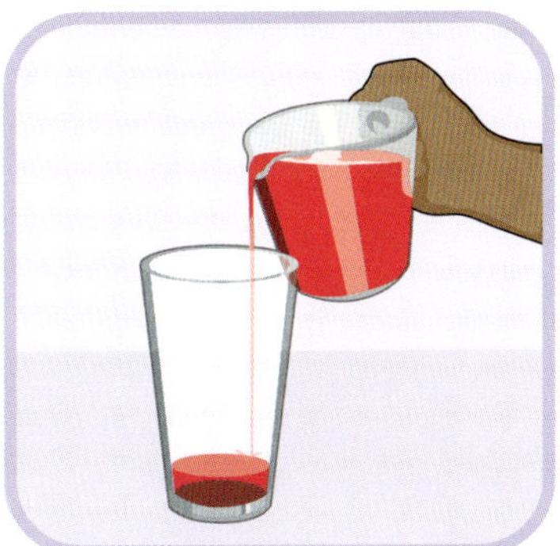

Encha um terço do copo com o xarope.

Complete com água gasosa; mexa.

Finalize com sorvete.

Enfeite e sirva.

descongestiona

tomilho

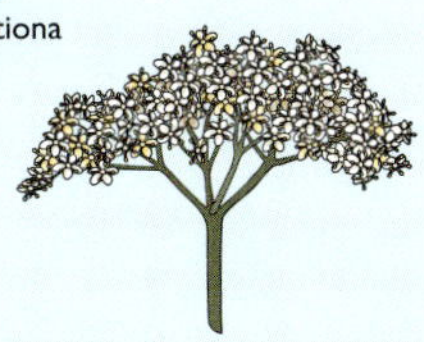

sabugueiro

milefólio

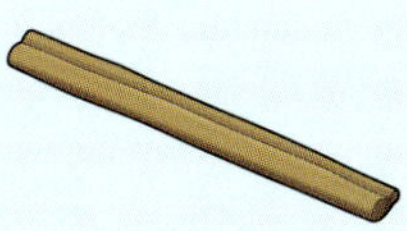

casca de canela

alivia TPM

agripalma

erva-de-são-joão

folha de framboesa

folha de dente-de-leão

melhora a circulação

alecrim

urtiga

limoeiro

pilreteiro

369 fazer infusão com vodca

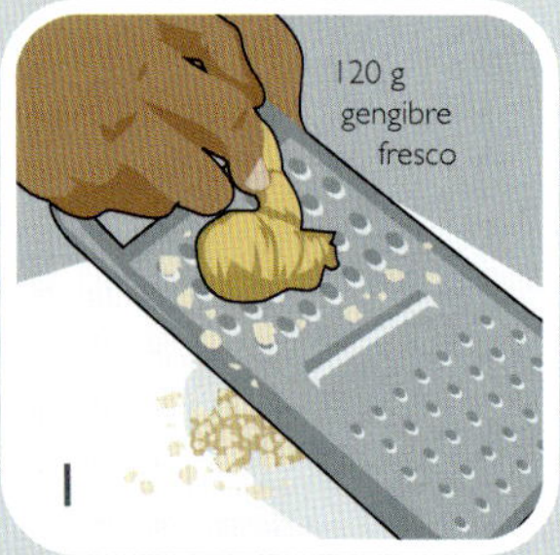

Rale gengibre fresco.

Ponha num pote de vidro.

Cubra com vodca; tampe.

Guarde em local fresco e escuro.

Agite diariamente.

Filtre; descarte o gengibre.

Prepare um gingertini.

Enfeite com gengibre fresco.

370 decorar com laranja flamejante

Segure um fósforo próximo à casca.

Esprema, espirrando óleo cítrico.

Esfregue a casca na borda do copo.

Jogue na bebida.

coquetel bronx

60 ml de gim
15 ml de vermute seco
15 ml de vermute doce
30 ml de suco de laranja fresco
gelo

Agite com gelo; decore com casca de laranja.

6 servir três drinques de uma vez

sazerac

1 colher (chá) de açúcar
45 ml de uísque de centeio
4 doses de bitter de martíni
1 dose de absinto
1 pedaço de casca de laranja
gelo

Amasse o açúcar num copo com algumas gotas de água. Acrecente uísque, bitter e cubos de gelo; mexa. Ponha o absinto em outro copo e junte a mistura de uísque, filtrando-a. Decore com casca de laranja.

pimm's cup

gelo
60 ml de Pimm's No. 1
120 ml de refrigerante de limão
1 rodela de laranja
1 fatia de limão
2 rodelas de pepino
2 colheres (chá) de folhas de menta

Encha um copo alto com gelo. Junte Pimm's e o refrigerante; misture as frutas e a menta. Decore com casca de laranja.

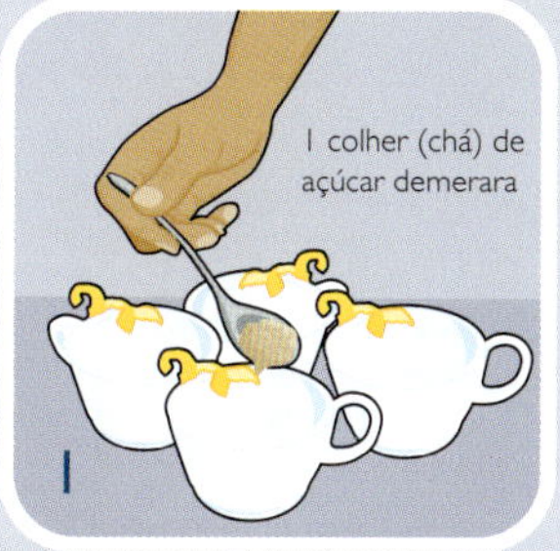

Junte cascas de limão e açúcar.

Ponha água fervendo na caneca.

Junte o uísque rápido.

Acenda com um fósforo longo.

Troque de caneca.

Troque de novo de uma altura maior.

Repita, com ar blasé.

Sirva; apague antes de oferecer.

373 passar um café etíope

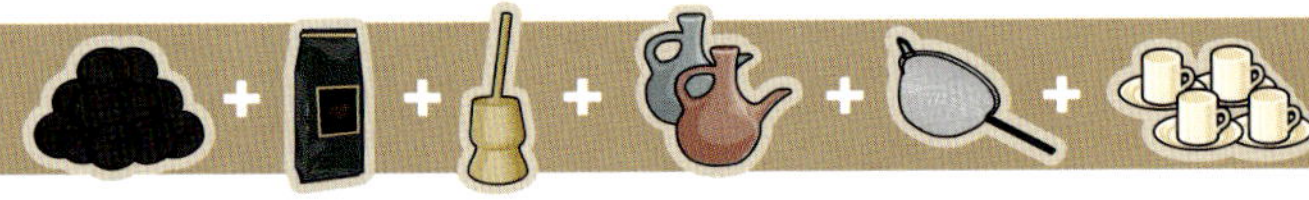

Torre os grãos, sempre mexendo.

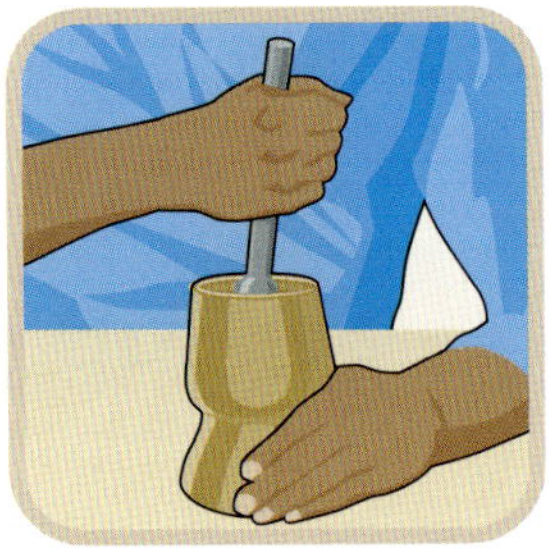

Moa-os manualmente.

Ponha na água quente.

Filtre várias vezes.

Sirva em xícaras pequenas.

374 servir café vietnamita

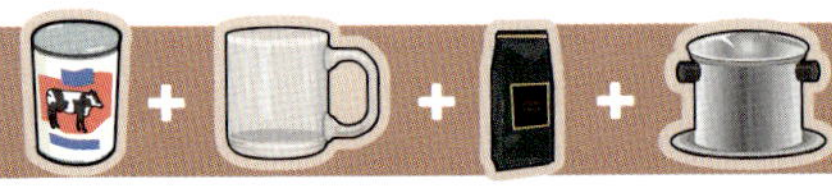

Cubra o fundo da caneca.

Ponha café no filtro.

Encaixe o filtro na caneca.

Verta água quente.

Mexa antes de beber.

375 fazer um *frappé* grego

Misture numa coqueteleira.

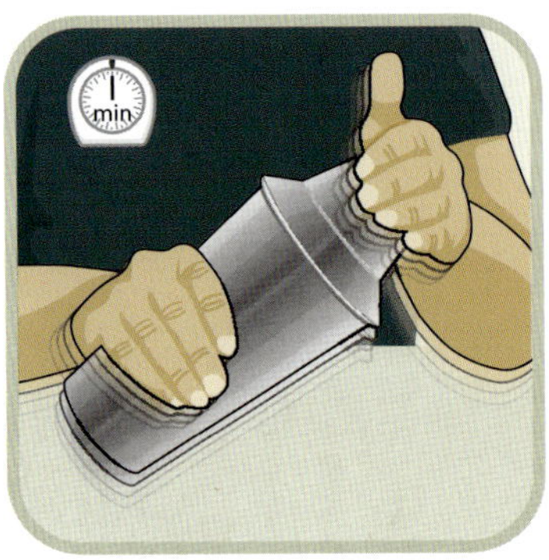

Agite bem, fazendo espuma.

Jogue a mistura na água com gelo.

29 dar vida a um papel de canudo

Beba de canudo.

fazer um café gelado 376

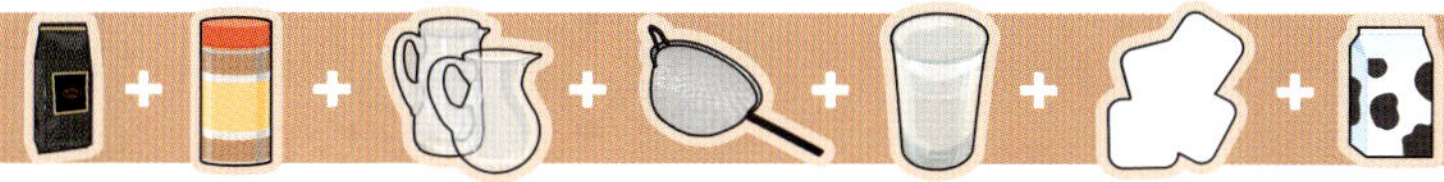

Combine.

Deixe descansar uma noite.

Filtre.

Derrame sobre gelo.

Acrescente leite.

ferver um café turco 377

Misture numa leiteira de cobre.

Deixe ferver.

Quando a espuma subir, retire.

Ferva até fazer espuma; retire.

Sirva; espere antes de beber.

desfrutar de um *Irish coffee* 378

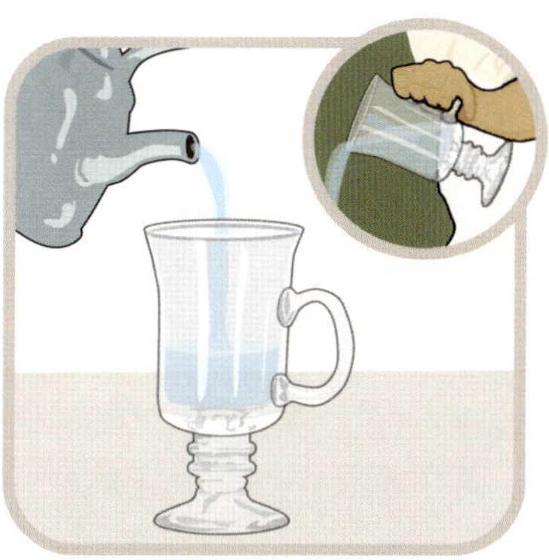
Aqueça a caneca com água fervendo.

Acrescente uísque e açúcar.

Encha quase tudo com café.

Adicione creme com cuidado.

agitar

379 lutar como uma *cholita*

Atordoe com um chute alto.

Corra para as cordas.

Suba; vire-se.

Salte.

Aterrisse com o cotovelo.

380 golpear como um guerreiro

Levante o público.

Acerte um chute no plexo solar.

Agarre o adversário pelo braço.

Jogue-o nas cordas.

Pegue-o na volta.

Use o impulso dele para levantá-lo.

Complete o golpe.

Curta o momento de glória.

fazer um helicóptero de capoeira 381

Dê uma estrela; pare nas mãos.

Abra as pernas.

Gire-as no sentido horário.

Desça a perna direita.

Desça a esquerda; levante-se.

A capoeira é um jogo afro-brasileiro que combina dança, combate e música numa animada forma de arte. Os lutadores realizam suas coreografias acrobáticas cercados de músicos tradicionais.

acertar um chute alto 382

Agache.

Apoie-se no pé esquerdo.

Chute a perna direita à frente.

Salte no pé esquerdo.

Chute o pé esquerdo enquanto baixa o direito.

Aterrisse no pé direito.

Apoie o pé esquerdo.

Recupere o equilíbrio.

383 fazer defesa vertical na esgrima

Erga o florete quando o oponente atacar.

Traga seu peso para trás.

Abaixe o florete do adversário.

Ataque e consiga um toque.

Volte à posição neutra.

384 derrubar a espada do seu oponente

Aguarde o ataque.

Toque a espada por dentro; avance.

Erga a espada; gire.

Empurre para baixo e para longe.

Arranque a espada das mãos dele.

385 duelar como um cavaleiro

Segure a lança em pé na mão direita.

Cavalgue rápido, baixando a lança.

Mire no tronco do adversário.

Incline-se para trás no impacto.

386 saltar sobre um cavalo

Segure as rédeas e a crina.

Salte; agarre o ombro.

Lance a perna esquerda sobre o lombo.

Aterrisse sobre o cavalo.

Sente-se.

387 saltar a cavalo

Incline-se à frente; agarre a crina.

Fique bem parado, rédeas soltas.

Estique os braços à frente.

Leve as pernas à frente; sente-se ereto.

Encurte as rédeas.

388 desmontar graciosamente

Tire os pés dos estribos.

Rédeas na mão esquerda, passe a perna esquerda.

Dobre os joelhos ao aterrissar.

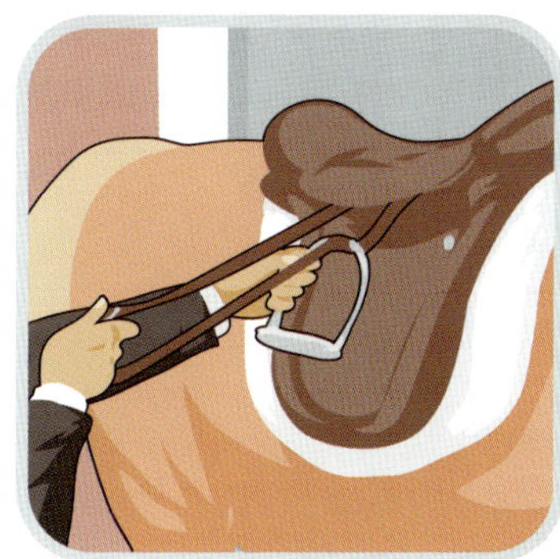

Encurte os estribos.

389 lançar ferraduras

390 organizar um jogo de bocha

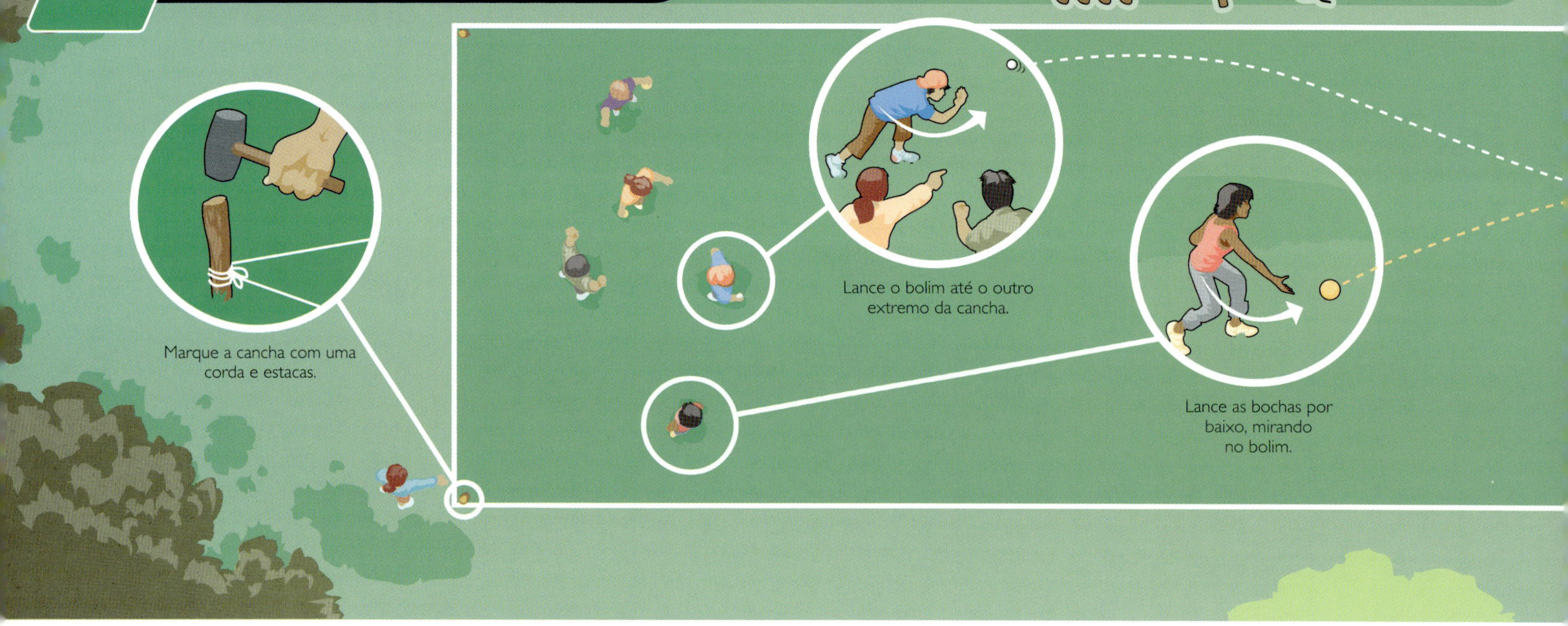

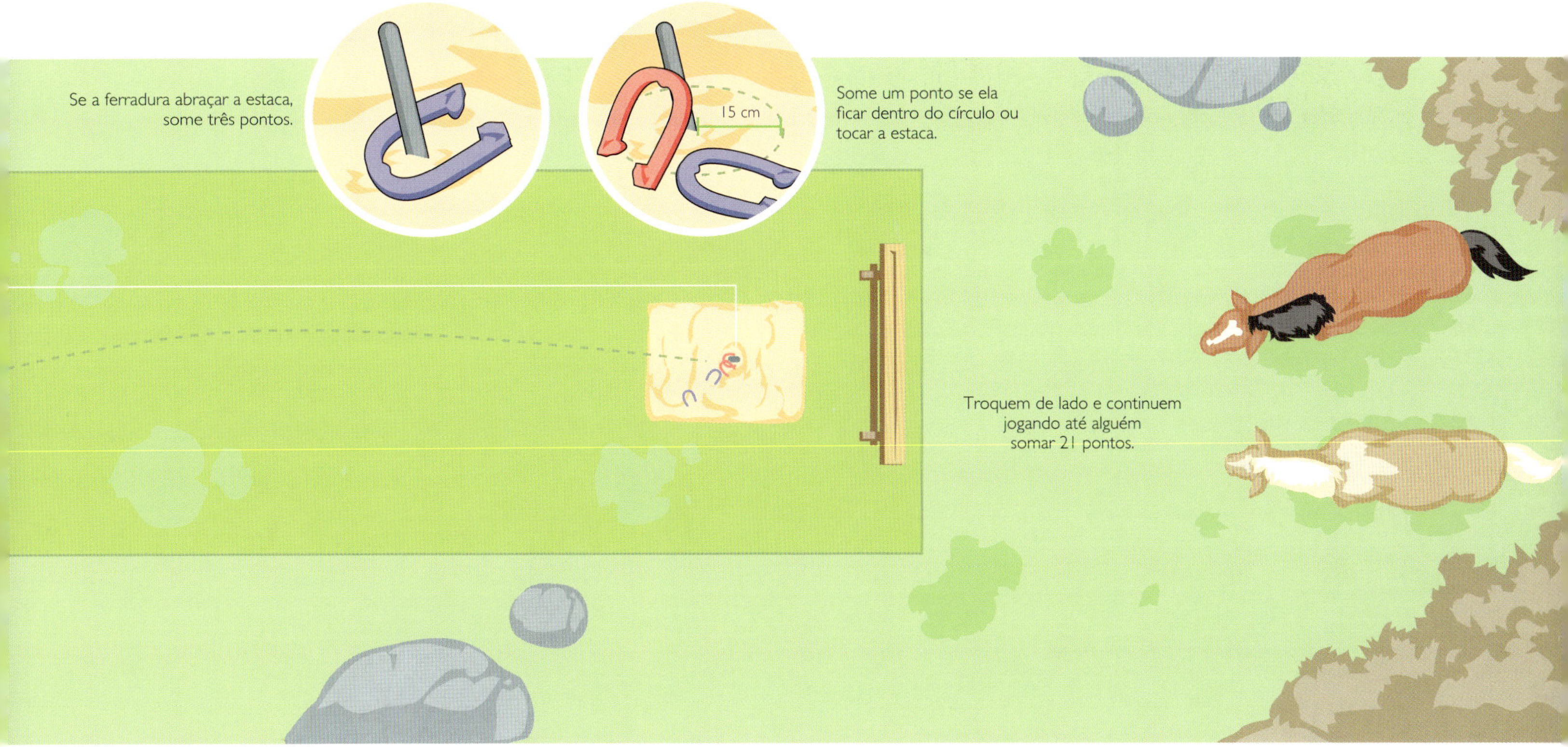
Se a ferradura abraçar a estaca, some três pontos.
15 cm
Some um ponto se ela ficar dentro do círculo ou tocar a estaca.
Troquem de lado e continuem jogando até alguém somar 21 pontos.

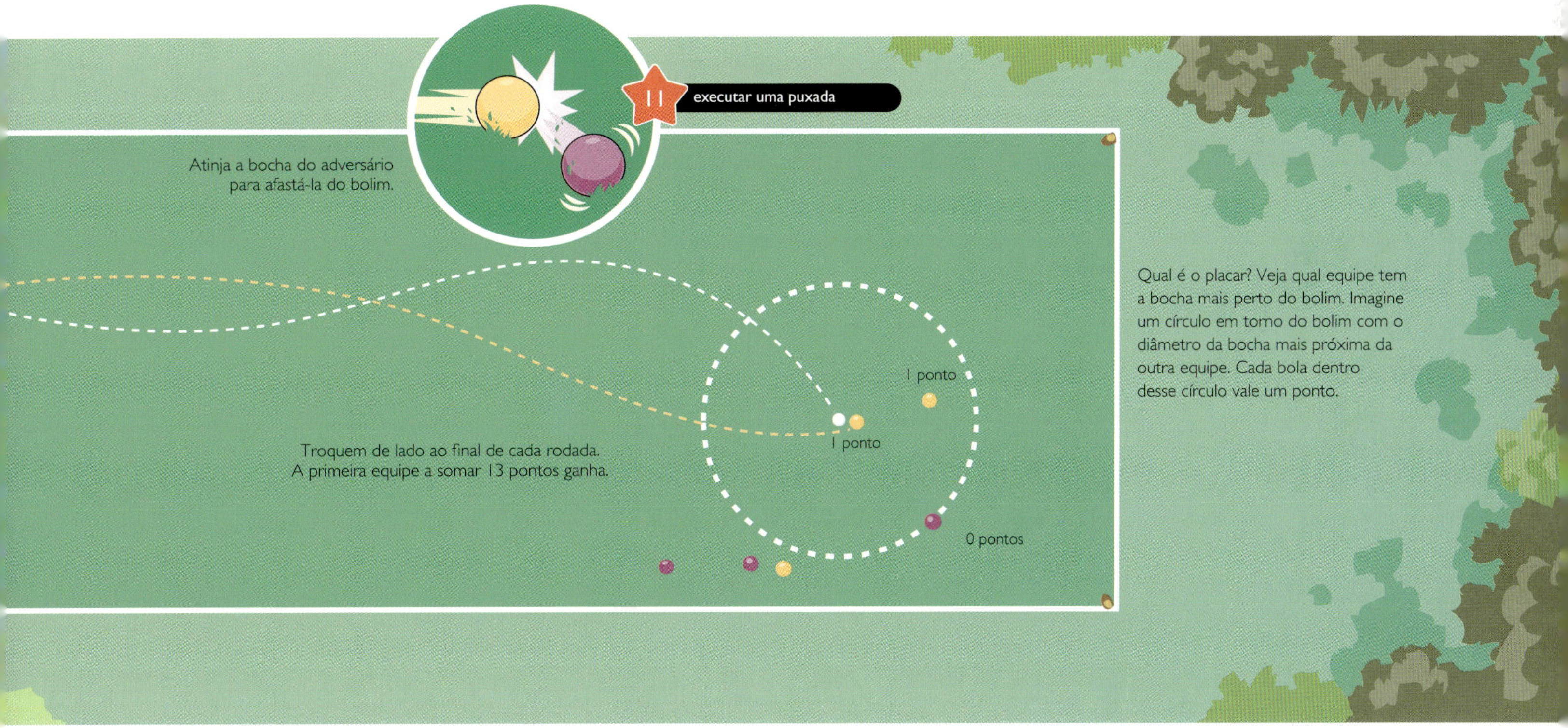
11
executar uma puxada
Atinja a bocha do adversário para afastá-la do bolim.
Qual é o placar? Veja qual equipe tem a bocha mais perto do bolim. Imagine um círculo em torno do bolim com o diâmetro da bocha mais próxima da outra equipe. Cada bola dentro desse círculo vale um ponto.
1 ponto
1 ponto
0 pontos
Troquem de lado ao final de cada rodada. A primeira equipe a somar 13 pontos ganha.

391 saltar da barra sem as mãos

Pendure-se na barra; erga os pés.

Passe as pernas pela barra.

Solte as mãos. Pendure-se pelos joelhos.

Balance o corpo, tomando impulso.

No ponto mais alto…

… desdobre os joelhos.

Encolha as pernas junto ao corpo.

Aterrisse com os joelhos dobrados.

392 dar uma cambalhota na barra fixa

Pendure-se na barra; tome impulso.

Passe uma perna por cima e outra por baixo.

Deixe as pernas pesarem para baixo.

Solte; caia com os joelhos dobrados.

393 mandar um *slide* no skate

Pegue velocidade.

Dê um 180 para o corrimão.

Abra os braços para se equilibrar.

Gire para a frente ao fim do corrimão.

Caia com os joelhos dobrados.

394 fazer um *trackstand* sem as mãos

Comece com os pés paralelos.

Vire um pouco a roda dianteira.

Equilibre-se usando os pés.

Tire as mãos; fique ereto.

Volte as mãos para o guidão.

395 patinar para trás

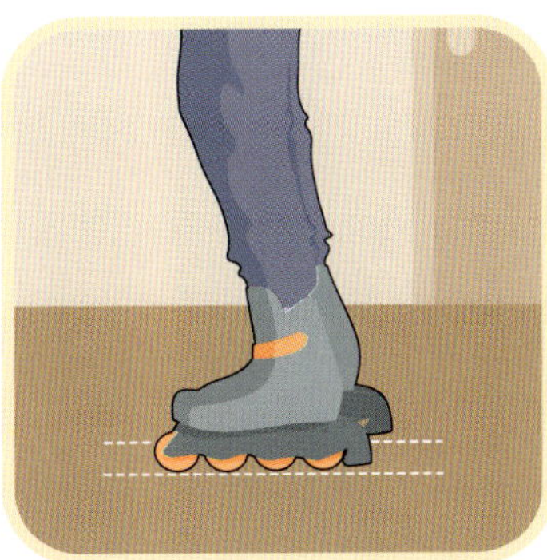
Fique com os pés paralelos.

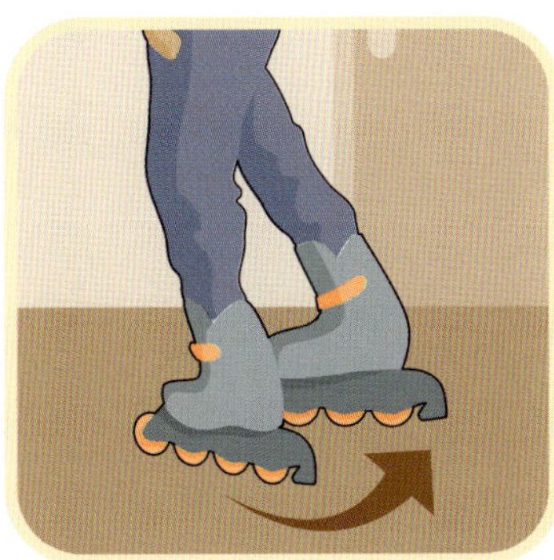
Empurre um pé para fora para deslizar.

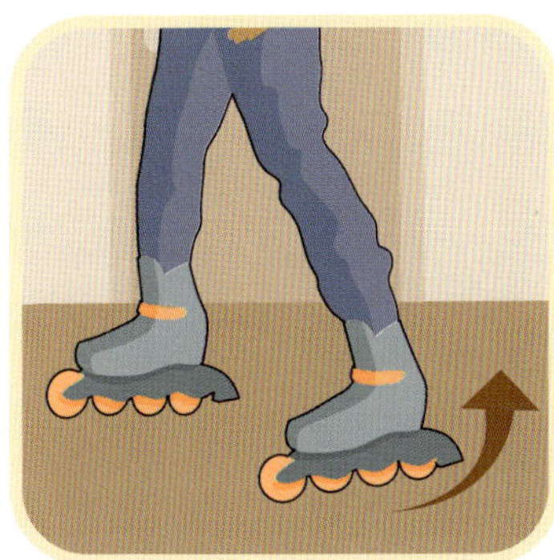
Volte-o à posição paralela.

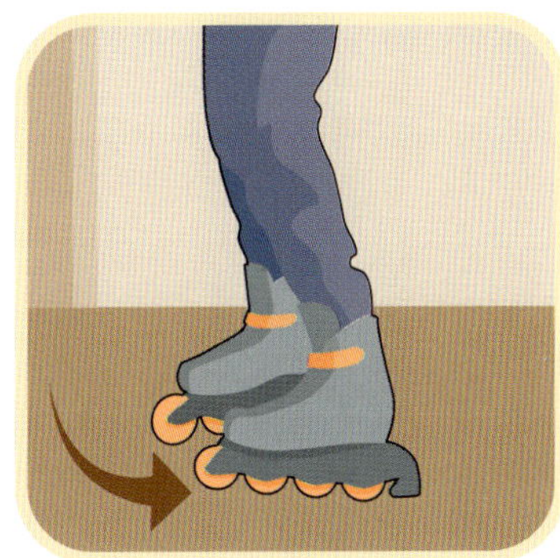
Repita.

396 lançar uma bola curva no críquete

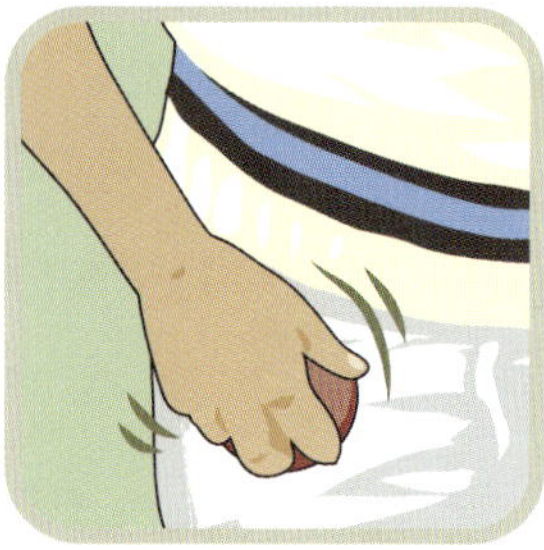

Esfregue a bola nas calças.

Segure com a costura na vertical.

Corra para o rebatedor.

Lance para baixo e no meio.

A bola fará a curva no último segundo.

397 lançar uma bola curva no beisebol

Segure com a costura em pé.

Esconda a mão atrás das costas.

Encoste o pé direito no esquerdo.

Prepare.

Lance; "quebre" o pulso.

398 sacar no vôlei

Fique atrás da linha de fundo; mire.

Baixe a bola e recolha o braço.

Jogue a bola; mantenha os olhos nela.

Bata no alto; siga o movimento.

399 completar uma “ponte aérea”

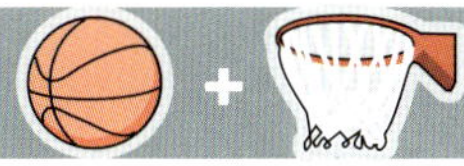

Corra, pedindo a bola.

A bola é lançada acima da cesta.

Salte em direção à bola.

Pegue a bola no ar.

Enterre.

400 disparar um *slap shot*

Ponha o disco entre os pés.

Leve o bastão acima do ombro.

Acerte o gelo atrás do disco.

Bata no disco; gire o pulso de cima.

Acompanhe o movimento.

401 lançar um espiral perfeito

Alinhe seus ombros com o *receiver*.

Leve a bola atrás da cabeça.

Lance, rolando a bola pelos dedos.

Acompanhe, baixando o pulso.

402 proteger seu bastão de *lacrosse*

Segure o bastão na vertical. | Assuma uma postura defensiva. | Vá em zigue-zague, confundindo oponentes. | Proteja o bastão dos adversários.

403 driblar no futebol

148 se dar bem num jogo infantil

Corra com a bola. | Arme um chute. | Passe a perna em torno da bola. | Toque a bola com o calcanhar. | Mude de direção.

404 arremessar no polo aquático

Conduza a bola em direção ao gol. | Pegue a bola por baixo d'água. | Traga a bola junto à orelha. | Lance. | Gol!

No rúgbi Union, o *scrum* é formado quando os jogadores de cada time se unem numa espécie de "massa". A bola é largada entre os times e cada um tenta recuperá-la.

1 = pilar
2 = talonador
3 = pilar
4 = segunda linha
5 = segunda linha
6 = ponta
7 = ponta
8 = oitavo

1 O talonador fica entre dois pilares.

2 Os jogadores "se unem" para ganhar estabilidade.

3 Forma-se uma segunda fileira.

4 Eles se agacham atrás da primeira fileira.

5 Com as cabeças entre os jogadores da primeira fila, os segunda linha se inclinam e se seguram.

6 Dois pontas se unem à fileira do meio e o oitavo se junta atrás.

406 saltar com vara como um atleta

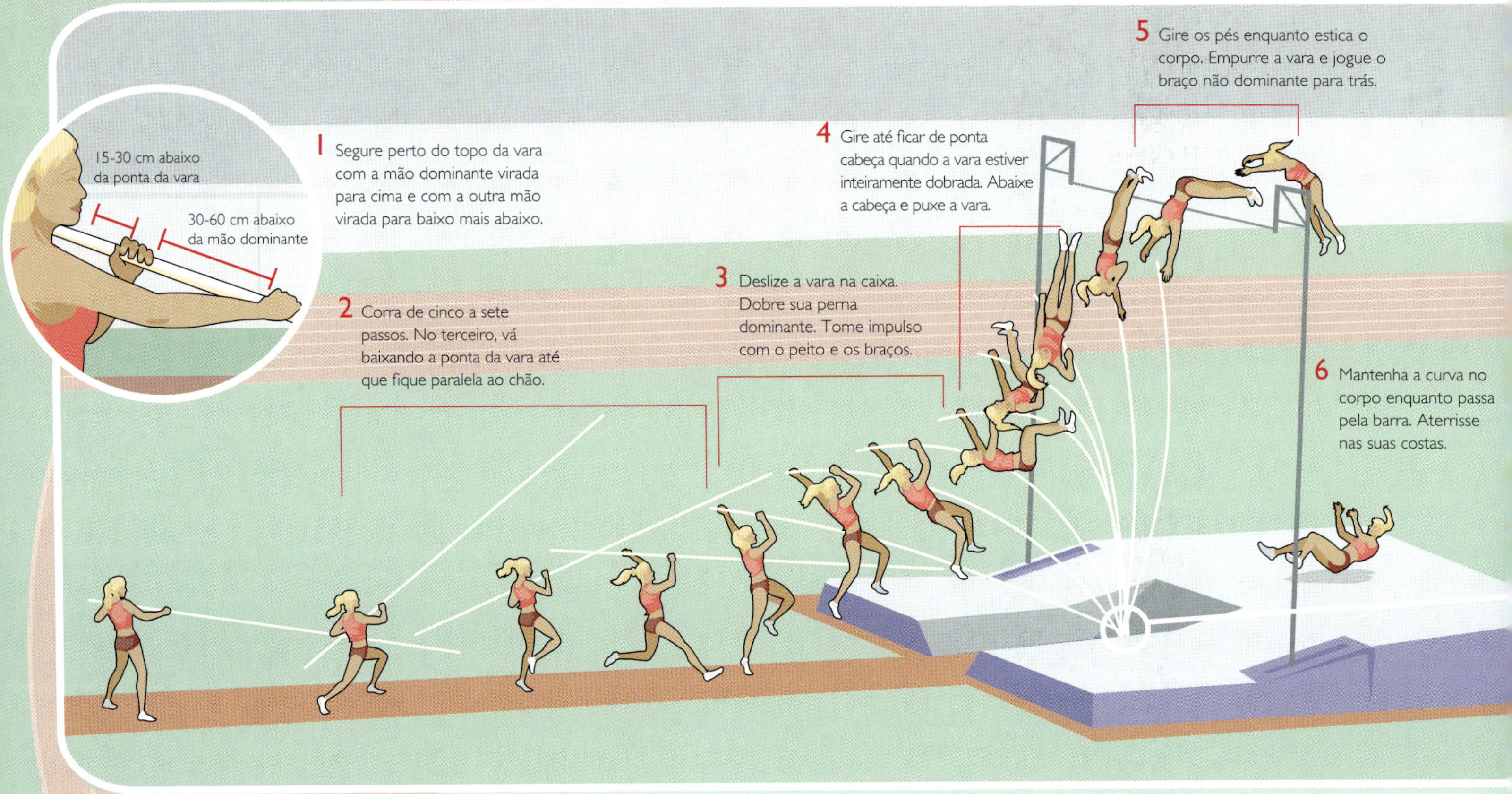

407 brilhar no arremesso de peso

Atletas olímpicos fazem tudo parecer fácil! Saiba, porém, que o salto com vara exige um longo treinamento, de muitas etapas, que prepara para saltos cada vez maiores. Eis os movimentos básicos.

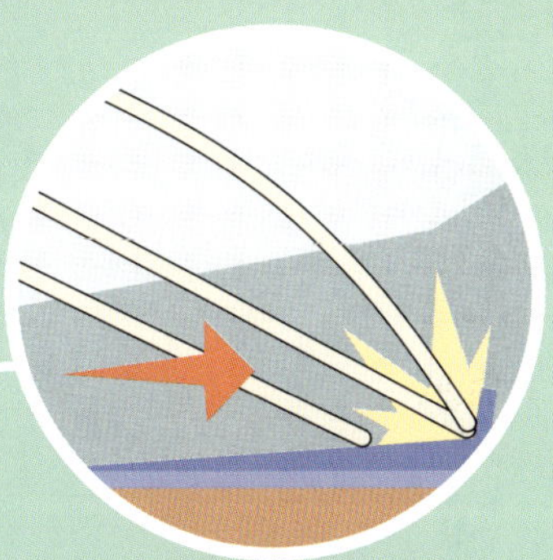

Mire no meio da caixa. A vara deslizará e se dobrará perfeitamente.

Sua posição inicial é perpendicular ao campo, com o pé dominante no centro e o outro na direção do círculo externo. Após soltar o peso, gire de volta a essa posição ou você será desclassificado.

2 exibir uma força espantosa

Gire o pé do centro; abra o quadril.

Os ombros seguem o movimento.

Estique o braço, olhando para cima.

Solte; "quebre" o pulso.

Volte à posição inicial.

408 tonificar os braços com elástico

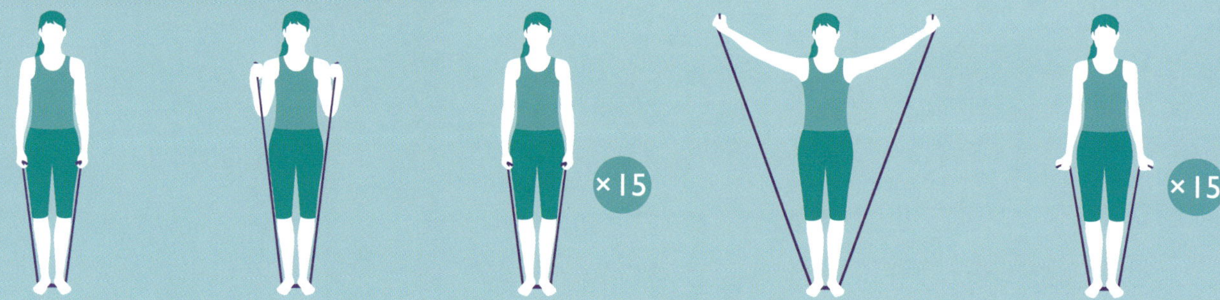

1 Pise na tira elástica.
2 Erga os antebraços.
3 Baixe os antebraços; repita.
4 Erga os braços esticados ao lado.
5 Baixe-os e repita.

409 esculpir pernas em quatro apoios

1 Passe a tira pelo pé.
2 Estique as costas.
3 Tensione o corpo; erga o pé.
4 Levante e estique a perna.
5 Toque o joelho no chão; repita.

410 fazer abdominais com pilates

1 Deite-se com os joelhos dobrados.
2 Contraia o abdome; levante pescoço e ombros.
3 Balance os braços. Expire lentamente durante 10 repetições; inspire lentamente durante outras dez. Repita até 100 vezes.
4 Tente estas outras posições para trabalhar mais a musculatura interna.

Quem precisa pagar uma mensalidade cara da academia? Com um pouco de criatividade, qualquer lugar vira uma sala de ginástica!

coletar água de um galho 274

barra
Nenhuma barra por perto? Use galhos fortes para tonificar seus braços.

flexão
Encontre um objeto bem fixo na altura da sua cintura.

tríceps
Levante e abaixe o corpo usando objetos fixos e altos.

alongar a panturrilha
Levante a perna para alongar antes e depois de malhar.

is agachamentos
Mantenha esta sição apoiando-se numa árvore.

prancha lateral
Dá para fazer esta pose que trabalha o abdômen em qualquer superfície plana.

agachamentos
Escolha um percurso e de fazendo agachamentos.

abdominais
Ache uma superfície alta e pedale no ar.

412 parar em posição de balé

413 dar uma pirueta

1 Comece na quinta posição

2 Ponta para a segunda; eleve os braços.

3 Ponta para a quarta; cruze o braço à frente do peito.

4 Dobre os joelhos; mantenha seu peso equilibrado.

5 Foque num ponto à sua frente; ele será sua referência.

6 Leve o pé direito ao joelho esquerdo; levante-se no pé esquerdo e feche os braços.

7 Gire a cabeça para a direita; o corpo seguirá.

8 Gire mais a cabeça até achar sua referência.

9 Pare na quarta posição com a perna da frente dobrada. Abra os braços.

10 Feche na quinta posição.

dançar acrobaticamente 414

Comece em posição aberta.

Dobre-se; incline o tronco à esquerda.

Agarre-a por trás dos joelhos.

Levante-se e gire-a por cima.

Ela aterrissa com os joelhos dobrados.

Este giro acontece tão rápido que a gravidade e o impulso fazem a maior parte do trabalho. Idealmente, o parceiro deve apenas apoiar a cintura dela enquanto ela se agarra ao seu ombro.

girar sobre a cabeça 415

Prepare-se para plantar bananeira.

Eleve as pernas.

Abra as pernas.

Gire o quadril para tomar impulso.

Volte rápido o quadril.

Tire as mãos do chão enquanto gira.

Desacelere; volte as mãos ao chão.

Repita no sentido contrário.

416 entrar num *bobsled*

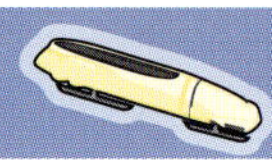

Empurrem o *bobsled* em formação.

O piloto entra primeiro.

Os demais entram em ordem.

Uhuuuul!

417 voltar aos esquis após uma queda

Coloque os esquis de lado na encosta.

Tire a neve da bota.

Encaixe a bota no esqui.

Repita no outro esqui.

258 sobreviver a uma avalanche

Siga em frente!

418 inverter a direção nos esquis

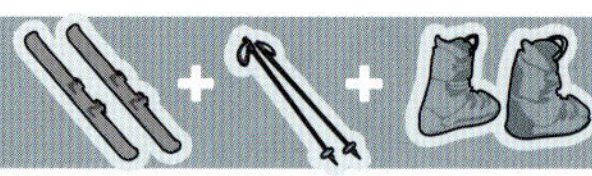

Pare perpendicular à encosta.

Levante seu esqui de baixo.

Gire-o 180 graus.

Traga o outro esqui.

Apoie-o no chão.

patinar para trás com o *crossover* 419

Tome impulso patinando de costas.

Cruze o pé direito à frente do esquerdo.

Traga o pé esquerdo para o lado.

Repita, cruzando de novo o pé direito.

aterrissar um salto de snowboard 420

Agache; jogue seu peso para trás.

Eleve o bico da prancha.

Nivele, elevando os joelhos.

Abaixe o bico para aterrissar.

Controle qualquer solavanco.

subir uma encosta com raquetes 421

Ajuste os bastões ao terreno.

Procure subir em zigue-zague.

Para mudar de rumo, plante os bastões.

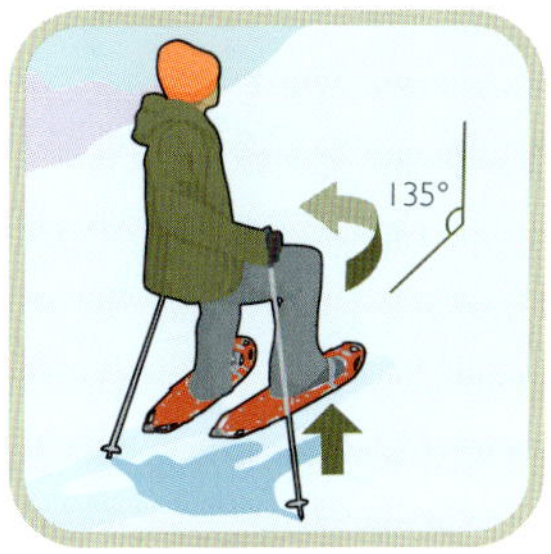

Salte e gire.

Continue.

422 saltar de um avião

1 Salte do avião.

2 Curta a queda livre.

3 Abra o paraquedas.

4 O paraquedas infla...

423 voar em formação

tandem

anel invertido

surfe solo

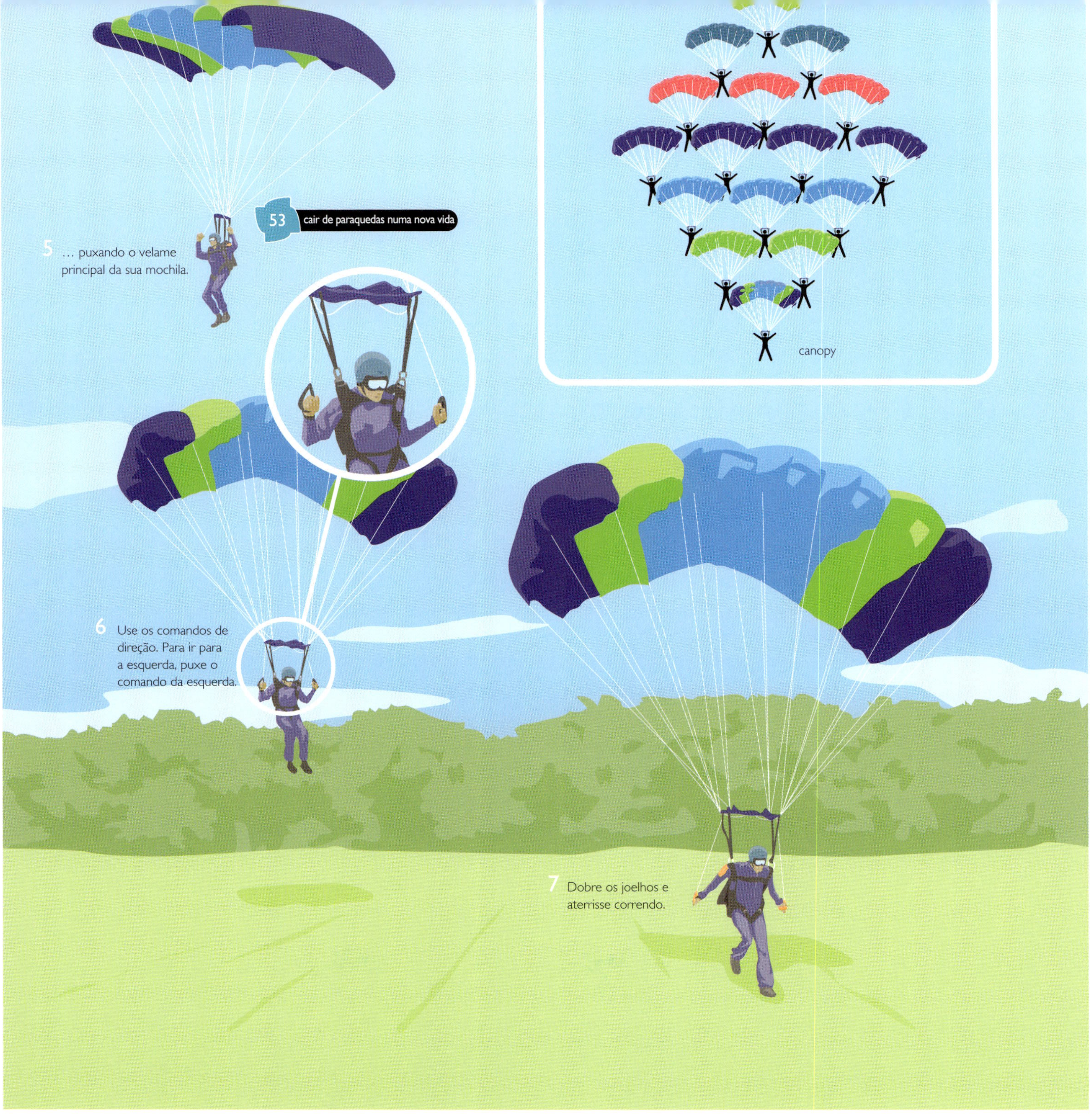
5 … puxando o velame principal da sua mochila.
6 Use os comandos de direção. Para ir para a esquerda, puxe o comando da esquerda.
7 Dobre os joelhos e aterrisse correndo.
canopy

recursos

ferramentas

- rodela de bambu
- bolhas
- erva-gato
- pepino
- vasilha d'água
- jarra
- bolsa de bebê
- lona plástica
- lastro
- sarrafo
- cobertores
- arte
- folhas de bambu
- caneca
- revista de natureza
- dinheiro
- assadeira de vidro
- amido líquido
- *khadag* (echarpe cerimonial)
- toalha
- travessa de vidro
- cadeirinha de carro
- chá
- salsa
- gaiola de cachorro
- caixa de CD
- pente
- álcool hidratado
- papel de seda
- capacete de lacrosse
- terra
- laguinho pré-moldado
- contas
- bambu
- esponja
- peixe morto
- endro
- gel para plantio
- iogurte
- massa de biscoito
- água gasosa
- máscara de hóquei
- *cooler*
- robôs de brinquedo
- régua
- aloé
- luva térmica
- pimentão verde
- fio de bordar
- garrafa d'água
- epóxi de arte
- toalha de mesa
- giz
- lençol
- chaleira
- canudo
- sementes
- livros de história da arte
- tomilho
- franja
- copo de shot
- maçarico
- calça jeans
- pincel
- dardo
- macacão de paraquedismo
- ramo de acácia
- flores
- isqueiro
- ervas favoritas
- gel de cabelo
- lata de spray
- faca alfa
- prancha de snowboard
- margarina
- prendedor de cabelo
- contas
- alecrim
- amora alpina
- mudas de bouganvíllea
- anel de espuma
- copos
- galão de água
- calculadora
- vaselina
- pasta de gravar vidro
- luva de borracha
- tecido
- lajotas de cerâmica
- bala
- musgo
- pavio
- vidro de conserva
- creme dental
- açúcar de confeiteiro
- lustre
- pedras
- tinta têmpera
- pastilhas de cerâmica
- suportes
- porta-velas
- composto orgânico
- papel de parede
- botijão de propano
- pó de arroz
- pincel fino
- roupa de turista
- lápis de cor
- cascalho colorido
- papel carbono

poção do amor
lapiseira
chave de fenda
cortador de garras
peruca
biscoito de cachorro
calcinha
envelope
cadeiras
caiaque
contas
paraquedas
linha de pipa
fita adesiva
lança
sobretudo
café instantâneo
feltro
borracha
açúcar demerara
calças de proteção
pluma
bochas
garrafa de refrigerante
tesoura
sombrinha
guitarra elétrica
livros pesados
pincel
esmalte de metal
costelas
pincel
pincel de cabelo
preservativo
revista
bolsa
garanhão
frutas passadas
bola de lacrosse
saia
pompom
camarão
colete salva-vidas
podão
flores
balde
bicicleta
arreio de cachorro
paletó
geleia
tecido
papel-cartão
vela rosa
fogueira
vela
flores falsas
terminal de fio
raquetes de neve
lata de lixo tóxico
jarras de barro
frutas vermelhas
roupas velhas
garrafa de spray
salmão
folhas de ouro
talhadeira
cebola roxa
pipa
retalhos de camisa
jet pack
baralho
alicate de corte
banco de bar
confete
peso de arremesso
capacete de paraquedismo
pomada de cabelo
almofada
creme de tártaro
balões
alfinetes
bola de críquete
lápis de olho
ferraduras
porcos
filé de atum
tinta de impressão
alicate
laço de fita
chicória
carro
pertences
gravata ascot
furador decorativo
zíper
caixa de tinta de rio
bola de basquete
poliuretano
desencapador de fio
lantejoulas
cartão de crédito
tiras de *quilling*
tanques de hélio
caixão
fio elétrico
rolos de cabelo
toalha
cadeira dobrável
verniz
cimento de telhado
fita
pintura
morangos
calça
balde
flores de plumeria
salame
maquiagem mineral
trouxa de mendigo
ibuprofeno
selante

serra elétrica manual
legumes
entalhadeira
sofá
espátula
toras
galho queimado
uísque
moldura velha
cascalho de telhado
estaca
cones de trânsito
fita métrica
argila
pônei
tempero de picles
tábua de cedro
marreta
urso de pelúcia
bloco de madeira
folhas de louro
espátula
suco de laranja
fósforo
ibrik
pincel
tinta secreta de rio
papelão
tubos de papelão
folhas secas
disco de papelão
estacas amarradas
saco de papel
abóboras
bourbon
touro mecânico
cadeira de cozinha
limpa-cachimbos
tora
brinquedo de gato
treliça
argamassa
cogumelos
cômoda
laranja
descolorante de cabelo
molho barbecue
sela
bola de futebol americano
arma de chumbinho
tubo de papel higiênico
grampos de cabelo
sacos de areia
rolha
canela
chapéu
vaso de barro
sal grosso
extrato de baunilha
filtro de café
martelo
mesa
moldura
bucha de balão
ferramenta de *faux bois*
tigela de *chicha*
frutas
bloco de madeira
estantes
cobertura
frigideira
folhas de papelão
graveto
tábuas
pedra antiga
vara de fibra de vidro
blocos de madeira
bicicleta de pinhão fixo
vaso de flores
colcha
pincel de sombra
vara
rum
cabresto
rolo de massa
lajota
bandeja suspensa
isolamento
barcos
cavalo
gibis
tecido
hashis
malas
fósforo
lixa
espaçadores de azulejo
ferramenta de argila
tábua de cortiça
concha
óleo de teca
cesto
equipamento de proteção
pincel nº 1
barra fixa
pincel nº 2
tear de contas
cesto
poste de afiar garras
madeira
fogueira
lajota de cerâmica
luva de beisebol
coquetel
baiacu
estacas
pincel nº 3
arroz
incenso
moldura
manteiga de cacau

dobradiça
óleo vegetal
pincel de churrasqueira
bola de polo aquático
leite desnatado
presentes de Purim
fio elástico
máscara de busójárás
mapa do museu
elástico
capa de PVC
colher de madeira
farinha
massa
canoa
limão
sinos da dança morris
papel contact
osso
tiras de pano
bolas de pingue-pongue
toalhas de papel
compensado
sorvete
morim
adesivos
manteiga
fixação de lustre
caixa de presente vazia
blanqueta de impressão
xícaras de café
caderno
cano de pvc
mel
leite de coco
palito de picolé
casca de banana
suco de limão
fita dupla face
caneca de cerveja
areia
bálsamo para pele
funil
bola de algodão
pilão e almofariz
esponja
isolamento
tachinha
silicone líquido
espuma
artefatos de escrita antigos
entretela
tinta
prato
talco
alho
cera de abelha
óleo de coco
dentes-de-leão
bastão de cola
documentos de viagem
bola da beisebol
papel-manteiga
carro sucateado
lata de cerveja
bastão de lacrosse
espeto
pincel de cozinha
azeite
selante de argamassa
casca de limão
capacete
bastidor
máquina de costura
Mentos®
Velcro®
torrões de açúcar
prateleira de kiln
levedura
cola para madeira
furadeira
carro palha de milho
esquis
tábuas
chá pronto
alho
lápis para tecido
patins
bastão de hóquei
bolo
pregadores de roupa
estilete
localizador para avalanches
bobsled
espaçadores de madeira
papel encerado
licença para fazer baiacu
sal e pimenta
papel
areia
base cremosa
raiz de gengibre
lápis
contas
trena
pães mongóis (ul boov)
cera
botões de cerâmica
batedeira
cera de cabelo
açúcar mascavo
corda
gancho de escalada
cortador de latas
sementes
motosserra
bloco de linóleo
gaze
timer de luz
bola de vôlei
garrafa de spray

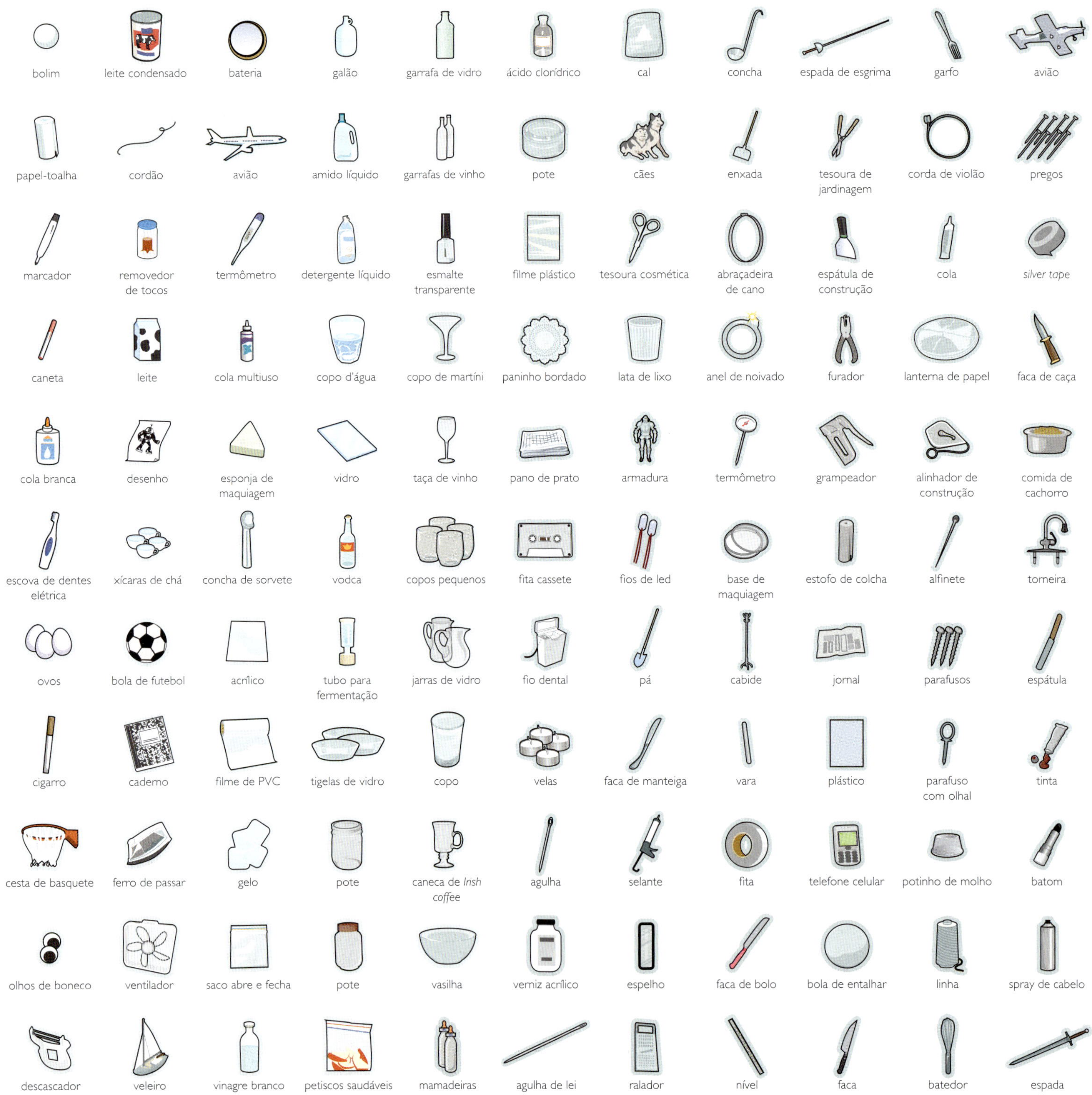
bolim
leite condensado
bateria
galão
garrafa de vidro
ácido clorídrico
cal
concha
espada de esgrima
garfo
avião
papel-toalha
cordão
avião
amido líquido
garrafas de vinho
pote
cães
enxada
tesoura de jardinagem
corda de violão
pregos
marcador
removedor de tocos
termômetro
detergente líquido
esmalte transparente
filme plástico
tesoura cosmética
abraçadeira de cano
espátula de construção
cola
silver tape
caneta
leite
cola multiuso
copo d'água
copo de martíni
paninho bordado
lata de lixo
anel de noivado
furador
lanterna de papel
faca de caça
cola branca
desenho
esponja de maquiagem
vidro
taça de vinho
pano de prato
armadura
termômetro
grampeador
alinhador de construção
comida de cachorro
escova de dentes elétrica
xícaras de chá
concha de sorvete
vodca
copos pequenos
fita cassete
fios de led
base de maquiagem
estofo de colcha
alfinete
torneira
ovos
bola de futebol
acrílico
tubo para fermentação
jarras de vidro
fio dental
pá
cabide
jornal
parafusos
espátula
cigarro
caderno
filme de PVC
tigelas de vidro
copo
velas
faca de manteiga
vara
plástico
parafuso com olhal
tinta
cesta de basquete
ferro de passar
gelo
pote
caneca de *Irish coffee*
agulha
selante
fita
telefone celular
potinho de molho
batom
olhos de boneco
ventilador
saco abre e fecha
pote
vasilha
verniz acrílico
espelho
faca de bolo
bola de entalhar
linha
spray de cabelo
descascador
veleiro
vinagre branco
petiscos saudáveis
mamadeiras
agulha de lei
ralador
nível
faca
batedor
espada

tirador de miolo de maçã
coqueteleiras
mesa de bolo giratória
ferramenta de *quilling*
escada dobrável
moeda
chapéu de caubói
telefone celular
peso de pesca
assadeira
liquidificador
clipe de papel
impermeabilizante
canecas
temperos
antiguidades
chá
tesoura de cabeleireiro
moedor de café
colete salva-vidas
café
utensílios de época
alicate de ponta fina
chave inglesa
peneira de farinha
espátula de jardinagem
pinça de churrasco
peneira
serrote
patins de hóquei
baudrier
macacão de paraquedismo
alcaçuz
pincel de maquiagem
garrafa de bolso
grampos de mesa
pregos de telhado
botas de esqui
bomba-d'água
filtro de café vietnamita
pá de neve
chaves
capacete para *jetpack*
impressora
secador de cabelo
espátula de construção
soprador de folhas
pregadores de cabelo
patins
isolante para canos
máquina de cabelo
cafeteira francesa
trem
alvo de dardos
pimenta-do-reino
bastões de esqui
espátula de construção
açúcar
lata de lixo
escova de espuma
abridor de costuras
coqueteleira
ímã
pentes
conta-gotas
clipe
tela
lajota
alfinetes de fralda
copiadora
pá dobrável
chave de fenda
lixa
pino de *strap* de guitarra
pistola de cola
camisas velhas
bolsa de carrinho
ventilador
estêncil
cola para folhas de ouro
colher
escorpião
mangueira
pinça de churrasqueiro
furadeira com serra copo
escova de aço
fita isolante
carvão
bandeja de pintura
pano de mesa bordado
rejunte
pinça
sindoor
pen drive
panela de banho-maria
churrasqueira a carvão
linha
furadeira
tinta
rádio transistor
coador
argamassa
serra tico-tico
motor vibratório de celular
sonda de neve
disco de hóquei
elevador
assadeira com grelha
estilete
disfarce
blush
tinta preta à prova d'água
rádio transistor
estacas para ferradura
pedra
papel-alumínio
pedras
skate
lápis de olho
lingerie
pasta

índice

233

102

285

87

380

404

231

308

149

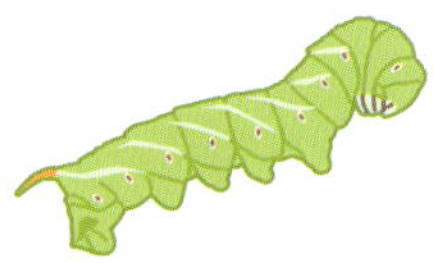

218

367

386

103

139

157

60

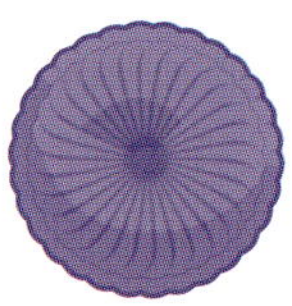
196

252

9

306

364

239

128

315

171

302

228

356

189

68

51

81

49

19

235

q

r

s

53

273

320

411

71

109

72

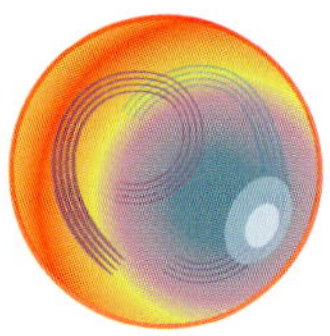
74

28

149

333

360

47

136

196

veja quem fez

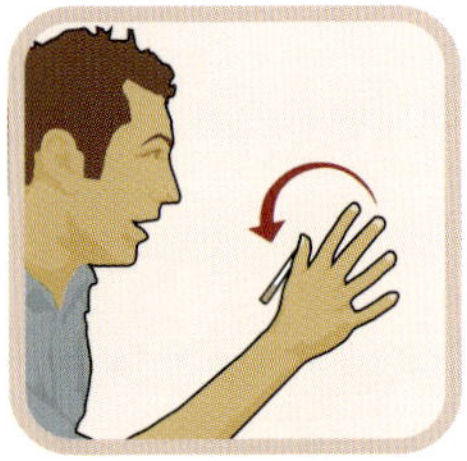
Derek Fagerstrom
Autor

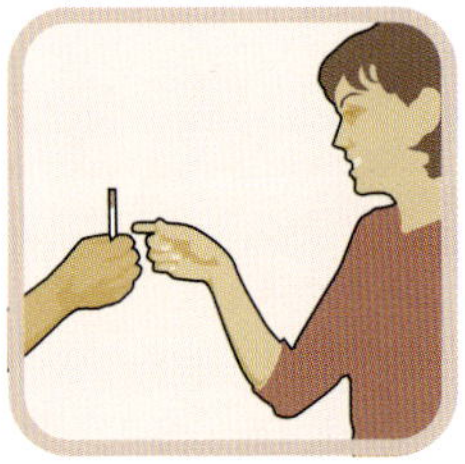
Lauren Smith
Autora

Terry Newell
CEO e presidente

Amy Kaneko
Vice-presidente; vendas

Mark Perrigo
Diretor financeiro

Chris Hemesath
Diretor de produção

Roger Shaw
Vice-presidente e editor

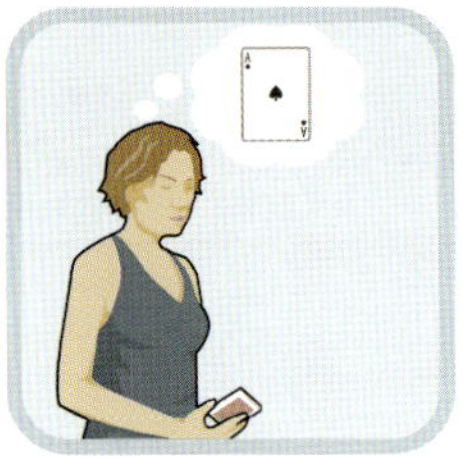
Mariah Bear
Diretora executiva

Lucie Parker
Editora

Frances Reade
Editora de projeto

Emelie Griffin
Assistente de edição

Charles Mathews
Coordenador de produção

Kelly Booth
Diretora associada de criação

Marisa Kwek
Diretora de arte

Stephanie Tang
Designer sênior

Delbarr Moradi
Designer

Michelle Duggan
Gerente de produção

Teri Bell
Gerente de cores

Título original: ***More Show Me How***

Publicado originalmente por Collins Design, um selo da HarperCollins Publishers.

Impresso em Cingapura

Produção editorial: Cristiane Pacanowski e Alice Dias
Tradução: Rafael Corrêa
Preparo de originais: Rafaella Lemos
Revisão: Ana Grillo, Cristhiane Ruiz, Milena Vargas e Rebeca Bolite
Diagramação: Inês Coimbra | ô de casa
Pré-impressão: Marcelo Morais

CIP-BRASIL. CATALOGAÇÃO-NA-FONTE
SINDICATO NACIONAL DOS EDITORES DE LIVROS, RJ

F138m

Fagerstrom, Derek
Mais veja como se faz / Derek Fagerstrom, Lauren Smith [tradução de Rafael Corrêa]; 1. ed. - Rio de Janeiro: Sextante, 2013.
288 p. : il. ; 23 cm.

Tradução de: More show me how
ISBN 978-85-7542-993-8

1. Usos e costumes. 2. Cultura - Enciclopédias. 3. Artes - Enciclopédias. 4. Esportes - Enciclopédias. I. Smith, Lauren. II. Título.

13-05552 CDD: 306
CDU: 316.7

Rua Voluntários da Pátria, 45/1.404 – Botafogo
22270-000 – Rio de Janeiro – RJ
Tel.: (21) 2538-4100 – Fax: (21) 2286-9244
E-mail: atendimento@esextante.com.br
www.sextante.com.br

Conor Buckley
Coordenador de ilustração

Hayden Foell
Especialista em ilustrações

Raymond Larrett
Especialista em ilustrações

Jamie Spinello
Especialista em ilustrações

Ross Sublett
Especialista em ilustrações

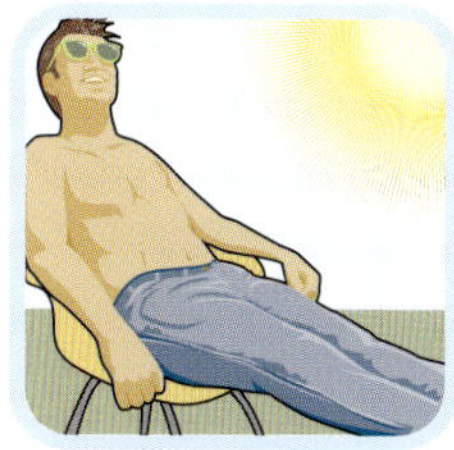
Steve Baletsa
Ilustrador

Juan Calle
Ilustrador

Sarah Duncan
Ilustradora

Britt Hanson
Ilustradora

Katrina Johnson
Ilustradora

Vic Kulihin
Ilustrador

Christine Meighan
Ilustradora

Paula Rogers
Ilustradora

Bryon Thompson
Ilustrador

Lauren Towner
Ilustradora

Gabhor Utomo
Ilustrador

Tina Cash Walsh
Ilustradora

Mary Zins
Ilustradora

CRÉDITOS As ilustrações deste livro são resultado de um verdadeiro trabalho em equipe. Nós temos prazer em dar crédito e agradecer aos nossos ilustradores.

Capa: **Juan Calle (Liberum Donum):** gorila **Britt Hanson:** avião, decoração de bolo **Bryon Thompson:** sári, *smoothie*, chá de composto, dançarinas de hula

Contracapa: **Juan Calle:** duelo, cusparada de lhama **Hayden Foell:** drinque blue-blazer **Gabhor Utomo:** cadeira voadora

Chave: bg=fundo, bd=margem, fr=quadros, ex=arte extra

Steve Baletsa: 36–38, 88–90, 95, 99–100, 106, 112, 153, 187, 250–251, 256–257, 275–276, 308, 311, 370, 393, 416–418 **Kelly Booth:** 337 **Juan Calle:** 5–6, 12, 15–18, 22, 24–26, 40–42, 46, 53–54 fr, 75, 154–156, 230–232, 248, 253–254, 258–270, 277–279, 286–288, 289–292 fr, 295–298, 299–302 fr, 306–307, 309–310, 312, 317, 327–336, 344–345, 369, 379–392, 396–401, 405–407, 414–415 **Tina Cash Walsh:** 8, 39, 59, 111, 113, 133, 219–221, 341–343, 419–421 **Sarah Duncan:** 35, 43, 84, 124 **Hayden Foell:** 72–74, 86, 157, 173–174, 178–179, 184, 213–214, 217–218, 238, 252, 285, 338–340, 371–378, 394 **Britt Hanson:** 20 bg, 33, 53–54 bg, 101–102, 114–117 top, 141–144, 149–150, 158–161, 165–172, 180–182, 198–205, 244–245, 271–272, 289–292 bg, 299–302 bg, 359–362 **Jessica Henry:** 13, 97 **Pilar Erika Johnson:** 7 **Joshua Kemble:** 71 **Vic Kulihin:** 20, 23, 70, 77, 175–177, 215–216 **Raymond Larrett:** 34, 66–69, 78–79, 85, 87, 114–117 padronagens, 190–191, 235, 237, 246–247, 273, 318, 324, 354 fr, 355 **Christine Meighan:** 44, 57–58, 60, 98, 105, 127, 129, 192–193, 195–197, 315–316, 323, 325–326, 347–348, 354 ex, 356–358, 366, 368, 395 **Hank Osuna:** 346 **Paula Rogers:** 96, 107, 233–234, 240–242, 313–314 **Jamie Spinello:** 81–83, 106, 108, 110, 126, 128, 151–152, 162, 183, 186, 188–189, 194, 293–294, 349, 402–404 **Ross Sublett:** 284 **Bryon Thompson:** 19, 109, 118–121, 134, 163–164, 185, 212, 222–223, 226–229, 236, 243, 249, 305, 322, 363–365, 408–410, 412–413 **Lauren Towner:** 103–104 **Gabhor Utomo:** 2–4, 14, 21, 27–32, 45, 47–49, 50–52 bg, 55–56, 61–65, 88–90 bg, 91–94, 136–140, 145–148, 206–211, 239, 255, 274, 280–283, 303–304, 319–320, 350–353, 411, 422–423 **Mary Zins:** 9–11, 50–51 fr, 76, 80, 122–123, 125, 130–132, 135, 224–225, 321, 367

agradecimentos adicionais

As pesquisas, verificações e checagens de informações foram feitas por um grupo de especialistas e profissionais apaixonados. Nós somos especialmente gratos a Donita Boles, por compartilhar seus dotes culinários; Elizabeth Dougherty, por suas contribuições sobre a educação de crianças; Renée Myers, por seus diversos toques sobre cultura; Lou Bustamante, pelos conhecimentos sobre drinques e coquetéis; Joseph Pred, pela orientação médica; e Marc Caswell e Joseph Judd, pelo conhecimento sobre bicicletas. Muitos outros especialistas de diversas áreas – de dança de salão a segurança pessoal – nos ajudaram e contribuíram com o grande aprimoramento deste livro.

A maior parte da equipe no *Veja como se faz* está retratada nas páginas anteriores. Outros que contribuíram para a produção deste livro são Meghan Hildebrand, Katharine Moore, Julie Vuong e Mary Zhang. Nossa equipe dos sonhos na organização das imagens era formada por Sam Belletto, Esy Casey, Sarah Lynn Duncan, Chris Hall, Sheila Masson, Paula Rogers, Jonathan Shariat, Brandi Valenza e Kevin Yuen. Marisa Solís trouxe seus conhecimentos sobre edição, Michael Alexander Eros ajudou na produção, Gail Nelson-Bonebrake revisou cada palavra e Marianna Monaco bolou e criou o índice. Muito obrigado a todos e um agradecimento especial, do fundo do coração, às centenas de blogueiros que descobriram, amaram e elogiaram este livro. Este fenômeno internacional não teria acontecido se não fosse por vocês e seu apoio entusiasmado.

mostre-nos como se faz

Você acha que tem um jeito melhor, mais rápido ou mais inteligente de fazer alguma coisa contida neste livro? Se sim, nós queremos ouvi-lo! Mande um e-mail para info@showmenow.com e suas ideias podem aparecer na próxima edição deste livro. Se você nos mandar fotos e/ou um vídeo, nós talvez até retratemos você nos mostrando como se faz.

junte-se ao time

Existe alguma coisa que você acha que deveria ter entrado neste livro? Algo que você ou seus amigos sabem como se faz e querem mostrar? Nossa equipe está procurando novos membros que queiram compartilhar seus conhecimentos com o mundo. Por favor, mande-nos suas melhores ideias* e, se nós as usarmos, você será creditado como membro oficial deste animado grupo de especialistas e entusiastas. Os membros mais recentes são Pat Phillips, Felicite Briggs, Mandy Maung, Jamie Ditaranto, Harold E. Grupe Jr., Suzanne Kennedy, Dorothea Michel, Boris Palchik, Alicia Sanders e Alina Ungureanu.

* e talvez também outras não tão geniais assim.